よくわかる
社会保障論

増田雅暢・小島克久・李 忻 編著
Masanobu Masuda, Katsuhisa Kojima, Xin Li

法律文化社

はしがき

　「人生100年時代」といわれる今日、私たちの日常生活は、社会保障制度と密接に結びついている。病気やケガをすれば、公的医療保険の被保険者証をもって、医療機関を受診する。社会で働くようになれば、失業時には雇用保険の給付があるし、労働災害にあったときには労災保険の給付がある。仕事から引退すれば、公的年金を受給できるし、介護が必要になれば、介護保険によるサービスを利用できる。社会福祉分野では、幼児期における保育所等の児童福祉、障害者の就労支援等の障害者福祉などがあり、児童手当や児童扶養手当という現金給付もある。さらに生活に困った際の生活保護などもある。

　しかし、社会保障の範囲があまりにも広すぎて、個々の制度がよくわからないという声を多く耳にする。そこで、本書では、『よくわかる社会保障論』と題して、社会保障の目的や機能、構造、経済との関係などの総論的知識から、各論として、医療保険、年金保険、介護保険、労働保険、民間保険、生活保護と社会福祉、特論として、社会保障と住宅、人口問題に言及し、最後に、社会保障の歴史や各国の社会保障制度の概要について、わかりやすく解説している。

　また、本書は、社会福祉士および精神保健福祉士（以下「社会福祉士等」という）専門職養成課程において、社会福祉士等の国家試験受験のための指定科目とされている「社会保障」の内容を網羅している。大学や短大、社会福祉士等指定養成施設等において、国家試験受験指定科目「社会保障」のテキストとして使用できる構成にしている。章末には、自習のための課題を掲載している。

　極めて多岐にわたる社会保障制度を正しく理解することは、国家試験対策ばかりでなく、将来、福祉や医療現場で働くときに大いに役立つであろう。さらに、私たちが、長い人生を安心して過ごす上で、不可欠な知識を得ることになるだろう。本書が、社会保障について広く学ぼうとする皆様方の参考になれば、執筆者一同喜びに堪えないところである。

　2021年3月

編者一同

目　　次

はしがき

第1章　社会保障を学ぶ意義 ——————————— 1

　　1　社会保障を学ぶ　1
　　2　社会保障制度の範囲　4

第2章　人生100年時代と社会保障 ——————— 7

　　1　ライフサイクルの変化　7
　　2　ライフサイクルと社会保障　9

第3章　社会保障の構造 ——————————————— 13

　　1　社会保障の理念と機能　13
　　2　社会保障制度の体系　21
　　3　社会保障の給付方法と負担　25
　　4　日本の社会保障の特徴　27

第4章　社会保障と経済 ——————————————— 29

　　1　社会保障とお金　29
　　2　社会保障にかかる費用を知る　30
　　3　社会保障の費用の確保　34
　　4　社会保障と経済の関係　38

第5章　医療保険 ————————————————————— 46

　　1　医療保険制度の基本原理　46
　　2　医療保険制度の体系と医療保険の給付　51

3　被用者医療保険制度の概要　58

4　国民健康保険制度の概要　60

5　高齢者医療制度の概要　64

6　医療保険制度の歴史と近年の制度改正　68

7　国民医療費の動向と今後の課題　71

第**6**章　介護保険 ———————————————— 77

1　介護保険制度の創設の理由　77

2　介護保険制度の目的　80

3　介護保険制度の仕組み　82

4　介護保険財政の概要　98

5　介護保険制度の実施状況と今後の課題　103

第**7**章　年金保険 ———————————————— 109

1　年金保険制度の概要　109

2　公的年金保険制度の歴史　113

3　国民年金保険　122

4　厚生年金保険　129

5　私的年金　134

6　年金保険制度の現状と課題　136

第**8**章　労働保険 ———————————————— 142

1　労働保険制度の概要　142

2　雇用保険制度　143

3　労働者災害補償保険制度　149

4　今後の課題　154

第**9**章　社会保険と民間保険 ———————————— 156

1　生活上の「リスク」とその対応　156

2 「社会保険」と「民間保険」に共通することと違うことは何？ 158

3 民間保険の種類 163

第10章 生活保護と社会福祉 ——————— 169

1 生活保護とは 169

2 生活保護の仕組み 170

3 生活困窮者自立支援制度 178

4 社会福祉の諸制度 179

5 社会手当制度 185

第11章 社会保障と住宅 ——————— 188

1 社会保障と住宅の関係 188

2 戦後住宅政策の展開 190

3 低所得者世帯に対する住宅政策——公営住宅、生活困窮者自立支援制度 など 194

第12章 社会保障と人口問題 ——————— 200

1 わが国が現在直面している「人口問題」 200

2 人口問題に対応する社会保障の課題 213

第13章 日本と世界の社会保障の歴史 ——————— 217

1 日本の社会保障の歴史 217

2 西欧の社会保障の歴史 224

第14章 各国の社会保障の概要 ——————— 232

1 ヨーロッパ諸国の社会保障 233

2 アメリカの社会保障 246

3 東アジアの社会保障 250

第**1**章

社会保障を学ぶ意義

1　社会保障を学ぶ

社会保障とは　　皆さんは、「社会保障」という言葉から、具体的にどのよう制度を思い浮かべるだろうか。

　何かと話題になることが多い年金制度だろうか。日本では、「国民皆年金」といって、20歳以上になれば全員が国民年金に加入し、65歳以上になれば基礎年金を受給することができる。20歳以上の大学生であれば、国民年金の被保険者となり、年金保険料を負担する義務が生じる。「人生100年時代」といわれるように、65歳以上の高齢期間が長くなったので、年金は、高齢期の生活を支える有力な手段として、ますます重要性を増している。

　あるいは、医療保険制度を思い浮かべるかもしれない。病気やケガをしたときに、医療保険の被保険者証をもって医療機関にかかった経験は誰にでもあるだろう。日本では、被保険者証があれば、日本全国のどこの医療機関でも受診することができる。これは、「患者のフリーアクセス」といって、日本の医療制度の特徴のひとつである。日本では、「国民皆保険」といって、国民の誰もが何らかの公的医療保険制度に加入することを義務づけられている。医療保険の被保険者として保険料を負担する代わりに、病気やケガをしたときには、医療機関において低額の自己負担で医療サービスを受けることができる。世界的に見ても、日本のような「いつでも、どこでも、誰でも平等に医療サービスを受けられる」という国は非常に少ない。

　年金や医療保険という社会保険ではなく、保育所や病院、特別養護老人ホー

ム、デイサービスセンターといった施設を思い浮かべるかもしれない。小学校に就学する前の期間、子どもの約半数は保育所に通っている。皆さんの中でも、保育所に通った経験があって、友だちや保育士さんの顔を思い浮かべるだろう。一方、特別養護老人ホームやデイサービスセンターという高齢者向け施設に、祖父母などの家族が入所または通所しているという人が多いかもしれない。今や65歳以上の高齢者の5人に1人は、介護が必要な状態にあるので、これらの施設の利用が増加している。保育所は、親が働いていて子どもの保育が必要な場合に利用する施設、特別養護老人ホームやデイサービスセンターは、要介護状態になった場合にこれらの施設を利用して、安心できる生活を送ることができるようにするものである。いずれも社会保障制度の中の社会福祉分野、または介護保険制度の施設に位置づけられる。

このように社会保障とは、私たちの生活において、生活を不安定にさせる危険（リスク）が生じたときに、そのリスクの影響を極力小さくして、生活を安定化させる機能がある。たとえば、年金は、働いて収入を得ることが難しくなった高齢期の生活を収入面で支えていく役割がある。もし年金制度がなかったら、高齢期の生活は苦しいものになるだろう。年金があるので、90歳や100歳という高齢になっても安心して生活を送ることができる。また、病気やケガをしたときには、医療保険により、低額の負担で治療を受けることができる。それによって、病気やケガを治して日常生活に戻ることができる。もし、医療保険制度がなかったら、医療費の負担が重くて生活が苦しくなったり、医療機関で受診できずに病気が悪化したりするという事態に陥ることであろう。

前述した保育所は「保育のリスク」に対応し、特別養護老人ホームは「要介護のリスク」に対応するものである。

| 社会保障を学ぶことの意義 |

ここまで述べてきたことからもわかるように、社会保障を学ぶことについては、大きくいって2つの意義がある。

ひとつは、私たちの生活にとって、社会保障について知識として知ることが、大変役に立つということである。一口に社会保障といっても、具体的な制度は様々である。前述したように、年金制度や医療保険制度はその代表であるが、

年金制度の被保険者となりながら、保険料を未納のままでいると、高齢期に年金を受給できず、老後生活に大いに支障を来すこととなる。また、年金には国民年金の基礎年金以外に、厚生年金、さらにはこれらの上乗せとなる企業年金等がある。最近耳にすることが多くなった「iDeCo（イデコ）」は自分で年金の上乗せを図るもので、知って活用すると得になる制度である（詳細は、年金の章で学習してください）。

医療保険制度では、医療機関での自己負担が低額であるというメリット以外に、働いている時に病気で休業を余儀なくされたときに収入を補填する傷病手当金や、出産時の費用を賄う出産育児一時金といった制度がある。これらの制度を活用することによって、安定した生活を送ることができる。

また、失業した場合には、雇用保険から一定期間手当が支給されることにより、失業期間中の生活の保障と、次の仕事を見つける準備にあてることができる。さらに、病気や失業により生活が苦しくなった時の最後の手段として、生活保護制度の適用がある。生活保護は、憲法25条が規定する生存権保障の具体的な制度として、国民の最低生活を保障するための「最後のセーフティネット」の役割を果たしている。

このように、社会保障は、様々な制度を通じて私たちの生活の安定のために機能しているので、社会保障制度を知識として知ることは長い人生において大いに役立つ。皆さん方も、本書を基に、日本の社会保障制度の具体的内容について熟知していただきたい。

もうひとつは、国家試験対策である。社会福祉士国家試験や精神保健福祉士国家試験では、試験科目として「社会保障」がある。また、介護福祉士国家試験でも、社会保障関連の出題がある。医師や看護師の国家試験でも、社会保障関連の出題がある。福祉の国家資格はもちろんのこと、医療・看護系の資格でも、社会保障の基礎知識が求められる。したがって、福祉分野や医療・看護系の国家資格を得るためには、社会保障に関する知識をもつことが不可欠である。

さらに、これらの国家資格を得て、福祉や医療の現場で仕事に就いたときに、社会保障制度に関する知識が、仕事を進める上でいろいろと役に立つだろう。

2　社会保障制度の範囲

社会保障制度審議会の
１９５０年勧告

社会保障の定義として、古典的なものは、第二次世界大戦後の社会保障制度構築に向けての指針となった社会保障制度審議会の1950年勧告の中で次の定義である。

「社会保障制度とは、疾病、負傷、分娩、廃疾、死亡、老齢、失業、多子その他困窮の原因に対し、保険的方法又は直接 公 の負担において経済保障の途を講じ、生活困窮に陥った者に対しては、国家扶助によって最低限度の生活を保障するとともに、公衆衛生及び社会福祉の向上を図り、もってすべての国民が文化的社会の成員たるに値する生活を営むことができるようにすることをいうのである。」

ここでは、社会保障制度とは、社会保険または公的負担により、貧困状態にある者を救済すること（救貧）と、または貧困状態に陥らないように防ぐこと（防貧）を目的とする制度と位置づけている。

社 会 保 障 の 定 義

第13章の日本における社会保障の歴史で見るとおり、第二次世界大戦後から現代に至るまで、社会保障制度は拡大、充実してきている。救貧や防貧という観点だけでなく、生活全般にわたって安心と安定を保障する制度となっている。現代では、社会保障は次のように定義されている。

社会保障とは、「国民の生活の安定が損なわれた場合に、国民に健やかで安心できる生活を保障することを目的として、公的責任で生活を支える給付を行うもの」（1993年社会保障制度審議会社会保障将来像委員会第１次報告）である。

もう少し具体的にいえば、社会保障とは、病気や事故、障害、失業、退職などで生活が不安定になった場合に、健康保険や年金、社会福祉制度などの公的な仕組みを活用して、健やかで安心できる生活を保障することである。ここでいう「公的責任」とは、法律に基づき、国や地方自治体という行政機関その他の公的な機関が実施することや、財源として税・保険料等の公的な資金を活用して実施することを意味している。また、「給付」には、現金給付とサービス

の給付（現物給付）がある。社会保障の目的や機能の詳細については、第3章で説明する。

「社会保障」という言葉　日本では、社会保障制度といえば、医療保険や年金保険などの社会保険制度、健康で文化的な最低限度の生活を保障する生活保護制度、児童・母子父子・障害者、高齢者等に対する社会福祉制度、医療や公衆衛生・環境衛生などの分野を総称する言葉として使われている。

　このように、日本では「社会保障」という言葉は、欧米諸国における使われ方と比較をすると、かなり広い範囲の分野を含むものとなっている。英語では、社会保障はSocial Securityという言葉になるが、これは年金や児童手当のような所得保障を意味しており、福祉サービスは含んでいない。日本でいう社会保障に近い言葉としては、イギリスの「社会政策（Social Policy）」、フランスの「社会的保護（Protection Social）」という言葉が近い。ただし、これらの用語が意味する範囲は、日本と全く同じというわけではない。なお、社会福祉士国家試験の試験科目である「社会保障」は、社会保険が中心になっており、公的扶助（生活保護）や社会福祉制度については、別の試験科目でカバーされている。

狭義と広義の社会保障　ここで、社会保障の範囲を整理してみると、表1-1のとおりとなる。

　「狭義の社会保障」とは、公的扶助、社会保険、社会福祉で構成される。一方「広義の社会保障」には、国民生活を支える基盤となる公衆衛生（医療・看護サービスや栄養・健康づくりなど）をはじめとして、就労支援などの労働者福祉、さらには公営住宅などの住宅保障の分野が入る。住宅保障については、特に

表1-1　社会保障の範囲

（狭義の社会保障）
①公的扶助（生活保護）
②社会保険（医療保険、年金保険、介護保険、雇用保険、労災保険）
③社会福祉（児童福祉、障害者福祉、高齢者福祉など）
（広義の社会保障）
上記の①〜③に加えて、
④公衆衛生（医療・看護、健康づくりなど）
⑤労働者福祉（就労支援など）
⑥住宅保障（公営住宅など）

ヨーロッパ諸国で充実しているといわれている。

| セーフティネット | 最近、社会保障のことを「セーフティネット（safety net）」という言葉で呼ぶことが多くなった。セーフティ |

ネットとは、もともとはサーカスの空中ブランコなどの際にうっかり落下してケガをしないように床の上に張られた網（安全網）のことであるが、そこから転じて、事態が悪化しないように防止する仕組みまたは装置のことをいうようになった。

病気やケガ、介護、失業や働いて収入を得る能力（稼得能力）を失った高齢期、不測の事故による障害など生活の安定を損なう様々な事態、あるいは出産、子育て、障害、介護など社会的な支援が必要な場面に遭遇したときに、直ちに生活困難な状態とならないように、各種の社会保障制度がセーフティネットとしての役割をもっている。

近年、低所得者対策の中で、生活保護制度を「最後のセーフティネット」または「第3のセーフティネット」と呼ぶことが多い。この場合、「第1のセーフティネット」としては社会保険や労働保険を、「第2のセーフティネット」としては生活困窮者自立支援制度などを指している。

◎理解を深める問題

　　具体的な社会保障制度を2つ挙げて、それらが私たちの生活にどのような話役割を果たしているのか、整理してみよう。

◎参考文献

　　社会保障制度審議会『安心して暮らせる21世紀の社会を目指して』（法研、1995年）：社会保障の定義の項で引用した社会保障制度審議会の1950年勧告や1993年社会保障将来像委員会第1次報告、1995年勧告などを掲載。また、これらの資料は国立社会保障・人口問題研究所のホームページで閲覧できる。

第**2**章

人生100年時代と社会保障

1 ライフサイクルの変化

長 い 人 生 と
生活上のリスク
　　　2019年現在の日本人の平均寿命は、男女とも80歳を超えており、特に女性は90歳に近づいている。日本は、世界有数の長寿国となっている。今や、2019年生まれの人が90歳まで生存する割合は、男性で4人に1人、女性では2人に1人となっている。

　第二次世界大戦前の日本は、平均寿命が50歳台の「人生50年時代」であったが、大戦後の食生活の変化や公衆衛生・医療技術の進歩等により年々寿命が伸長した。1980年代には「人生80年時代」という言葉が一般化した。さらにその後も寿命は伸長した。2019年には、男性81.4歳、女性87.4歳と、男女とも世界トップクラスの長寿国となっている。実態的には「人生90年時代」を迎えているが、近年では、「人生100年時代」という言葉も使われるようになった。

　長生きをすること、すなわち「長寿」は、昔から喜ばしいことであったが、他方で、長い人生の間に様々な生活上のリスク（危険）を抱えることになる。たとえば、長い高齢期の生活保障をどうするのかという問題がある。会社員の場合、60歳定年で退職すると、死亡するまでに20年間から30年間の老後生活を送ることが一般的になった。この間の収入として年金だけで大丈夫なのか、60歳以降も働くことが必要なのか、病気にかかったり要介護状態になったりしたときに医療費や介護費にはどのように対応したらよいのか、不安は尽きない。

　長寿のリスクも含め、人生100年時代の生活上の主なリスクを整理すると、表2-1のとおりである。

表 2-1　生活上のリスクの例

リスクの種類	リスクによる影響の例
病気のリスク	医療費がかかる。勉強ができない。仕事ができない。収入が減る。
事故（例えば交通事故）のリスク	仕事ができない。障害を抱える。医療費がかかる。収入が減る。
失業のリスク	生活費を稼ぐことができない。生活が苦しくなる。
子育てのリスク	子育て費用や教育費がかかる。仕事と育児の両立が難しい。
老後のリスク	生活費が足りない。病気がちになる。要介護状態になる。他人の世話が必要となる。

出典：筆者作成

リスクと社会保障　私たちの生活は、基本的には、一人ひとりが自分の努力や家族の協力等により、仕事や家族の協力を通じて支えていくものである。しかし、突然の病気や失業、仕事のない高齢期など、自分の努力や家族の協力では支えきれないリスクがある。こうしたリスクに見舞われた場合でも、リスクの影響を最大限小さくして、生活が不安定にならないようにする社会的な仕組みが社会保障制度である。

　第1章でも述べたとおり、病気のリスクに対しては、国民健康保険や健康保険などの公的な医療保険制度が対応している。学生の皆さん方も、医療保険の被保険者証があれば、低い患者負担で医療サービスを受けることができることを体験してきたことだろう。また、病気にならないように、学校保健での健康診断や、保健衛生分野における健康づくりや予防活動がある。

　失業のリスクに対しては、雇用保険がある。雇用保険を通じて、失業期間中に失業手当が支給されるので、これにより生活を支えて、次の仕事を見つけることができる。

　老後のリスクに対しては、公的な年金制度がある。基本的に65歳以上になれば老齢年金を受けることができ、これにより高齢期の生活が支えられている。

2　ライフサイクルと社会保障

**ライフサイクルから
見た社会保障制度**　私たちが生まれてから亡くなるまでの過程（ライフサイクル）において、社会保障がどのように関係しているのか、見てみよう。

　図 2 - 1 は、生まれてから亡くなるまでの個人のライフサイクルに応じて、出産、育児、病気、障害、失業、高齢期の退職など、生活を不安定にさせる要因が生じたときに、社会保障制度に基づきどのような制度があり、どのような施策（サービスや現金給付など）があるのかを示したものである。左側に社会保障の各分野を、右側にライフサイクルの進行状況を示している。「ゆりかごから墓場まで」といわれるように、社会保障制度は、私たちの生活を生涯にわたって支えていることがわかる。

　まず、保健・医療分野では、誕生前に母子保健制度による妊婦検診があり、生まれてからは定期健診や予防接種、学校保健などがある。医療機関では、外来や入院による医療サービスを受けることができる。

　社会福祉分野では、児童福祉として、生まれてから中学 3 年修了まで児童手当が支給される。親が働いている家庭（共働き世帯など）では、小学校入学前の時期には保育所を利用できる。障害者福祉としては、障害をもって生まれたり、事故等により障害者になったりした場合には、在宅サービスや施設サービス、必要な医療の提供、社会参加促進事業等がある。

　高齢者福祉（老人福祉）では、2000年 4 月から介護保険制度が施行されている。介護が必要な高齢者（要支援または要介護高齢者）になると、介護保険制度に基づき、低額の自己負担で、在宅サービスや施設サービスを利用することができる。

　老後の所得保障では、公的年金制度の役割が年々大きくなっている。高齢者世帯の収入の約 7 割は公的年金が占めており、年金が高齢者の生活を支えている。老齢年金以外に、遺族年金は、本人死亡後の配偶者や家族の生活を保障する機能があり、障害年金は、障害者の所得保障の役割を果たしている。

図2-1　ライフサイクルから見た社会保障制度

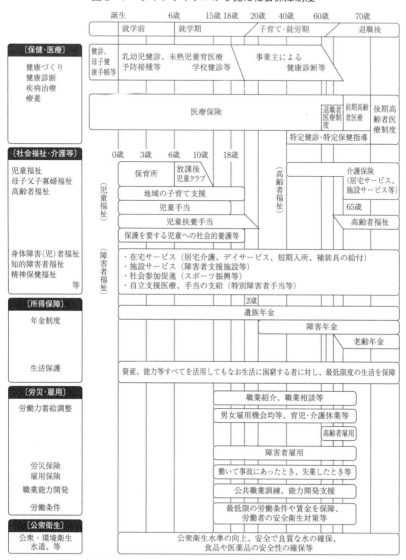

出典：厚生労働省編『厚生労働白書　平成24年版』をもとに筆者修正

　労働者である現役世代においては、失業した場合には雇用保険が、業務上の疾病・事故、通勤時の事故に対しては労災保険が生活安定機能を果たしている。また、ハローワークにおける職業紹介・相談や、公共職業訓練、能力開発支援等の取り組みが行われている。

　最後に、一生の間に、失業、病気、障害、高齢など様々な理由から生活困難な状態に陥った時には、生活保護制度が「最後のセーフティネット」として生活を支える役割をもっている。

　このように、私たちが生まれてから亡くなるまでの長い期間にわたって、様々な社会保障制度が関係し、それにより生活の安心と安定がもたらされている。

ライフサイクルで見た給付と負担　社会保障について、若い世代は保険料等の負担が重く、高齢世代は年金給付などで得をしている、といった議論がある。しかし、図2−1のとおり、社会保障はライフサイクル全般に関係しているので、図2−2のとおり、若い頃は税・保険料の負担があるが、若い頃でも保育サービスや児童手当、保健医療等の給付がある。年齢が高くなり高齢期になると負担が小さくなる一方で、年金・医療等の給付が増える。いわば一生の中で社会保障の負担や給付が推移しているのであり、若い世代だけが一方的に負担ばかりしているというわけではない。図2−2にあるとおり、全世代に対して、社会保障制度による様々な給付と負担がある。

図2−2　ライフサイクルで見た社会保険および保育・教育等サービスの給付と税・保険料負担の関係（イメージ）

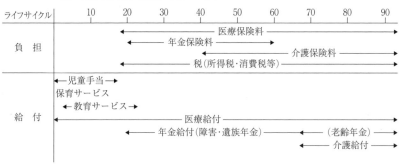

出典：筆者作成

コラム2-1　平均寿命と健康寿命、100歳以上の長寿者

　平均寿命とは、その年に生まれたゼロ歳児の平均余命をいう。厚生労働省が、毎年「簡易生命表」または「完全生命表」として公表している。2019年の平均寿命は、男性81.4歳、女性87.4歳となっている。1950年の平均寿命が、男性50.1歳、女性54.0歳だったので、飛躍的に伸びた。

　すでに生存している人は、ゼロ歳時よりも平均余命は長くなる。たとえば、2019年に65歳の人の平均余命は、男性19.8年、女性24.6年なので、65歳の人は、平均して男性は84.8歳、女性は89.6歳まで生存する見込みである。もし、死因のトップである悪性新生物（がん）がなくなれば、男性は3.5年、女性は2.8年、さらに寿命が伸びると推計されている。

　厚生労働省では、研究者による推計である「健康寿命」（日常生活に支障がない期間）を定期的に公表している。2016年の推計値では、健康寿命は男性72.1歳、女子74.8歳となっている。平均寿命との間に約9〜13年の差があり、健康づくりの目標として、健康寿命の延伸が挙げられている。

　100歳以上の長寿者は、老人福祉法が施行された1963年では全国で153人であったが、年々増加し、1981年には1000人、1998年には1万人を超え、2019年では7万1274人になっている（男性8464人、女性6万2810人）。

◎理解を深める問題

　　人生100年時代の到来は、社会保障制度にどのような影響を与えるのか考えてみよう。また、現行の社会保障制度を変える必要があるとしたら、具体的にはどのような変革が必要なのか考えてみよう。

◎参考文献

　　リンダ・グラットン、アンドリュー・スフィト『ライフシフト──人生100年時代の人生戦略』池村千秋訳（東洋経済新報社、2016年）

第**3**章

社会保障の構造

1 社会保障の理念と機能

福祉国家と社会保障　「福祉国家」という言葉を聞いたことがあるだろう。「福祉国家」とは、広辞苑（岩波書店）によれば、「完全雇用政策と社会保障政策とによって全国民の最低生活の保障と物的福祉の増大とを図ることを目的とした国家体制」とある。現代の先進国はもちろんのこと、多くの国々が福祉国家の建設を目的としている。福祉国家になることが、国民の要望に合致しているからである。時の政権の安定のためにも、完全雇用につながる経済発展と、国民生活の安定につながる社会保障の充実は不可欠となっている。

　ところで、福祉国家（welfare state）という言葉は、第二次世界大戦中のイギリスにおいて、非民主的な戦争国家（warfare state）のナチス・ドイツに対して、国民の福祉を重視するイギリスの民主的な体制を象徴する言葉として用いられた経緯がある。第二次世界大戦後のイギリスでは、ベヴァリッジ報告（第13章参照）に基づき、「ゆりかごから墓場まで」（from the cradle to the grave）と呼ばれるような社会保障制度の充実に努めた。日本でも、第二次世界大戦後の民主国家日本の建設において、憲法25条の規定に見られるとおり、福祉の増進のための施策を展開した。

憲法と社会保障　憲法（constitution）は、国の社会や政治のあり方を定めるとともに、国民の基本的人権を保障する最高法規である。憲法に基づき、様々な法律が国会で制定され、憲法の規定に反する法

律は制定することができない。

　日本国憲法は、第二次世界大戦後の1946年11月３日に公布され、翌1947年５月３日から施行されている。憲法と社会保障の関係でいえば、憲法25条の規定が極めて重要である。

日本国憲法
第25条　すべて国民は、健康で文化的な最低限度の生活を営む権利を有する。
２　国は、すべての生活部面について、社会福祉、社会保障及び公衆衛生の向上及び増進に努めなければならない。

　第１項では、すべての国民に対して、健康で文化的な最低限度の生活を営む権利すなわち生存権を保障している。また、この規定は、19世紀後半にイギリスから広まった理念、すなわち国家がすべての国民に最低限の生活を保障すべきというナショナル・ミニマムの理念を反映している。生存権は、基本的人権の中の社会権の中核的な権利のひとつであり、20世紀に登場した新しい権利である。この憲法25条１項に規定する生存権の保障という理念を具体的な法制度にしたものが、生活保護法である。

　第２項では、国（都道府県や市町村という地方自治体を含む）は、社会福祉や社会保障、公衆衛生の向上及び増進に努めるべき責務があることを明確にしている。

　この憲法25条に基づき、日本では社会保障制度の充実が図られ、様々な関係法律が制定されてきた。法学では、憲法25条を社会保険関係法規の「法源」という。

　憲法25条をめぐっては、朝日訴訟や堀木訴訟など、最高裁判所まで争われた裁判を通じて、その法的性格について一定の解釈が示されている（表３-１参照）。

　また、憲法13条も、社会保障関係の法制度の法源のひとつとされている。この規定は、個人の幸福追求権を定めたものである。社会保障関係の法制度の整備は、この規定を踏まえ、各個人が人間としての尊厳を維持し、主体的に幸せな生活を送ることができるようにするための条件整備と位置づけることができる。

表3-1　憲法25条の法的性格と代表的な裁判例

（1）憲法25条の法的性格に関する3つの学説
①具体的権利説　　憲法25条は、直接に国民に対して具体的な権利を与えたものである。法律が存在しない場合でも、憲法の本条を根拠として訴訟を起こすことができる。
②プログラム規定説　　憲法25条は、国政の目標または方針を宣言したプログラム規定である。国民の生存権を保障するよう政治的・道徳的義務を課したものにすぎず、個々の国民に対して直接、具体的な権利を保障したものではない。
③抽象的権利説　　生存権は、法律によって初めて具体的な権利になるものであるが、憲法25条は、国に立法・予算を通じて生存権を実現すべき法的義務を課している。
（注）次に説明する朝日訴訟や堀木訴訟における最高裁判決は、基本的にはプログラム規定説の立場に立つ。学説では抽象的権利説が多数説である。
（2）朝日訴訟とは
　1957年、結核患者で生活保護を受給しながら、岡山県内の国立療養所で生活をしていた朝日茂氏が、生活扶助基準額600円（当時）は、「健康で文化的な最低限度の生活」を保障する憲法25条に違反するとして、厚生大臣（当時）を被告に訴訟を起こしたもの。第1審では原告の主張が認められたが、第2審では「違憲ではない」とされた。最高裁判所上告中に朝日氏が死亡したため、最高裁は訴訟終了とした。最高裁は、具体的な保護基準の設定にあたっては、厚生大臣の広範な裁量権を認めた（最高裁判決は1967年）。
（3）堀木訴訟とは
　児童扶養手当法における児童扶養手当と公的年金との併給禁止規定は、憲法25条等に反するとの訴えに対して、最高裁は、併給禁止の規定について、広範な立法裁量を前提として考えると不合理な差別とは言えない、と却下した（最高裁判決は1982年）。

出典：筆者作成

日本国憲法
第13条　すべて国民は、個人として尊重される。生命、自由及び幸福追求に対する国民の権利については、公共の福祉に反しない限り、立法その他の国政の上で、最大の尊重を必要とする。

社会保障を支えるもの　社会保障関係法制度の法源は憲法25条としても、そもそも国民が社会保障を支える根拠はどこにあるのだろうか。ここでは、「総合扶助と社会連帯の精神」、「社会保障は合理的かつ効果的な仕組み」、「ノーマライゼーション」の3つを挙げる。
　第1は、社会保障は、不測の事態によって生活に困った時にはお互いに助け合うという「相互扶助の精神」と、社会の一員であるからには皆で協力しあう

という「社会連帯の精神」によって支えられている。なお、「社会連帯」を「共同連帯」という場合もある。

　社会保障制度が整備されていなかった時代では、生活が苦しくなった時には家族や親族の間、あるいは地域社会で助け合いが行われてきた。しかし、こうした個人や地域の助け合いだけでは限界がある。そこで、法律により相互扶助や社会連帯の精神を基盤に、具体的な制度を創設することによって、社会全体で助け合う仕組みを作り上げることとしたのである。たとえば、生活保護は、所得が低くて最低生活を維持できないような人々を社会全体で助ける制度である。公的年金は、労働収入が得られなくなった高齢世代に対して、現役世代の保険料を財源に年金を支給することにより、高齢者の生活を支えるという「世代間の連帯」の仕組みである。

　第2は、社会保障は合理的かつ効率的な仕組みであるということである。たとえば、高齢期の生活を考えてみると、夫婦2人で毎月25万円（年間300万円）の生活費が必要だとすると、65歳から90歳までの25年間を生きるとした場合、総額7500万円もの資金が必要となる。これを各人が貯蓄として準備することは大変なことである。2人以上の世帯の1世帯当たりの平均貯蓄額は1805万円（総務省「平成27年家計調査」）であるので、高齢期の生活費としてはとても足りない状況である。しかも、何歳まで生きるのかの予測が難しいため、生存期間のすべてを自分の資金で生活できるように若いうちから貯蓄をするというのはほとんど不可能であろう。

　しかし、公的年金制度により高齢期の生活費のかなりの部分を賄うことができる。平均的な厚生年金受給者であれば月額平均約22万円（配偶者の基礎年金を含む）の年金を受け取ることができ、90歳までに公的年金受給額だけで約6600万円となる。さらに、公的年金は死亡するまで支給される（終身年金ということ）ので、90歳、100歳まで長生きをしても安心である。

　公的年金制度は、若い時には自分が負担する保険料が高齢者の年金に回り、高齢期になると若い世代の保険料により自分の年金が支えられる仕組みとなっている。

　公的年金を例にしたが、このように社会保障は他人のためにもなるし、自分

や家族のためにもなり、その負担も皆で公平に負担することにより重いものは
ならないという、合理的かつ効率的な仕組みである。国民生活の安定のために
は、社会保障制度の整備・充実が不可欠となる。

　第3に、社会福祉の分野では、ノーマライゼーション（normalization）の考
え方が重要である。ノーマライゼーションとは、障害がある人もない人も、と
もに地域社会の一員としての生活をしていくことができる社会が望ましい社会
であるとする考え方である。身体や精神に障害というハンティキャップを負っ
た場合でも、個人の尊厳を尊重されつつ、健やかで安心できる生活を送れるよ
うにするために、障害者福祉政策をはじめ、各種の福祉施策が展開されている。
また、障害者は人里離れた地域の施設で生活するのではなく、住み慣れた地域
で在宅生活を送る方が望ましいとされる。各種の福祉施策の基本理念として、
ノーマライゼーションの考え方がある。近年よく使われる「地域共生社会」と
いう概念は、ノーマライゼーションの考え方と合致している。

| 社会保障の財源と
経 済 成 長 | 社会保障の財源は、基本的に国や地方自治体に対する税金と、社会保険における保険料で成り立っている。 |

保険料負担は社会保険の運営のために不可欠であるが、その背景には、被保険
者間の社会連帯の精神がある。このことを法律上で明示しているものがあり、
たとえば介護保険法4条2項では、「国民は、共同連帯の理念に基き、介護保
険事業に要する費用を公平に負担するものとする」と規定している。

　社会保障の充実のためには、一定の税金と保険料が必要となり、これらの負
担のためには、国民一人ひとりが税や保険料負担に耐えることができる所得が
必要となる。第4章で学習するように、社会保障給付費の額は巨額なものとなっ
ており、そのための税や保険料の負担も大変大きなものとなっている。これだ
けの巨額な税や保険料負担を行うためには、社会全体の経済規模が大きくなり、
経済成長を通じて国民一人ひとりの所得が増加していくことが必要となる。

　したがって、経済成長により経済規模の拡大を図ることを目指す国の経済政
策は、社会保障制度の維持・発展のためにも極めて重要である。また、社会保
障制度の中においても、経済成長を支えるための労働力確保の対策が存在する。
たとえば、国民が病気や事故、失業、老齢等により働くことができなくなり収

入を得られなくなったときに、医療保険による医療給付や雇用保険による給付があり、これによって労働の場に復帰することができる。

社会保障の定義と目的　社会保障の定義は第1章で述べたとおり、社会保障とは、病気や事故、障害、失業、退職などで生活が不安定になった場合に、健康保険や年金、社会福祉制度などの公的な仕組みを活用して、健やかで安心できる生活を保障することである。

　社会保障の対象は、低所得者や障害者など一部の人々のように見る人が多いかもしれない。実際、地方自治体が監督する福祉サービスは、社会的な支援が必要な人が対象である。しかし、第2章の図2-1「ライフサイクルから見た社会保障制度」でわかるように、保健・医療・福祉分野のサービスや社会保険に代表される社会保障制度は、すべての人々に関係している。長い人生の中で、様々な社会保障制度と関係しながら生活を送ることが現代人のライフスタイルとなっている。

　個々の社会保障制度はそれぞれ固有の具体的な目標をもって創設されている。たとえば、医療保険制度は、医療費の負担軽減を図ることによって、被保険者が確実に医療サービスを受けることができるようにするものである。ただし、社会保障制度全体を通して社会保障の普遍的な目的を整理すると、主として「生活の安定・保障」と「個人の尊厳の保持と自立支援」を挙げることができる。

　⑴　生活の安定・保障　　社会保障は、個人の責任や自助努力では対応しがたい不測の事態に対して、社会保障制度の仕組みを通じて、生活を保障し、安定した生活へと導くことを目的としている。たとえば、医療保険制度が存在することにより、私たちが病気になったときに、医療費の自己負担の心配をすることなく医療機関に受診して治療を受け、健康を回復することができる。年金制度があることにより、年をとって仕事ができなくなったときでも、年金を受給することにより生活を維持することができる。生活保護制度があることにより、働けなくなって収入が途絶えたときでも、健康で文化的な最低限度の生活を維持することができる。

　⑵　個人の尊厳の保持と自立支援　　現代社会は、個々人が自らの生活を自ら

の責任で営むことが基本であるが、病気や障害、企業の倒産、現役から引退する高齢期など、自分の努力だけでは解決できず、自立した生活を維持できない場合が生じてくる。また、要介護状態になると、自らの力では、食事や排泄も困難になる場合が生じる。社会保障は、こうした場合に、社会保険制度や社会福祉制度を通じて金銭やサービスの提供を行うことにより、個人の尊厳を保持しつつ、自らの意思に基づき、自分の責任と判断により行動できるようにすること、すなわち自立を支援することを目的とする。

　なお、「自立」という言葉は、ほかからの助けを受けずに自分だけの力で行動または生活をするという意味であるが、社会保障分野では、社会保障の給付を受けながら主体的に行動または生活できることも「自立」の範疇に入るとしている。すなわち、「自立」とは、社会保障分野では、経済的な自立だけではなく、身体的自立や精神的自立、社会的自立も含む幅広い概念になっている。

社 会 保 障 の 機 能　社会保障の機能としては、①社会的セーフティネット、②家族機能の支援、③所得再分配、④社会の安定・経済の安定が挙げられる。

　⑴　**社会的セーフティネット**　　前述してきたとおり、社会保障は、病気や負傷、介護、失業や稼得能力を失った高齢期、不測の事故による障害など、生活の安定を損なう様々な事態に対して、生活の安定を図り、安心をもたらすための社会的なセーフティネット（safety net）の役割がある。社会保障によるセーフティネットは、単一のものではなく、疾病、失業、高齢期など、様々な事態に備えて重層的に整備されている。

　社会的セーフティネット機能により、貧困な状態にある者を救済することを「救貧」といい、貧困状態に陥らないようにすることを「防貧」という。救貧の代表的な制度は生活保護制度であり、防貧の代表的な制度は社会保険制度である。

　さらに、社会保障は、生活の安定を損なう様々な事態（生活上のリスク）に直面した人たちを救い上げるばかりでなく、トランポリンのように次の段階にステップさせるきっかけにもなりうるものである。

　⑵　**家庭機能の支援**　　子どもの育児や障害（児）者の介護、高齢の親の扶養

など、かつては家族や親族の相互扶助で対応してきたもので、核家族化の進行や家族規模の縮小、生活環境や生活意識の変化等により、家族等のみでは対応が困難となってきた。こうした家族機能を代替・支援するものとして、社会保障制度の仕組みがつくられてきた。たとえば、保育が必要な子どもに対しては、児童福祉法に基づく保育所がある。要介護の高齢者に対しては、介護保険制度が対応している。このように、社会保障は、育児や介護、老親扶養などの家族機能を代替または支援する機能がある。

　(3)　**所得再分配**　　社会保障は、租税制度と同様に、所得を個人や世帯の間で移転させることにより、所得の再分配を行い、所得格差を縮小したり、低所得者の生活の安定を図ったりする機能である。たとえば、生活保護制度は、税を財源として「所得の多い人」から「所得のない人」への所得再分配である（これを「垂直的再分配」という）。医療保険制度は、主として保険料を財源とした「健康な人」から「病気の人」への所得再分配である（これを「水平的再分配」という）、年金制度は、現役世代から高齢世代への所得再分配である（これを「世代間再分配」という）。

　(4)　**社会の安定・経済の安定**　　社会保障は、生活に安心感を与えることや、所得再分配により所得格差の是正等を図ることから、社会を安定化させる機能がある。また、景気変動を緩和する経済安定機能がある。たとえば、年金が高齢者の消費活動の財源となって景気を下支えする機能（スタビライザー機能）がある。さらに、医療・福祉分野で約814万人もの就業者がいること（全就業者の12％。労働力調査2017年平均）など、雇用の場の確保、経済の安定・成長に貢献している。

　　| 自助・互助・共助・公助 |　近年、社会保障を論じる上で、「自助・互助・共助・公助」という言葉がよく使われるようになったので、ここでこれらの言葉について説明する。最近の立法では、「社会保障制度改革推進法」（平成24年法律第64号）の中で、社会保障制度改革は、「自助、共助及び公助が最も適切に組み合わされるよう留意しつつ、国民が自立した生活を営むことができるよう、家族相互及び国民相互の助け合いの仕組みを通じてその実現を支援していくこと」を基本のひとつとして行われるもの、と規定されてい

る。

ただし、「自助、共助、公助」に対する法令上の定義はなされていない。そこで、一般的にいえば、「自助」とは、文字通り「自分で自分を助けること」、すなわち、「他人の力を借りずに自分の力を頼りとすること」、「共助」とは、「ともに助け合うこと」で、地域社会での助け合いや、民間保険のような制度化された相互扶助を指す。社会保険も、被保険者間の

図3-1　自助・互助・共助・公助の関係

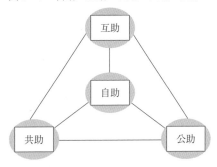

出典：介護福祉士養成講座編集委員会編『社会と制度の理解〔第5版〕』（中央法規、2017年）64頁をもとに筆者一部修正

助け合いという視点から「共助」に位置づけられている。なお、「共助」を細分化して、「互助」（お互いに助け合うこと）という言葉で、「家族・親族や近隣の人たちといったインフォーマルな助け合い」を指すことがある。最後に、「公助」とは、公的な仕組みにより支援することをいう。「公助」には、各種社会福祉制度が該当するが、その中でも、公的扶助（生活保護）は、公助の世界の中心に位置づけられるものである。社会保険は「共助」に位置づけられているが、財源として保険料以外に多額の公費負担が導入されていることから「公助」的要素も大きい。

自助・互助・共助・公助の関係性を図にすると、図3-1のとおりである。自助や共助で対応できないときに公助があるというのではなく、自助や共助を支えたり、これらが効果的に機能したりするために、公助による制度とその役割がある、と捉える方が適切である。

2　社会保障制度の体系

社会保障の仕組み　社会保障の仕組みを大別すると、社会保険（Social Insurance）と、社会扶助（Social Assistance）に分かれる。

社会保険とは、公的機関が保険者となり、保険の技術を用いて、保険料を財

源として給付を行う仕組みである。「保険の技術」とは、ある共通の危険（事故）にさらされている多数の者がひとつの集団を構成し、各自が被保険者としてあらかじめ保険料を拠出しておいて、事故が起きたときにはその保険料の集積から保険金給付を行い、損害を補填することをいう。簡単にいえば、保険料を拠出しておいて集団で危険（リスク）を分散し、ひとたび事故が起きれば集団で対応する仕組みである。世界で初めて社会保険が創設されたのは、19世紀後半のドイツであった。当時、「鉄血宰相」と呼ばれたビスマルク首相の指導の下で、医療保険をはじめとする各種の社会保険制度が創設された。ドイツの経験を踏まえ、20世紀に入り、ほかの西欧諸国や日本においても社会保険制度が整備されていくこととなった（第13章参照）。

　社会保険は、生命保険・損害保険等の民間の保険と類似点もあるが、基本的に異なる点は、社会保険の場合、国や公的な団体が保険者となること、被保険者は強制加入であること、財源が保険料だけではなく国庫負担等が加わることが多いこと、低所得者に対しては保険料の減免等の方法が導入されることである。

　他方、社会扶助とは、租税を財源にして保険の技術を用いずに給付を行うものであり、国や地方自治体の施策として、国民や住民に対して現金またはサービスの提供を行う仕組みである。社会福祉制度は、ほとんどが社会扶助の手法で実施されている。代表的な制度は、貧困者を救済する公的扶助であり、児童福祉、障害（児）者福祉、高齢者福祉、母子父子寡婦福祉などの各種福祉制度がある。

社会保障制度の役割　　社会保障制度を分類するときに、制度（社会保険や社会福祉など）で分類することが多いが、各制度を横断的に分類する方法として、その役割に着目することができる。この観点からは、所得保障、医療保障、社会福祉の3分類となる。

　①所得保障：生活保護や年金制度のように、現金を支給することにより、低所得者や高齢者などの所得を保障するもの。

　②医療保障：医療保険制度や医療制度のように、疾病や傷害の治療のための医療費の保障や、医療サービスの提供を保障するもの。

　③社会福祉：保育が必要な児童や、障害児や障害者、要介護の高齢者など、ハンディキャップ（不利な状態）を負った人々に対して、福祉サービスの提供や手当の支給により生活を支援するもの。対象者により、児童福祉、母子・父子・寡婦福祉、障害者福祉、高齢者福祉等に区分される。

社会保障制度の体系　表3-2は、日本の社会保障制度の体系を、縦軸では社会保障の仕組み（社会保険または社会扶助）、横軸では各制度の役割（所得保障、医療保障および社会福祉）で分類したものである。この3つの列には、各制度の具体的な給付名が入っている。一番右側が、法制度の具体例である。

　社会保険としては、年金保険、医療保険、介護保険、雇用保険、労働者災害補償保険の5種類がある。ちなみに、ひとつの国で5種類の社会保険を有する国は極めて少ない。その理由は、介護保険制度を有する国は、日本以外に、ドイツ、韓国など少数だからである。また、イギリスのように、医療サービスの提供が社会保険ではなく社会扶助の仕組みで行っている国もある。

　社会扶助の中を大別すると、公的扶助、社会手当、社会サービスに分かれる。社会手当とは、租税を財源として、ある一定の要件に該当する人々に現金を給付することにより、生活支援等の政策目的を果たそうとするものである。日本では、児童手当や児童扶養手当等が代表的な制度である。所得保障の役割を持っているが、社会保険制度における保険料負担や生活保護制度における厳密な資産調査（ミーンズテスト）がない点が異なる。もちろん、社会手当でも所得制限があることが一般的であるが、これは高所得者を排除して真に支援が必要な人に給付をしぼるためであり、そのため貯蓄等の資産は対象とせず、収入面に着目した所得制限となっている。

社会保険と社会福祉　社会保障制度の中では、社会保険と社会福祉のウエイトが大きい。そこで、両者をわかりやすく比較したものが、表3-3である。

表3−2　日本の社会保障制度の体系

		所得保障	医療保障	社会福祉	法制度の例
社会保険	年金保険	老齢基礎年金 老齢厚生年金 遺族年金 障害年金等			国民年金法 厚生年金保険法 各種共済組合法 農業者年金基金法
	医療保険	傷病手当金 出産育児一時金 葬祭費等	療養の給付 健診・保健指導		国民健康保険法 健康保険法（全国健康保険協会管掌健康保険、組合管掌健康保険） 各種共済組合法 船員保険法 高齢者医療確保法
	介護保険		施設サービス 居宅サービス 福祉用具購入・住宅改修 介護予防・生活支援		介護保険法
	雇用保険	失業等給付 （求職者給付、高年齢雇用継続給付等）			雇用保険法
	労働者災害補償保険	休業補償給付 障害補償給付 遺族補償給付 介護補償給付等	療養補償給付		労働者災害補償保険法
社会扶助	公的扶助	生活扶助 教育扶助 住宅扶助等	医療扶助	介護扶助 自立相談支援事業	生活保護法 生活困窮者自立支援法
	社会手当	児童手当			児童手当法
		児童扶養手当			児童扶養手当法
	社会サービス　児童福祉			保育所サービス 児童健全育成 児童養護施設等	児童福祉法
	障害（児）者福祉		自立支援医療 （育成医療・更生医療・精神通院医療）	介護給付 訓練等給付 地域生活支援事業	障害者総合支援法 身体障害者福祉法 知的障害者福祉法 児童福祉法
	老人福祉			老人福祉施設 生きがい、生活支援施策等	老人福祉法
	母子父子寡婦福祉	母子父子寡婦福祉資金貸付		自立支援 生活指導等	母子父子寡婦福祉法

注：主要な社会保障制度を整理したもので、個々の給付や事業は例示であり、本表に記載できないものが数多くあることに注意。

　なお、高齢者医療確保法は「高齢者の医療の確保に関する法律」の略称、障害者総合支援法は「障害者の日常生活及び地域生活を総合的に支援するための法律」の略称、母子父子寡婦福祉法は「母子及び父子並びに寡婦福祉法」の略称である。

出典：増田雅暢・島田美喜・平野かよ子編『社会福祉と社会保障』（メディカ出版、2021年）31頁

表3-3　社会保険と社会福祉の比較

項　目	社会保険	社会福祉
対象となるもの	誰でも起こりうる可能性がある事故（リスク）	ハンディキャップをもった人達
目　的	保険事故からの回復、生活の保障・生活の安定、自立支援	生活の保障・生活の安定、自立支援、社会参加
保障方法	現金給付が中心 現物給付もある	現物給付が中心 現金給付もある
保障の特徴	一定の要件に該当すれば誰でも受給。画一的な給付	一定の要件の中に所得要件が入ることが一般的。個別的な給付
保障する者	保険者（国、地方自治体、組合等）	行政機関（地方自治体が多い）
財　源	保険料（公費負担、自己負担あり）	租税（自己負担あり）
制度の例	年金保険、医療保険、介護保険、雇用保険、労災保険	生活保護、児童福祉、障害者福祉、老人福祉、母子父子寡婦福祉
社会保障給付費（2018年度）	年金保険（54.6兆円）、医療保険（36.7兆円）、介護保険（10.1兆円）	生活保護（3.6兆円）、社会福祉（6.6兆円）、児童手当（2.6兆円）

出典：筆者作成

3　社会保障の給付方法と負担

現物給付と現金給付　社会保障の給付には、大別して、現物給付と現金給付がある。現物給付とは、一定の要件に該当する者に対して現物（サービス）を提供するものである。医療保険において医師の診療等の医療サービスの提供が現物給付に相当する。児童福祉分野の保育所は保育サービスという現物給付を行う。一方、現金給付とは、一定の要件に該当する者に対して現金を給付するものである。年金制度がその典型で、老齢年金や障害年金が現金で支給される。生活保護では、生活扶助は現金給付である。

　現物給付と現金給付との間で、どちらが好ましいのかという優劣はない。制度設計において、制度の目的をより効果的に発揮できるようにするために、現物給付または現金給付が選択される。

たとえば、医療保険において、現物給付ではなく現金給付で保険給付を行うことは理論的には考えられるが、診療時点では医療費がどのくらいかかるのか不明であるため、診療後に確定した医療費に対して保険給付が行われることにならざるを得ない。そうすると、診療時点では利用者（患者）は100％の医療費を負担しなければならないこととなり、利用者（患者）の負担が重くなる。それよりも、自己（患者）負担を一定割合として残りは現物給付とした方が、自己負担の額が低くなるので医療機関にかかりやすい。そこで、医療保険では現物給付が選択される。

　他方、生活保護の生活扶助は現金給付であるが、理論的には現物給付もありうる。ただし、この場合、米やパンなどの食料、上着や下着といった衣服、日常生活に必要な雑貨品などを支給することになるが、人によって食べる量や嗜好も異なることから、これらの品々の適切な支給は難しい。それよりも現金を支給することにより、受給者が自分の好みで必要なものを購入した方が適切である。さらに、必要な物品を与えられた給付金の範囲内で自分の責任で購入することにより、自立した生活への訓練となる。したがって、生活保護の生活扶助は現金給付で行われる。

応能負担と応益負担

社会保障制度においては、各種サービスの利用にあたって利用者負担を設定しているものがほとんどである。利用者負担の設定には、2つの意義がある。ひとつは、財源の確保のためである。社会保障では各種サービスの財源は税か保険料であるが、ここに利用者負担が入れば、その分税や保険料の負担は小さくなる。もうひとつは、無料によるサービスの過剰利用を抑制するためである。たとえば、1970年代に老人医療費の無料化という政策が導入されたが、老人医療費の急増をもたらし国民健康保険財政を圧迫する結果となった。そこで、1980年代に制定された老人保健法に基づき老人医療費の一部負担が導入されることとなった。

　応能負担とは、利用者の負担能力に応じて負担することである。高所得者になるほど負担は大きくなり、低所得者になるほど負担は小さくなる。社会福祉分野では、生活保護受給者は無料、住民税非課税世帯に対しては減免するといった対応が多い。応益負担とは、利用者の所得の多寡とは無関係で、サービスの

利用量に応じて負担することである。応益負担の場合には、1割、2割といった定率負担となる。一般に、社会福祉分野では応能負担とする制度が多く、医療保険等の社会保険の分野では応益負担を採用することが多い。

4　日本の社会保障の特徴

3 つ の 特 徴　本書で日本の社会保障について学ぶことにより、日本の社会保障に対する理解が深まることであろう。ここで、日本の社会保障について、簡単にまとめておこう。

　ひとつは、「国民皆保険・皆年金」の体制をとっていることである。国民皆保険・皆年金とは、すべての国民が公的な医療保険および年金保険に加入することにより、病気にかかったときには低額な自己負担で医療機関に受診、治療を受けることができ、高齢になったときには年金によって生活を支えることができるという仕組みである。日本は、1961年4月から国民皆保険・皆年金を実施しているが、これは、第13章の日本の社会保障の歴史で説明しているように、世界的に見ても早い時期である。すでに実施から半世紀以上たつが、国民皆保険・皆年金は、日本の社会保障の基本骨格を成している。

　2番目は、社会保険中心型ということである。日本では、医療保険、年金保険、介護保険、雇用保険、労災保険という5つの社会保険が存在する。前述したとおり、社会保険の数が多い国に入る。社会保障給付の規模で見ると、2018年度において、社会保障給付費全体が121.5兆円の規模であるが、年金保険（54.6兆円）、医療保険（36.7兆円）、介護保険（10.1兆円）の3つの社会保険だけで101.4兆円、全体の83％を占めている。社会保障給付費の財源面でも、社会保険料（事業主と被保険者の拠出）が全体の55％と、税による公費負担（38％）よりも大きくなっている（詳細は、第4章参照）。社会保険は、日本の社会保障を支える制度となっている。

　3番目は、年金や医療、介護の占める割合が高いことから、高齢者関係の給付が多いことである。2018年度の場合、高齢者関係の社会保障給付費は80.8兆円と全体の66.5％、3分の2を占めている。これに対して、児童・家族関係給

付費（児童手当や保育等の児童福祉費が中心）は９兆円、7.4％に過ぎない。他の先進国と比較をして、児童・家族関係給付費の割合が小さくこともあり、近年の社会保障制度改革では、少子化対策や若い世代への給付を充実させる「全世代型社会保障」の構築がスローガンになっている。2019年度から実施されている幼児教育・保育の無償化という政策は、その一環に位置づけられる。

◎理解を深める問題

　　高齢者の介護問題を例にして、「自助」や「共助」、「公助」として、具体的にどのようなものがあるのか考えてみよう。

◎参考文献

　　各年版の厚生労働白書（厚生労働省編。厚生労働省のホームページに掲載）。近年では『平成24年版厚生労働白書』が「社会保障を考える」という副題のもとに、社会保障の歴史、概念や仕組みの基本、国際比較などの視点から社会保障を解説しており、参考になる。

第**4**章

社会保障と経済

　社会保障制度の学びでは、医療、年金、介護などの制度のことだけではなく、そこにかかる費用を確保する方法を知ることも重要である。そして、社会保障制度の充実が、世の中、特に経済に影響を与えることを知ることも、社会保障を別の側面から理解するという意味では重要である。そこで、この章では、社会保障と経済の関係、つまり財源や費用負担などのお金の面から取り上げることにする。

1　社会保障とお金

**社会保障に
なぜお金がかかるのか**　　「社会保障とお金」というと水と油のように感じる人もいるであろう。社会保障は困っている人に手助けをする仕組みであり、お金は商売の世界の話であると考える人も多いであろう。しかしよく考えると、商売の世界に身を置かなくても、生活するにはお金が必要であり、そのお金は働くなどの方法で獲得する必要がある。これを社会保障の世界に当てはめるとこのようになる。たとえば、介護施設を作るとして、介護ヘルパーなどの人材を雇う必要がある。彼らには給料を払う必要がある。また施設に必要なベッド、リハビリテーションの機器、事務部門で使うパソコン、送迎に必要な乗用車などいろいろなものをそろえる必要がある。これらもお金を払って手に入れないといけない。つまり、世の中がお金を払うことでいろいろなモノを手に入れる仕組みになっているため、社会保障の世界でも、様々なサービス提供のためにお金を払うことが必要になっている。

**社会保障のお金を
誰がどう負担するのか**　この例で挙げた介護施設の費用は介護事業者が、雇用した人、必要な品物やサービスを売ってくれた人に支払うものである。そのお金をどうやって確保するのかが重要になる。日常生活で行われるモノやサービスの取引で考えると、介護施設に入る入所者（つまり利用者さん）が支払うことになる。しかし、介護施設に入る必要のある人は、そうした費用を払える人ばかりとは限らない。つまり、お金が払えない人は介護施設には入れないことになる。それでは介護施設が社会保障または社会福祉のサービスであるとはいえない。介護が必要な人がその費用を心配することなく利用できるようにするには、介護施設の費用を社会みんなで負担しあう仕組みが必要になる。これがわが国の場合は介護保険として機能している。介護保険の場合は、みんなで負担した介護保険料と公費（税金等）で費用の半分ずつを負担する。ただし、介護サービスを使った人は一般に10％（一定所得以上の人は20％または30％）の費用を自己負担する。

　こうした費用負担のルールは、年金、医療、介護などそれぞれの制度で決まっている。それぞれの社会保障制度で集めた費用はどのくらいになるのか、それがどの制度で、誰のために使われているのか。社会保障のためにお金を使うことは、介護施設などを必要としている人には利益はあるが、世の中全体にとって本当に利益があるのだろうか。その問いの答えは、社会保障とお金の関係を知ることにある。

2　社会保障にかかる費用を知る

**社会保障の費用は
何を見ればわかるのか**　社会保障とお金の関係を知る一番基本的なこととして、医療、年金、介護などの社会保障制度にどのくらいお金を使っている、集めているかを知ることである。他の章で学ぶように、医療、年金、介護等の制度は複雑であり、お金の集め方、使われ方をそれぞれの制度ごとに理解するのは簡単ではない。ここではそうしたお金の流れを理解する基礎として、社会保障全体でいくらお金を使ったかを見てみよう。

　わが国には、社会保障費用を詳しくまとめた統計として国立社会保障・人口

問題研究所『社会保障費用統計』がある。この統計は、医療、年金、介護などの社会保障制度の1年間の支出(費用)をまとめたものである。まとめ方として、国際労働機関（ILO）および経済協力開発機構（OECD）が決めたルールがあり、それに基づいてまとめている。つまり、ILOやOECDに加盟している国々との比較も可能な統計である。2つの国際機関が決めたルールに基づく統計なので、社会保障について2種類の数字が得られる。ひとつはILO基準に基づく「社会保障給付費」であり、これは直接人々のために使われた社会保障の費用をまとめたものである。社会保障給付費は長年にわたって支出、収入ともに推計されており、長期の分析に向いている。OECD基準はこれに施設整備費などの人々に直接には使われない費用を含むものであり、「社会支出」と呼ばれている。時系列の数値もあるが、OECD加盟国との国際比較に向いている。これらの数字は毎年公表されるが、公表されるのは公表年の前々年度の数値である。その理由は、医療や年金などの社会保障制度の収入と支出をまとめた決算（最終的にいくらお金を使ったかをまとめたもの）をもとにこれらの統計が作成されるため、決算が確定した前々年度の社会保障の費用の統計が作成されるのである。なおこの統計では、社会保障全体の費用だけでなく、部門別（年金、医療、福祉その他の3つ）、機能別（高齢、保健医療など9つ）などの統計も公表されている。

社会保障全体でいくら使っているのか　まず、「社会保障給付費」を取り上げた表4−1からわが国の社会保障制度がどのくらいお金を使っているかを見てみよう。2017年度の「社会保障給付費」は約120.2兆円である。わが国の経済規模を示す国内総生産（GDP）が約547.4兆円であるので、その21.97％に相当する規模である。しかもわが国の国家予算（約97.7兆円）を上回る。これを日本の人口で割った1人当たり社会保障給付費は約94.9万円となる。現在の大卒の初任給はおよそ月額20万円くらいなので、それと比べると4か月分以上の金額に相当する。社会保障給付費は昔から多かった訳ではない。たとえば、最初の東京オリンピックの次の年度である1965年度の社会保障給付費は約1.6兆円であり、1人当たりで見ても約1.6万円であった。その後の社会保障制度の整備、高齢化の進展などとともに増加してきた。特に1970年代前半は、「福祉元年」による社会保障の給付の充実（社会保障にもっとお金を使うようになる）、

第一次石油危機によるインフレへの対応（年金をすでにもらっている人が困らないように、物価上昇に合わせて年金の金額を増やす）により社会保障給付費は大きく増加した。1970年代後半以降も、高齢化の進展などにより、社会保障給付費は増加し続け、1985年度には約35.7兆円、2000年度には約78.1兆円に達した。21世紀に入っても社会保障給付費は増加をし続け、現在にまで続いている。

| 社会保障の費用は |
| どのように |
| 使われているのか |

社会保障といっても医療や年金など多くの制度がある。社会保障給付費ではこれらをまとめて医療、年金、福祉その他の３つのグループにした統計を公表している。表４−１から医療、年金、福祉その他の３つの分野別の内訳を見ると、医療が約39.4兆円、年金が約54.8兆円、福祉その他が約26.0兆円（うち介護対策は約10.1兆円）となっており、年金が最も多い。また、医療も高齢者の医療費が多くを占めることが容易に想像できる。さらには福祉その他の４割程度は介護費用である。そのため、わが国の社会保障支出は高齢者に多く使われていると想像できる。この３つの部門別の数値をこの表にある年次を追ってみると、年金が最も多いのは1985年度からであり、1965年度と1975年度は医療が最も多い。その背景には、年金制度の充実・普及、高齢化の進展がある。介護を含む、福祉その他の金額は最も少ないが、1965年度以降おおむね増加傾向にある。

社会保障給付費では長年にわたって、この３つの部門別の数値が公表されていた。これでは、何の目的で社会保障の費用が使われているかは詳しくわからない。現在では、これがわかるように９つに分類された機能別の統計がある。それによると、2017年度の社会保障給付費のうち、高齢（主に年金、介護）が47.0％と最も多くを占め、次いで保健医療が31.4％、以下、家族が6.9％、遺族が5.4％などとなっている。高齢はもとより、保健医療は高齢者の医療費が多くを占めると考えられるので、ここでも高齢者のための支出が多くなっていることがわかる。

そして、社会保障費用統計では対象者の男女、年齢別の給付の統計は存在しない。しかし、誰のための制度の支出かについて、高齢者、子どもやその家族に関係が深い制度に限ってそれぞれ、「高齢者関係給付費」、「児童・家族関係給付費」の統計をまとめている。これによると、2017年度の高齢者関係給付費

表 4－1　わが国の社会保障の規模

(1) 「社会保障給付」の推移と内訳

年度		1965 (昭和40)	1975 (昭和50)	1985 (昭和60)	1995 (平成 7)	2005 (平成17)	2017 (平成29)
社会保障給付費（兆円）		1.6	11.8	35.7	65.0	88.9	120.2
（内訳）	年金	0.4	3.8	16.7	33.1	46.1	54.8
	医療	0.9	5.7	14.4	24.7	28.7	39.4
	福祉その他	0.3	2.2	4.6	7.3	14.0	26.0
一人当たり給付費（万円）		1.6	10.5	29.5	51.8	69.5	94.9
対国民所得比（％）		5.98	9.49	13.69	17.17	22.94	29.75
国民所得（兆円）		26.8	124.0	260.6	378.5	387.4	404.2
対国内総生産（％）		4.75	7.72	10.80	12.58	16.90	21.97
国内総生産（兆円）		33.8	152.4	330.4	516.4	525.7	547.4

(2) 機能別内訳（2017年度）

> 高齢　47.0%　遺族　5.4%　障害　3.8%　労働災害　0.8%　保健医療　31.4%
> 家族　6.9%　失業　1.2%　住宅　0.5%　生活保護その他　3.1%

(3) 高齢者および児童・家族関係給付費（2017年度）

高齢者関係給付費　79.3兆円 （社会保障給付費の66.3%） （内訳） 　年金保険　54.7兆円　高齢者医療　14.8兆円 　老人福祉（介護保険）　10.1兆円　など	児童家族関係給付費　8.6兆円 （社会保障給付費の7.2%） （内訳） 　児童手当　2.1兆円　児童福祉　4.7兆円 　育児休業給付　0.6兆円　など

(4) 国際比較（「社会支出」の対国内総生産比）

2015年度	日本	イギリス	アメリカ	スウェーデン	ドイツ	フランス
社会支出対国内総生産比	22.66	22.47	24.50	26.74	27.04	32.16

出典：国立社会保障・人口問題研究所「平成29年度　社会保障費用統計」(2019年)

（年金、老人医療、老人福祉などの費用で構成）は、79.3兆円と社会保障給付費の66.3％を占めている。一方、児童・家族関係給付費（児童福祉サービス、児童手当などで構成）は2017年度で約8.6兆円と社会保障給付費の7.2％にとどまる。これを見てもわが国の社会保障支出は高齢者の制度での支出が多い。

このように、わが国の社会保障は高齢者に重点を置いた支出となっている。

諸外国と比べた場合 社会保障制度が充実している国としてスウェーデンなどの北欧諸国を挙げることが多い。そこで、表4-1から、OECD基準の「社会支出」の対GDP比を用いて、わが国と諸外国の比較を行ってみよう。2015年度のわが国の「社会支出」はGDPの22.66％に相当する規模である。主な国を見ると、フランス（32.16％）、ドイツ（27.04％）、スウェーデン（26.74％）、アメリカ（24.50％）はわが国を上回る。イギリスは22.47％とわが国とほぼ同じ水準である。つまり、わが国の社会保障支出を対GDP比で見ると、ヨーロッパ大陸の国よりも相対的に少なく、イギリスに近い水準にある。

3　社会保障の費用の確保

社会保障の費用はどのように確保される わが国は社会保障に多くのお金を使っており、その規模はわが国の国家予算を上回る。そのため、「収入が不足して赤字なのでは？」と考えるのも不自然ではない。

　他の章でも学ぶことになるが、わが国の社会保障制度は、医療、年金、介護、雇用、労働災害の5つの社会保険では、その収入は保険料と公費（国や地方自治体の予算）で賄われる。保険料とはこれら5つの制度ごとに法律に基づいて決められた方法で集められる財源であり、制度によってその水準（保険料率、保険料）は異なる。また、公費からの補助もあり、その水準も法律に基づいて決められており、国と地方自治体がそれぞれ負担する。さらに年金制度などでは過去に支払われた保険料などを積み立てた積立金があり、その運用益も重要な収入源である。こうした、保険料、公費（国、地方自治体）、資産収入がミックスされる形でそれぞれの社会保険の費用が確保される。

　また、老人福祉、児童福祉などの社会保険でない制度では、その費用はすべて公費で賄われる。こちらもそれぞれの制度の法律に基づいて、国や地方自治体による支出額が決まっている。このように、社会保障の費用は国や地方自治体の公費だけでなく、医療や年金などの社会保険制度の保険料、年金制度などがもっている基金の運用益である資産収入など多様なものとなっている。

図4-1 社会保障財源の全体像（イメージ）

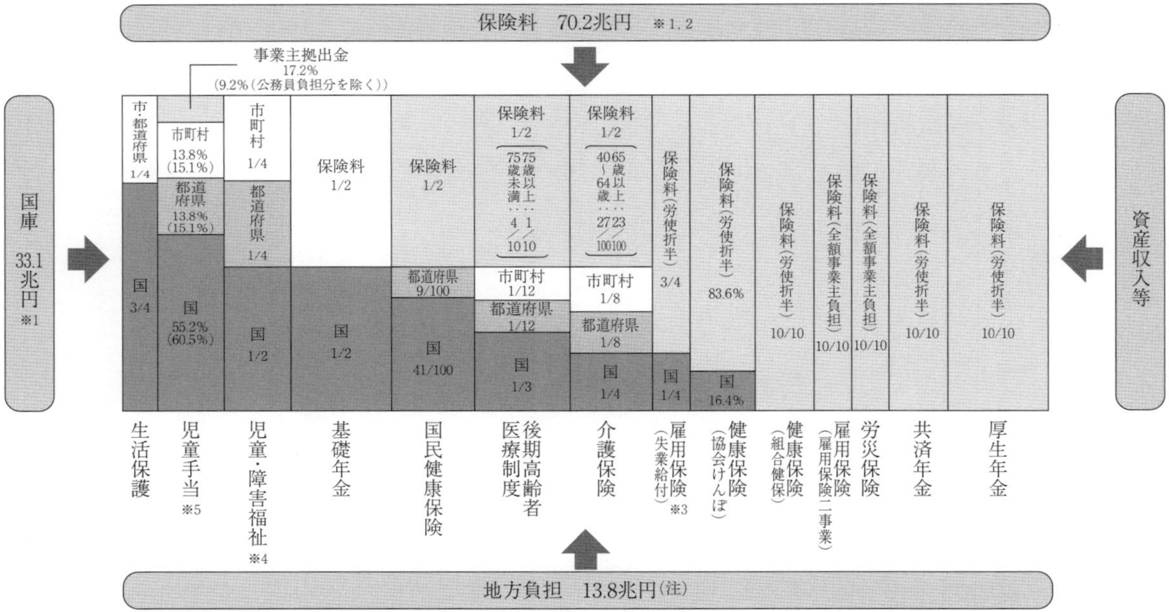

注：※1 保険料、国庫、地方負担の額は平成30年度当初予算ベース。
　　※2 保険料は事業主拠出金を含む。
　　※3 雇用保険（失業給付）については、平成29～31年度の3年間、国庫負担額（1／4）の10％に相当する額を負担。
　　※4 児童・障害福祉のうち、児童入所施設等の負担割合は、原則として、国1／2、都道府県1／2、都道府県・指定都市・中核市・児童相談所設置市1／2等となっている。
　　※5 児童手当については、平成30年度当初予算ベースの割合を示したものであり、括弧書きは公務員分を除いた割合である。
出典：内閣府経済諮問会議経済・財政一体改革推進委員会社会保障ワーキンググループ第27回会議資料より「資料3-1 社会保障について（財務省提出資料）」
　　　の6頁の厚生労働省資料より引用の上で作成

その財源の多様な姿を図4－1から見てみよう。この図は社会保障制度全体の財源確保のイメージをまとめている。社会保障制度全体で、国庫、地方負担の公費、保険料、資産収入等の財源からの収入が、2018年度の予算で見通された金額が示されている。具体的に見ると、国庫からは33.1兆円、地方負担からは13.8兆円が確保されている。合計で公費から確保されるのは、46.9兆円である。一方で、保険料からは70.2兆円が確保され、公費からの収入を大きく上回っている。資産運用の結果を見通すことが困難な資産収入等の金額は明示されていない。それを除いても少なくとも国家予算を上回る110兆円以上の収入を確保できる見通しになっている。

　さらに、社会保障制度ごとの財源構成をこの図の中央で詳しく示しているもので見てみよう。右はじは保険料収入が100％で制度化されている社会保険であり、厚生年金、労災保険、健康保険（組合健保）などがある。逆に左はじは、生活保護、児童福祉などの国庫および地方負担の公費で賄われる制度である。生活保護は国庫が4分の3（75％）を負担し、残りは地方自治体の負担である。児童手当は55.2％が国庫負担であり、児童・障害者福祉は50％が国庫負担である。両者の間にあるのは、収入が公費と保険料で確保される制度である。たとえば、基礎年金は国庫、保険料が50％ずつの負担であり、健康保険（協会けんぽ）は保険料が83.6％、国庫が16.4％の負担となっている。

社会保障の費用の確保の過去からの動き

　社会保障の費用は、公費、保険料など様々な財源から集めている。このことが、社会保障の支出が国家予算を上回る規模になることを可能にしている。それでは、社会保障の費用の確保はこれまで順調に進んできたのであろうか。その点は過去のデータを踏まえて見る必要があるので、2で紹介した社会保障費用統計にある社会保障財源の統計から見ていきたいと思う。

　表4－2は、社会保障費用統計から社会保障の財源の規模とその構成比を主な過去の年次を含める形でまとめたものである。この表からまずは社会保障制度全体で確保された財源、つまり収入規模を見てみよう。2017年度の社会保障制度全体の収入は約141.6兆円であり、社会保障給付費（約120.2兆円）を上回る形になっている。主な年次で見ると、社会保障制度の整備、経済成長の進展な

表 4 - 2　わが国の社会保障の財源とその構成比

年度	収入（兆円）	構成比（％）								社会保障給付費（兆円）
		社会保険料	被保険者拠出	事業主拠出	公費負担	国庫負担	他の公費	資産収入	その他	
1965（昭和40）	2.4	57.4	27.0	30.4	32.5	28.3	4.1	6.3	3.8	1.6
1975（昭和50）	16.7	56.8	26.4	30.4	33.1	29.0	4.1	8.7	1.3	11.8
1985（昭和60）	48.6	56.8	27.1	29.7	28.4	24.3	4.1	12.8	2.1	35.7
1995（平成 7 ）	83.7	61.2	29.2	32.0	24.8	19.8	4.9	11.7	2.3	65.0
2005（平成17）	115.9	47.7	24.5	23.3	25.9	19.2	6.7	16.3	10.1	88.9
2017（平成29）	141.6	50.0	26.4	23.6	35.3	23.5	11.7	10.0	4.8	120.2

出典：国立社会保障・人口問題研究所「平成29年度 社会保障費用統計」（2019年）

どを背景に、社会保障の収入は支出とともにおおむね増加傾向をたどってきた。たとえば、1965年度は約1.6兆円の支出に対して、収入は約2.4兆円であった。石油危機後の1975年度は約11.8兆円の支出に対して、収入は約16.7兆円であった。その後も支出、収入ともに増加傾向をたどり、バブル経済の直前である1985年度になると、約35.7兆円の支出に対して、収入は約48.6兆円となり、バブル経済期後の1995年度でも、約65.0兆円の支出に対して、収入は約83.7兆円であった。その後も支出の増加とともに、収入も増加傾向をたどり現在に至っている。つまり、社会保障の費用は支出に見合う形で収入が確保され続けてきたといえる。

社会保障の財源構成の推移　他の章でも明らかように、わが国の社会保障制度は医療や年金などの社会保険制度が中心であり、その歴史も長い。そのため、社会保障制度全体で見た財源構成も、社会保険料がその中心であるという特徴がある。そこで、表 4 - 2 からそのことを確認してみよう。

　まず、社会保険料が社会保障制度全体の収入に占める割合は、2017年度で50.0％である。社会保険料はこれに加入する人（被保険者本人）と彼らを雇用する雇用主（事業主）がそれぞれ負担する。2017年度では50.0％の内訳として、被保険者本人が26.4％、事業主が23.6％を負担している。社会保険料の割合を過去にさかのぼって見ると、1965年度は57.4％であり、1975年度、1985年度も50％代後半であった。1995年で61.2％、2005年度で47.7％であったが、社会保

障制度全体の収入の半分程度を占める形で推移している。また、被保険者本人と事業者の負担割合も半々に近い形で推移している。

　次に、公費（国および地方自治体の負担）も社会保障制度全体の収入の相当な割合を占めている。その割合は、たとえば2017年度では35.3％であり、内訳として国（国庫負担）が23.5％、地方自治体（他の公費）が11.7％となっている。過去の数値をさかのぼってみても、1965年度では32.5％、1975年度で33.1％であった。1985年度、1995年度、2005年度は30％を下回る水準であったが、20％台後半の水準であった。公費負担のうち、国と地方の負担割合を見ると、国の負担の方が多い形で推移している。特に、地方自治体の負担割合は2017年度を除いて10％を下回っていた。

　そして、わが国の社会保障制度の収入の特徴として、年度による変動はあるものの、資産収入が多いことがある。すでに述べたように、わが国の社会保険制度、特に公的年金制度は多くの積立金を保有している。その積立金は公的な法人が保有し、専門家も交えた資金運用計画に基づいて、国債や株式の購入などを通じた運用がなされている。その運用益が収入として期待される。このような資産収入が年度によっては大きな財源になるのである。実際に表4−2から資産収入の割合を見ると、2017年度で10.0％であるが、2005年度では16.3％を占めていた。他の年度を見ると、1965年度で6.3％、1975年度で8.7％であるが、資産収入が社会保障財源の一部となっていることがわかる。

　このように、わが国の社会保障制度全体の財源構成を見ると、社会保険料が中心であるが、公費負担も相当な割合を占める。年度によっては資産収入も相当な割合を占めるなど、多様な財源構成で社会保障の費用が確保され続けたことがわかる。

4　社会保障と経済の関係

世 の 中 で の
お金の流れで見る
社 会 保 障

社会保障と経済の関係を考えるとき、わが国では社会保障に非常に多くのお金をかけていることをこれまで学んできた。経済をひとことでいうと、人や企業がモ

ノやサービス（場合によっては情報）を売り、その対価としてお金を得ることである。モノやサービスが売り手から買い手に渡される一方で、対価としてのお金が買い手から売り手へと渡される。お金を手に入れた売り手は、今度は何かを買う側に回り、お金を支払う。つまり、経済とは世の中のお金の流れ方を知ることである。これを社会保障に当てはめてみることが社会保障と経済の関係を知ることでもある。

　モノやサービスの売り手を社会保障に当てはめると、年金を高齢者などに渡す、医療や介護サービスを人々に提供する、ということになる。これらは国が作った制度の中で行われる。よって社会保障のサービスは政府が提供するものとしよう。すでに見たように、こうしたサービス提供には費用が必要である。その費用は社会保険料や税金の形で、家計や企業から集められる。家計とは人々の生活の単位であり、世帯や家族とほぼ同じ意味と考えて良い。そのため、家計を構成する一人ひとりが給料などから社会保険料や税金を負担する。そして、企業もその経済活動の成果である売り上げの中から、税金や社会保険料（雇用している従業員の人数や給料の額に応じて）を負担する。また税金の中には消費税のように人々の売買の中で負担されるもの（誰がいくら負担したかが決して明確でなく、社会全体で負担していると考えた方が良い税金）もある。家計が税金や社会保険料を負担するには、企業などに雇用されて働き、給料を得る必要がある。企業も同様に、家計などにモノやサービスを売り、その対価を売り上げという形で得る必要がある。このような政府、家計、企業それぞれの活動をまとめると図4-2のようになる。家計と企業の間では、①労働と給料の支払いの流れ、②モノやサービスの売買という2つの流れがある。それぞれ家計、企業が収入を得るための活動である。家計と政府、企業と政府の間ではそれぞれ、③税金や社会保険料の負担、がある。その対価として、④社会保障制度からのサービス提供、⑤社会保障以外の公共サービス提供、という政府から家計、企業部門への流れがある。④は主に家計に提供され、⑤家計、企業の両方に提供される。③という費用負担に対して④と⑤が提供されているのである。

　このように、企業や家計の経済活動（生活）の中に、社会保障サービスの提供と費用負担という流れがある。これが世の中のお金の流れで見た場合の社会

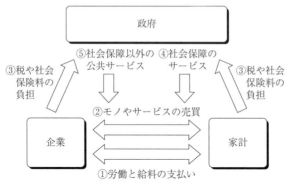

図4-2　社会保障と経済の関係（概念図）

出典：筆者作成

保障の位置づけである。

社会保障の経済効果　このような家計と企業、政府の間で「社会保障の給付と負担」の関係があることがわかった。ところで、社会保障のために負担する税金や社会保険料が少ないほど、企業や家計には手元に残るお金は多くなる。つまり、その分だけ使うお金は増え、企業はより多くの従業員を雇ったり、給料を多く払う、より多くの設備投資をしたりすることができる。家計ももっと欲しいものをたくさん買うことができたり、貯金を多くしたりすることができる。そう考えると、社会保障のサービスが増える、つまりその費用負担が増えることは、企業や家計にとってマイナスではないのだろうか。それとも社会保障にお金を使う分だけ、働く人が増えたり、モノやサービスの購入が増えたりするので、企業や家計にはプラスの効果があるのではないだろうか。これらの考え方は、それぞれ社会保障に経済効果が「ない」、「ある」、の立場からの考えである。これら正しいか否かをめぐって多くの議論が行われてきた。ここでは、社会保障に経済効果が「ある」という考え方にたって、この考え方がとられる理由をひとつの例をもとに考えてみよう。

　その例として、「入所定員が100人の特別養護老人ホームを新しく作る」としてみよう。特別養護老人ホームに限らず、社会保障のサービスを提供するためには、必要な人材、設備の基準が細かく定められている。たとえば設備基準で

は、入居する部屋（居室）の定員は原則として1名、居室の面積も1人当たり10.65㎡などがある。人材配置の基準では、介護および看護職員は入所者3名に対して1名、医師は必要な人数などの基準がある。こうした基準を満たす形で特別養護老人ホームは設置・運営されている。最近の例でいうと、特別養護老人ホームの建設費は1㎡当たり32.4万円であり、定員1人当たりの延べ床面積は43.9㎡である（独立行政法人医療福祉機構「平成30年度　福祉・医療施設の建設費について」による）。そのため、定員が100人の特別養護老人ホームの場合、建設費の総額は14.2億円となる（土地取得費用を除く）。建物の建設をこの金額で建設会社が請負うとすると、請け負った金額の中から、セメント、鉄筋、窓ガラスなどの建設に必要な資材を調達する。そして、建設に従事する技術者や職人を手配する。資材調達にあたっては、セメントなどの資材を扱う会社との取引が発生し、代金を支払うことで、取引先の会社にも売り上げが発生する。技術者や職人にも給料を支払うことになる。特に技能の高い職人には高い給料を支払う必要がある。彼らは受け取った給料から、日々の生活に必要なモノやサービスを購入する。これらを売る会社にも売り上げが発生する。また、建物の建設だけでなく、介護施設として必要な設備を購入する必要もある。たとえば、居室のベッド、入浴設備、トイレ、厨房施設、事務室で使う机やパソコン、送迎に必要な自動車などである。これらの購入の際にもお金が支払われ、これらを販売する会社にも収入が発生する。

　このように、特別養護老人ホームの建設、つまり建物の建設やその中の設備を整えることで、建設会社や建設資材を販売する会社、ベッドなどの必要な設備を販売する会社との取引が発生する。こうした取引の発生を「生産波及効果」と言うことが出来る。特別養護老人ホームの開設で、建設業などの他の産業の仕事が発生し、それが売り上げにつながるのである。生産波及効果の大きさは総務省統計局「産業連関表」で産業部門別に算定されている。医療・福祉分野では2015年で1.5601であり、医療・福祉分野で1億円を使うと、産業全体で約1.56億円の生産額の増加が見られる。ここで取り上げた例で見ると、14.2億円の1.5601倍であるので、22.2億円の生産額増加となる。

　特別養護老人ホームの建設は生産波及効果だけではない。雇用の増加にも貢

献する。特別養護老人ホームの設置には人員配置基準がある。医師、看護師、介護職員などを雇用する必要がある。また、事務職員や管理する責任者も必要である。特別養護老人ホームで働いているスタッフの平均を定員100人当たりで見ると、施設長は1.1人、医師は0.3人、看護師は3.3人、准看護師は2.5名、介護職員は43.2人、栄養士は1.1人、機能訓練指導員は1.1人などとなっている（厚生労働省『平成29年介護サービス施設・事業所調査』による）。ここで挙げた職種に限って、その人数を合計すると51.8人となり、定員100人の特別養護老人ホームを整備すると少なくとも50人以上の雇用が発生することになる。こうした効果は「雇用創出効果」と呼ばれる。

　特別養護老人ホーム開設の経済効果はここで終わらない。医師、看護師、介護職員などの新たに雇用されたスタッフには給料が支払われる。たとえば介護の仕事に従事している人の平均給与を見ると、介護職員では月額30.1万円、看護職員では月額37.2万円である（厚生労働省『平成30年度介護従事者処遇状況等調査』による）。こうして支払われた給料はスタッフやその家族の生活費となる。食費、住居費、光熱費、教育費など様々なことに支出される。そして、これらのモノやサービスを提供する企業に代金を支払う。その結果、これらの企業では売り上げが増えることになる。このような効果は、生産波及効果や雇用創出効果の後に生じる効果である。そのため、「二次的な効果」と呼ばれる。しかし、わが国の経済に与える影響は相当に期待されるので、これも重要な経済効果である。

　特別養護老人ホームなどの施設の開設にはこれら３つの経済効果が考えられる。年金のように現金を高齢者などに支給する制度では、特別養護老人ホームの建設のような生産波及効果は考えられない。しかし、年金を生活費として支出することで、日用品や各種サービスの購入が増えることでの経済効果が大きい。さらに、年金は主に高齢者に支給されるが、年金がないと収入がほとんど期待されない人も多い。社会保障の給付の内、現金の形で支給される制度がないと収入の途が途絶える、貧困に陥る可能性が高くなる。そのため、年金などの現金支給の制度は、貧困を減らしたり、所得格差を減らしたりするという効果も期待できる。これは「所得再分配効果」ということができる。

　このように社会保障の経済効果として図４−３でまとめるように、生産波及

図4-3　社会保障の経済効果（概念図）

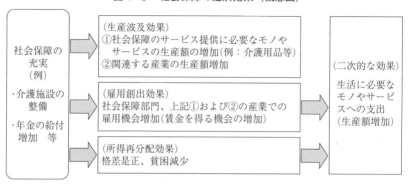

出典：筆者作成

効果（他の産業の売り上げ増加）、雇用創出効果（働く機会の増加）、二次的な効果（新たに雇用された人が給料を消費支出に使う）、所得再分配効果（貧困、格差の縮小）という効果がある。

国民負担率について　わが国では高齢化などを背景に社会保障の支出が増えている。このことは、国や地方自治体の予算の増加につながる。もちろん、社会保障だけでなく、教育や公共事業などへの予算も必要になる。一方でこれらの費用を賄う税収の確保は順調にいくわけではなく、わが国の財政事情は非常に厳しい状態が長年続いている。その解決のための議論は長い間行われてきた。特にその基礎情報として、私たちが税や社会保障をどの程度負担しているかという指標である「国民負担率」が政府（財務省）によって作成されている。この指標は「租税及び社会保障（社会保険料）負担の合計額の国民所得に対する割合」と定義されている。この数値が高いほど、私たちは、国民所得において税や社会保険料といった公的な負担割合が高いことを意味する。実際にその水準を表4-3で見てみよう。

　国民負担率は1970年度には24.3％であったが、その後は変動を持ちながらも上昇傾向をたどっている。1980年度では30.5％と30％台に達し、1990年度には38.4％にまで達した。2000年度や2010年度は若干低下しているが、2018年には42.5％と40％台に達している。国税、地方税、社会保障負担の内訳で見ると、

表 4-3　国民負担率の推移

年度	国民負担率	国税	地方税	社会保障負担	潜在的な国民負担率	財政赤字
1970（昭和45）年度	24.3	12.7	6.1	5.4	24.9	0.5
1980（昭和55）年度	30.5	13.9	7.8	8.8	38.7	8.2
1990（平成2）年度	38.4	18.1	9.6	10.6	38.5	0.1
2000（平成12）年度	36.0	13.7	9.2	13.1	45.5	9.5
2010（平成22）年度	37.2	12.1	9.5	15.7	49.5	12.3
2018（平成30）年度	42.5	15.2	9.7	17.6	48.7	6.2

国際比較（2015年度）	国際比較（2015年度） 日本 42.6%　アメリカ 33.3%　イギリス 46.5%　ドイツ 53.2% スウェーデン 56.9%　フランス 67.1%

注：「潜在的な国民負担率」＝「国民負担率」＋財政赤字、で定義される。
出典：財務省webサイト資料（2018年7月閲覧）より作成

国税は1970年度から10％台で推移しており、地方税も1970年度は6.1％であったが、1990年度以降は9％台となっている。社会保障負担は1970年度には5.4％であったが、1990年度には10.6％となった。そして2010年度には15.7％、2018年度には17.6％となり、一貫して上昇傾向にある。

さらにその年度の財政赤字を加えた「潜在的国民負担率」を見ると、1970年度は24.9％であったが、2000年度以降は40％台に達している。特に2010年度は49.5％と国民所得の半分近くの負担率となっている。

なお、国際比較として2015年度の国民負担率を見ると、フランスが67.1％、スウェーデンが56.9％、ドイツが53.2％、イギリスが46.5％、アメリカが33.3％である。同じ年度のわが国の国民負担率（2015年度で42.6％）と比較すると、アメリカだけがわが国よりも低く、その他の国はわが国よりも高い。

このように、わが国の国民負担率は4割を超えており、財政赤字を含む潜在的国民負担率は5割に迫る勢いである。この指標から、税や社会保険料の負担が低くなるように財政運営した方が望ましいと考える人もいる。それは、税金や社会保険料を支払った後に残るお金が多いからである。

　しかし社会保障の維持・充実のためには、財源が必要である。さらに、図4-2で見たように、税金や社会保険料を負担する見返りとして、政府から社会保障を含めた様々な公的なサービスが提供される。特に、年金は高齢者の生活費の一部になり、医療や介護のサービスは、病気の人や介護が必要な人の生活を支える。そればかりでなく、そこで働くという雇用機会も提供される。こうした社会保障が高齢者などのサービスを必要な人に提供され、あわせて経済効果があることを考えると、国民負担率が高いことが良くないことだと断定することはできない。つまり、国民負担率は財政の「負担」に関する指標ではあるが、負担の見返りとして提供される「給付」があることを考えた指標ではないことに注意する必要がある。

　また、1990年代頃は国民負担率が高いと経済成長にマイナスの効果をもたらすとの議論があった。しかし、表4-3にあるとおり、2000年代以降、ドイツやスウェーデンなどは日本よりも高い国民負担率であるが経済成長率も日本より高いという傾向が続いている。国民負担率と経済成長率との関係は不明確になっている。

◎理解を深める問題
　　1）わが国の社会保障の費用はどの程度なのか。金額と国内総生産に対する割合をまとめてみよう。
　　2）わが国の社会保障への支出の特徴は何かをまとめてみよう。
　　3）わが国の社会保障の財源の特徴をまとめてみよう。

◎参考文献
　　国立社会保障・人口問題研究所『社会保障費用統計』（各年版）
　　厚生省『平成11年版厚生白書』

第**5**章

医療保険

医療保険とは、被保険者が保険料を負担し、病気やケガをした場合に、医療保険者から保険給付を受けることによって医療費の保障が行われる仕組みである。日本では、すべての国民が公的医療保険制度に加入する「国民皆保険」となっている。本章では、医療保険制度の基本原理やその制度体系、保険給付の内容、医療保険制度の歴史、被用者保険や国民健康保険、高齢者医療制度の概要、国民医療費の動向と今後の課題等について学習する。

1　医療保険制度の基本原理

医療保険制度は、病気やケガという誰にでも起こりうる生活上のリスクに備えて、被保険者があらかじめ保険料の形で費用を拠出し、各医療保険は、それを財源として被保険者が病気やケガをした場合に医療費を保障する仕組みである。なお、公的な医療保険と民間の医療保険があるが、本章では社会保険である公的な医療保険について解説する（社会保険と民間保険の相違については、第9章を参照）。

　医療保険制度とは

日本では、すべての国民が、何らかの公的医療保険に加入することが義務づけられている。これを「国民皆保険」という。すなわち、すべての国民が、後述する被用者医療保険か国民健康保険あるいは後期高齢者医療制度に加入している。国民皆保険の仕組みにより、国民は、病気やケガをした場合、安心して医療サービスを受けることができる。なお、外国人であっても、旅行者のような短期滞在者を除き、日本に住

　国 民 皆 保 険

所を有する者は公的医療保険に加入しなければならない。

　日本の国民皆保険制度の特徴としては、①国民全員が公的医療保険で医療費の保障が行われること、②低額な医療費負担で高度な医療が受けられること、③患者が医療機関を自由に選べること（フリーアクセス）、④社会保険方式を基本としつつ、皆保険を維持するため、国や地方自治体負担の公費が投入されていること、などである。

保険診療の仕組み

医療保険制度に基づき行われる診療を保険診療という。保険診療であれば、その医療費は、患者の一部負担を除き、医療保険から支給されるので、患者の負担は少なくてすむ。保険外診療（いわゆる自由診療）の場合は、患者は医療費の全額を負担しなければならない。

　保険診療の概念図は、図5-1のとおりである。被保険者、医療保険者、保険医療機関、審査支払機関の4者で構成されている。4者間において、保険料の負担、医療サービスの提供、医療費の審査・支払い等が、医療保険制度として運営されている。

　(1)　**被保険者**　　各医療保険に加入する被保険者は、基本的に所得に応じて保険料を負担し、保険者に対して保険料を支払う。保険料負担の見返りとして、病気やけがをした場合に、医療保険者から保険給付を受けることができる。子供など保険料負担能力がない者は、被保険者の被扶養者として医療保険の給付を受けることができる。

　被保険者が患者として保険医療機関で受診し、診察・投薬などの医療サービスを受けた際には、一定割合の自己負担金（一部負担金）を医療機関の窓口で支払う。一部負担金は、病気になる人とならない人との間の公平性の確保や過剰受診の防止等の観点から、医療費の一定割合の金額が設定されている。

　(2)　**保険医療機関**　　保険診療を行うことができる医療機関（病院や診療所等）として厚生労働大臣の指定を受けた機関を、保険医療機関という。保険医療機関は、患者に診療を行い、その費用は、患者からの一部負担金と、保険者に請求する診療報酬で賄う。なお、保険医療機関の指定を受けていない医療機関では保険診療を行うことができず、その機関での診療はいわゆる自由診療扱いと

なり、患者は医療費の全額を負担する必要がある。

⑶　**保険者**　　保険者とは、医療保険を管理・運営する組織体のことである。保険者は、各医療保険制度のルールに基づき被保険者に対して保険料を賦課し、徴収する。保険者は被保険者からの保険料や公費負担を財源として、保険医療機関が医療サービスを提供したときの費用を負担する。また、被保険者に現金を給付する場合もある。公的医療保険制度では、保険者は、市町村等の行政機関や、健康保険組合や共済組合等の公共的な団体になっている。

⑷　**審査支払機関**　　審査支払機関は、保険者の委託を受けて、診療報酬の審査及び支払いを行う機関である。被用者医療保険では、社会保険診療報酬支払基金法に基づき設置された社会保険診療報酬支払基金が、国民健康保険では、各都道府県に設置された国民健康保険団体連合会が審査支払機関である。

医療機関は診療報酬の請求を行う際に、診療報酬請求書に診療報酬明細書（レセプト）を添えて請求する。審査支払機関は、レセプト等を審査して、審査済みの請求書を保険者に送付し、保険者からの支払を受けて、請求した保険医療機関に診療報酬の支払いを行う。審査段階で、不正請求等を発覚した場合には、請求の修正や支払拒否を行うことができる。

図 5-1　保険診療の仕組みと医療サービス・保険給付の流れ

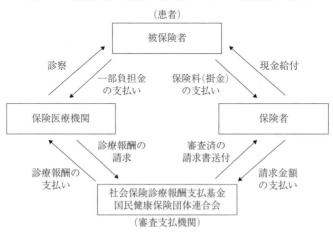

出典：李忻ほか『社会保障論』学校法人日本福祉大学、2020年

保険診療の医療組織　被用者医療保険や国民健康保険等の公的医療保険制度において医療サービスの給付（療養の給付）を担当する医療組織として、保険医療機関や保険薬局の制度が定められている。病院・診療所または薬局からの申請に基づき、厚生労働大臣が保険医療機関や保険薬局の指定を行う（指定の権限は、地方厚生（支）局長に委任）。保険医療機関および保険薬局の指定は、6年ごとの更新制である。

　保険医療機関や保険薬局において、診療または調剤に従事する者の資格要件としては、保険医または保険薬剤師として厚生労働大臣の登録（登録の権限は地方厚生（支）局長に委任）を受けたものでなければならない。このことは、保険医療機関等の指定とあわせて「二重指定制」と呼ばれる。

　社会保険における診療方針として、「保険医療機関及び保険医療養担当規則」、「保険薬局及び保険薬剤師療養担当規則」、「高齢者の医療の確保に関する法律の規定による療養の給付等の取扱い及び担当に関する基準」（これらは一般に「療担規則」と呼ばれる）が定められており、保険医療機関等は、これらに基づき、療養の給付を担当しなければならない。

診　療　報　酬　診療報酬とは、保険医療機関が行う医療行為の単価である。保険医療機関から見ると、患者に対して提供した医療サービスの対価となる。診療報酬点数は、厚生労働大臣が、中央社会保険医療審議会（中医協）に諮問して定めることとされている。原則として、診療報酬点数は2年に1度改正される。

　診療報酬は、医科、歯科、調剤薬局に分類される。具体的な診療報酬は、原則として実施した医療行為ごとに、それぞれの項目に対応した点数が加えられ、1点の単価を10円として計算される。たとえば、盲腸炎で入院した場合、初診料、入院日数に応じた入院料、盲腸炎の手術代、検査料、薬価料と加算され、保険医療機関は、その合計額から患者の一部負担分を差し引いた額を、審査支払機関に請求し、受け取ることができる。

　このように医療行為ごとに診療報酬が加算されることを「出来高払い」という。医療機関から見れば、すべての医療行為に点数がつくので医療収入が確保されるが、ややもすると過剰な投薬・診察を助長し、医療費の増大を引き起こ

49

すという問題点が指摘されてきた。そこで、近年の診療報酬の改定では、あらかじめ定めた疾病群ごとに一定の点数を定める「包括払い」の仕組みも導入されている。

　診療報酬は、医療機関の収入源となるので、医療関係者の関心が極めて高い。患者から見ると、医療費の一部負担の額に影響する。また、国の予算においては、医療費の国庫負担が巨額な水準となっており予算編成に大きな影響を与える。その源が診療報酬なので、診療報酬の改定にあたっては、内閣の政治的課題となることが多い。

　また、保険診療で使用される医薬品についても、一定の算定ルールに基づき公定価格である薬価が定められており、厚生労働大臣が「薬価基準」として告示している。薬価基準は、診療報酬と同様に、保険適用の対象となる医薬品の範囲を定めるとともに、個々の医薬品の公定価格を定めるという2つの側面をもっている。一般に、保険医療機関または保険薬局における医薬品の実際の購入価格は、薬価よりも低いものとなるため、購入価格と薬価の差額が「薬価差益」として医療機関や薬局の収益になる。厚生労働省では、おおむね2年に1度、薬価基準を全面改定して、市場の実勢価格に近づけている。

現物給付と償還払い

被保険者（患者）が現金ではなく、医療サービスという形で保険給付を受けることを「現物給付」という。医療保険制度では、現物給付が原則である。　現物給付方式は、被保険者やその家族は、医療機関に一部負担金だけを支払うことで医療サービスを受けることができるので、便利な制度である。しかし、患者の医療費のコスト意識が希薄になるという問題点も指摘されている。

　一方、患者が、医療サービスを受けた時に医療費の全額を支払い、その後に保険者から払い戻しを受ける方法を「償還払い」という。被保険者証を忘れたときや、高額な医療費の自己負担分などについては、償還払い方式が用いられる。

2　医療保険制度の体系と医療保険の給付

医療保険制度の体系 医療保険制度について、国全体でひとつの制度という
国もあるが、日本では、いくつかの医療保険制度に分
立していることが特徴である。

表5-1　医療保険制度の概要（制度、保険者、加入者等）

制度名	保険者（保険者数）	加入者（被保険者等）	加入者数（千人）
被用者医療保険			76,372
協会管掌健康保険（協会けんぽ）	全国健康保険協会（1）	中小企業の従業員とその被扶養家族	38,071
組合管掌健康保険（組合健保）	健康保険組合(1,399)	大企業の従業員とその被扶養家族	29,463
日雇特例被保険者	全国健康保険協会（1）	日雇労働者とその被扶養家族	19
船員保険	全国健康保険協会（1）	船員とその被扶養家族	122
国家公務員共済組合	共済組合(20)	国家公務員とその被扶養家族	8,697
地方公務員等共済組合	共済組合(64)	地方公務員とその被扶養家族	
私立学校教職員共済	日本私立学校振興・共済事業団（1）	私立学校等の教職員とその被扶養家族	
国民健康保険			32,940
市町村国保	市町村(1,716)	自営業者、年金生活者、非正規雇用者など被用者保険に加入していない者	30,126
国民健康保険組合	国保組合(2,814)	医師、弁護士、理美容師など一定の業種に従事する者	2,814
後期高齢者医療制度	都道府県後期高齢者医療広域連合(47)	基本的に75歳以上の者	16,778

出典：『平成30年版厚生労働白書』の資料をもとに筆者作成。保険者数、加入者数は、2018年6月現在

⑴ **被用者医療保険と地域医療保険**　保険集団の形成方式から、「被用者医療保険」と「地域医療保険」に分類される。被用者医療保険とは、企業等に雇用されている被用者（いわゆるサラリーマン）を対象とする医療保険である。職場を通じて加入することから職域保険ともいわれる。表5−1のとおり、被用者医療保険の制度名としては、組合管掌健康保険、全国健康保険協会管掌健康保険（「協会けんぽ」という）、船員保険、公務員向けの共済組合等がある。

一方、地域医療保険とは、地域の住民を対象とする医療保険のことで、国民健康保険と後期高齢者医療制度がある。

⑵ **現役世代と高齢世代**　年齢区分で医療保険制度を区分すると、図5−2のとおりである。75歳未満の者は、被用者医療保険である組合健保や協会けんぽ、共済組合、あるいは地域医療保険である国民健康保険に加入する。現役世代は、仕事から退職後は、国民健康保険を経て、75歳以上になると後期高齢者医療制度に加入する。

なお、65歳以上74歳の者は、現役世代の医療保険に加入しているが、医療費の負担については医療保険制度全体で財政調整が行われる。

図5−2　ライフサイクルで見た公的医療保険の適用

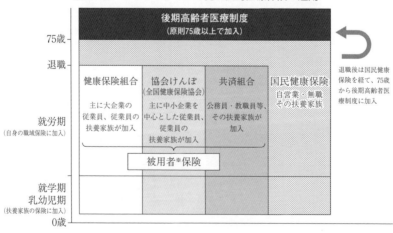

出典：日本医師会ホームページ（https://www.med.or.jp/people/info/kaifo/system/）

| 医療保険の給付 |

図5-3は、被用者医療保険である健康保険制度の保険給付の概要を示している。保険給付とは、被保険者が医療機関に受診した時に、保険者があらかじめ定められている基準に基づき、保険料およびその他の財源をもとに、被保険者に対して行う給付である。

　保険給付には、法定給付と附加給付がある。法定給付とは、法律により保険者に義務付けられた給付である。附加給付とは、健康保険組合等が、組合の規約や定款などの定めにより、法定給付に上乗せして行うことができる給付である。具体的な附加給付としては、一部負担の還元金、家族療養附加金、合算高額療養附加金などがある。

　前述のとおり、日本の公的医療保険制度は多くの制度が分立しているが、保険給付の内容や患者の一部負担については、各制度においてほぼ同じである。

(1)　**医療給付と一部負担**　　医療給付は、医療の現物給付として、被保険者に対して療養の給付（被扶養者には家族療養費）が支給される。療養の給付として、診察、薬剤や治療材料の支給、処置・手術その他の治療、居宅における療養上の管理とその療養に伴う世話その他の看護、病院・診療所への入院とその療養に伴う世話その他の看護などが行われる。療養の給付については、期間の制限

図5-3　医療保険制度給付の体系図

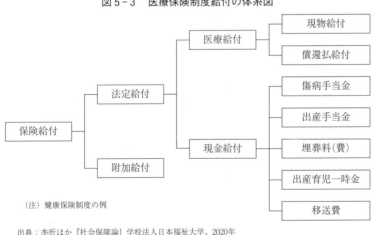

（注）健康保険制度の例

出典：李忻ほか『社会保障論』学校法人日本福祉大学、2020年

図5-4　医療費の一部負担（患者負担）割合

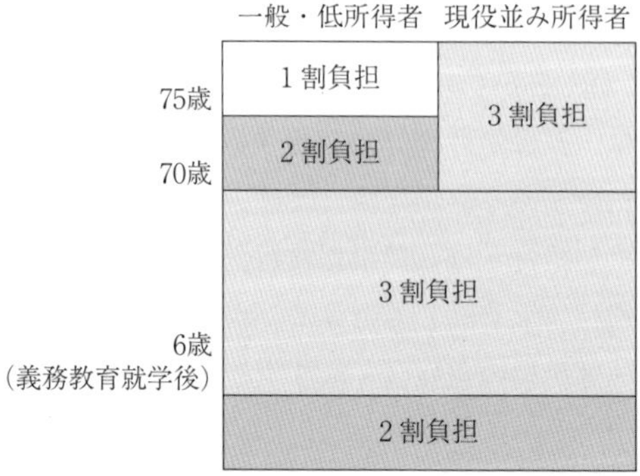

一般・低所得者　　現役並み所得者

75歳　1割負担	3割負担
70歳　2割負担	
6歳（義務教育就学後）　3割負担	
2割負担	

出典：厚生労働省ホームページ

はない。

　患者の一部負担の割合は、かつては被用者医療保険と国民健康保険の間、あるいは被保険者と被扶養者である家族の場合で異なっていたが、現在では、統一されている。一般的には3割負担であるが、義務教育就学前は2割、70～74歳は2割（現役並み所得者は3割）、75歳以上は1割（現役並み所得者は3割）である。

　(2)　**入院時食事療養費**　　入院時に療養の給付とあわせて、食事の提供を受けたときは、食事療養の費用額から定額の食事療養標準負担額（自己負担額）を除いた部分が、入院時食事療養費として支給される。食事療養標準負担額は、2018（平成30）年4月1日からは1食につき460円となっている。標準負担額は、従来は平均的な家計における食材料費相当額（1食260円）であったが、近年、新たに調理費相当額の負担も求められ、段階的に引き上げられてきている。ただし、低所得者と難病患者・小児慢性特定疾患患者等については、標準負担額は据え置かれている。

　(3)　**入院時生活療養費**　　療養病床に入院している65歳以上の人が、療養給付とあわせて生活療養（食事療養、温度・照明・給水などの適切な療養環境に関する療養）を受けたときに、生活療養の費用額から、生活療養標準負担額を除いた額が入院時生活療養費として給付される。生活療養標準負担額は、2018（平成30）年4月からは1日1750円となっている。その内訳としては、食事療養標準負担として1食460円×1日3食分＋1日当たりの光熱水費の370円ということで、合計して1750円になる。低所得者や入院医療の必要性の高い人などの場合は減額される。

　(4)　**保険外併用療養費**　　医療保険では、保険診療と保険外診療（自由診療）

を組み合わせること（混合診療と呼ばれる）は原則として禁止されており、この場合は保険診療部分も全額自己負担をしなければならない。しかし、被保険者が、（ア）選定療養、（イ）評価療養または（ウ）患者申出療養を受けた時は、その療養の基礎的部分について、保険外併用療養費として保険給付される（現物給付）。ただし、選定療養や評価療養、患者申出療養に関する部分は、全額自己負担となる。

　選定療養とは、被保険者の選定にかかる特別の病室の提供（個室など。いわゆる差額ベッドと呼ばれる）や、予約診察や時間外診察、特別な歯科材料など厚生労働大臣が定める療養を受けたときである。選定療養は基本的には保険導入を前提としていない。

　評価療養とは、高度先進医療や医薬品・医療機器の治験にかかる診察、保険収載前の医薬品の投与や医療機器の使用など、保険給付の対象とすべきかどうかについて評価を行うことが必要な医療として厚生労働大臣が定める療養を受けたときである。

　患者申出療養とは、患者からの要望にこたえて2016年度から導入されたもので、患者の申出により国内未承認の医薬品等を使用できるようにしたものである。

　保険外併用療養費の類型と種類は、表5-2のとおりである。

(5)　**高額療養費制度、高額介護合算療養費制度**　　高額療養費制度は、家計に対

表5-2　保険外併用療養費の類型と種類

選定療養	特別の療養環境（差額ベッド）の提供、予約診療、時間外診療、200床以上の病院の未紹介患者の初診または再診、制限回数を超える医療行為、180日以上の入院、歯科の金合金等、金属床総義歯、小児う蝕の治療後の継続管理
評価医療	先進医療、医薬品・医療機器・再生医療等の治験にかかる診察、薬価基準収載前の承認医薬品の投与、保険適用前の承認医療機器の使用、薬価基準に収載されている医薬品の適応外使用
患者申出療養	患者からの申出を起点として、国内未承認の医薬品等を使用する療養

出典：筆者作成。2020年4月現在

する医療費の自己負担が過重なものとならないよう、医療機関の窓口において医療費の自己負担を支払った後、月ごとの自己負担限度額を超える部分について、高額療養費として事後的に保険者から償還払いされる制度である。自己負担限度額は、被保険者の所得区分や年齢に応じて設定されている。

たとえば、70歳未満で、年収が約370〜約770万円の人の場合、医療費が100万円かかったとすると、自己負担限度額は、8万7430円（計算式は、80,100円＋（1,000,000円−267,000円）×1％）になる。3割負担の30万円と8万7430の差額21万2570円が、高額療養費として支給される。要するに、医療費が100万円かかったとしても、高額療養費制度により、8万7430円の自己負担ですむことになる。

同一の医療機関における一部負担金では限度額を超えない場合であっても、同じ月の複数の医療機関における一部負担金を合算することができる。この合算が限度額を超えれば、高額療養費の支給対象となる。

そのほかに、高額介護合算療養費制度がある。これは、医療保険と介護保険における1年間（毎年8月1日〜翌年7月31日）の医療保険と介護保険の自己負担の合算額が高額な場合に、自己負担を軽減する制度である。

医療保険上の世帯単位で、医療保険と介護保険の自己負担合算額が、各所得区分に設定された限度額を超えた場合に、合算額から限度額を超えた額が支給される。限度額は、被保険者の所得および年齢に応じて設定されている。費用負担は、医療保険者と介護保険者の双方が、自己負担額の比率に応じて負担する。

(6) **療養費**　　療養の給付、保険外併用療養費や入院時食事療養費等の支給を行うことが困難と認めた場合、または保険医療機関等以外の医療機関等で診療を受けた場合であって保険者がやむを得ないと認めたときは、療養の給付等に代えて、療養に要した費用が療養費として現金で支給される。

そのほか、柔道整復師（接骨医）の施術料、医師の同意を得たあんま・マッサージ・指圧師・はり師・きゅう師の施術料等についても、療養費が支給される。海外の医療機関で治療を受けた場合も、一定の要件に該当すれば、療養費の対象となる。海外療養費の支給額は、保険診療の費用を基準として、自己負担額を控除した額となる。

(7)　**特別療養費**　　国民健康保険制度において、世帯主が災害等の特別の事情がないにもかかわらず保険料を 1 年間滞納している場合は、保険者は被保険者証を返還させ、被保険者資格証明書を交付することとされている。資格証明書で診療を受けた場合は、療養の給付を現物給付として受けることができず、いったんかかった費用の全額を負担し、後に市町村から自己負担額を控除した額を現金給付として受け取る。これを特別療養費という。

現 金 給 付

現金給付には、傷病手当金、出産手当金、埋葬料（費）、出産育児一時金、移送費等がある。

(1)　**傷病手当金**　　被保険者が療養のため労務に就くことができない場合、生活保障を行う観点から、第 4 日目以降、傷病手当金として、1 日につき、直近12か月の標準報酬月額を平均した額の30分の 1 に相当する額の 3 分の 2 に相当する金額が支給される。支給期間は、同一の疾病や負傷に関して支給開始日から 1 年 6 か月を限度としている。

傷病手当金は、被用者医療保険では必ず支給されるものであるが、国民健康保険では任意給付とされ、市町村国保では行われていない。一部の国民健康保険組合で行われている。

(2)　**出産手当金**　　被保険者が出産の日以前42日から出産の日後56日までの間において労務に服さなかった期間、1 日につき、直近12か月の標準報酬月額を平均した額の30分の 1 に相当する額の 3 分の 2 に相当する金額が支給される。

(3)　**出産育児一時金**　　被保険者または被扶養者である家族が分べんをしたとき、出産育児一時金または家族出産育児一時金として、1 児につき42万円（産科医療補償制度に加入している病院等で出産した場合。それ以外の場合は、40.4万円）が支給される。なお、2009年10月からは、原則として、各医療保険者から直接病院などに出産育児一時金が支払われ、出産費用に充てる仕組みが採用されている。

(4)　**埋葬料・家族埋葬料**　　被保険者または被扶養者が死亡したとき、埋葬料または家族埋葬料として 5 万円が支給される。

(5)　**移送費**　　被保険者または被扶養者が、療養の給付を受けるために病院

または診療所に移送されたときは、移送費が現金で支給される。緊急その他の
やむを得ない場合など厚生労働省が定める条件に照らして、保険者が必要と認
めない場合は支給されない。

3　被用者医療保険制度の概要

被用者医療保険　事業所等で使用されている被用者（いわゆるサラリーマ
ン）が加入する医療保険を一般的に被用者医療保険と
いう。大別すると、組合管掌健康保険（組合健保）、全国健康保険協会管掌健康
保険（協会けんぽ）、共済組合がある。このうち、前の2者は、健康保険法に基
づくものであり、「健康保険」とも呼ばれる。

　被用者医療保険の特徴のひとつとしては、事業主負担の保険料があることで
ある。原則では、労働者側と雇い主側がそれぞれ保険料の50％を負担する。こ
れは「労使折半」と呼ばれる。もうひとつの特徴は、前述した通り、保険給付
において傷病手当金や出産手当金などの休業補償が設けられていることであ
る。

健康保険の適用事業所　健康保険の適用事業所と被保険者の要件は、厚生年金
保険と基本的は同一である。健康保険法に定める事業
の事業者や事務所（以下「事業所」）で常時5人以上の従業員を使用するものは
強制適用事業所とし、これらの事業所に使用される者は、強制被保険者となる。
また、事業所が法人の場合は、5人未満でも健康保険が強制適用となる。強制
適用事業所に該当しない事業所は、その従業員の半数以上の同意を得た上で、
事業主が厚生労働大臣の認可を受けることにより、任意適用事業所になること
ができる。

健康保険の被保険者　強制適用事業所等で使用される被用者は、健康保険の
被保険者となる。また、被保険者によって生計を維持
している家族についても、被扶養者として保険給付が行われる。被扶養者の認
定基準は、原則として、年収が130万円未満（障害者と60歳以上の高齢者について
は180万円未満）であって、かつ、被保険者の年収の2分の1未満であることと

されている。

健康保険の保険者　組合健保の保険者は、健康保険組合である。事業主が単独で設立する単一健康保険組合、業種または地域を同じくする複数の事業主が共同で設立する総合健康保険組合がある。設立認可基準として、単一組合の場合は700人以上、総合組合の場合は3000人以上の被保険者を有することとされている。

　協会けんぽの保険者は、全国健康保険協会である。従来、国（社会保険庁）が運営してきたもの（政府管掌健康保険と呼ばれていた）であるが、2008年10月１日から、新たに設立された全国健康保険協会が運営することとなった。

保　険　給　付　健康保険の保険給付は、療養の給付、入院時食事療養費、入院時生活療養費、訪問看護療養費、保険外併用療養費、療養費、傷病手当金、移送費、埋葬料、出産育児一時金、出産手当金、高額療養費、高額介護合算療養費がある。被扶養者である家族に対しても、傷病手当金と出産手当金を除き同様の保険給付がある。

健康保険の財源　健康保険事業を行うための財源については、保険料と国庫補助がある。国庫補助は、事務費補助と保険給付に関わる給付費補助の２種類がある。

　保険料は、被保険者の標準報酬月額および標準賞与額に保険料率を乗じて得た額である。組合健保の場合、保険料率は健保組合ごとに定める。協会けんぽの場合は、都道府県単位で保険料率が設定される。保険料は、原則として、事業主と被保険者がそれぞれ半額ずつ負担するが、組合健保においでは、事業主負担分を増加させることができる。

　組合健保の財源は、事業主および被保険者の保険料がほとんどすべてであり、国庫補助は極めて少額である。協会けんぽの場合は、賃金水準が低い中小企業が加入者であることから、保険料負担の軽減等のために保険給付費の16.4％について国の補助を受けている。

保健事業と福祉事業　保険者は、高齢者医療確保法に基づく特定健康診査および特定保健指導を行うほか、健康教育、健康相談、健康診査その他の被保険者およびその被扶養者のために必要な事業を行うよう

努めなければならない。また、保険者は、被保険者等の療養のために必要な資金もしくは用具の貸付、その他の被保険者および被扶養者の療養または療養環境向上等の福祉の増進のために必要な事業を行うことができる。

共　済　組　合　　　共済組合は、公務員および私立学校教職員を対象に、医療保険や年金保険という社会保険を運営する組合である。医療保険を実施している共済組合は、対象や職種により、国家公務員共済組合、地方公務員共済組合、日本私立学校振興・共済事業団（私立学校教職員共済）がある。

　共済組合の組合員およびその被扶養者は、健康保険の被保険者およびその被扶養者に相当する。共済組合の保険給付は、年金保険の場合は長期給付、医療保険の場合は短期給付と呼ばれている。短期給付の種類および内容は、健康保険の場合と同様である。また、保健事業と福祉事業も、健康保険と同様である。

4　国民健康保険制度の概要

国民健康保険制度　　　国民健康保険は、自営業者や農業従事者など、被用者医療保険に加入していない者を対象として、病気やケガをした場合に療養の給付等の保険給付を行う制度である。被用者医療保険の対象外の人はすべて国民健康保険に加入することになるので、国民皆保険の基盤と呼ぶべき制度である。

国 保 の 保 険 者　　　国民健康保険（国保）の保険者は、市町村（特別区を含む。以下同じ）および都道府県と、国民健康保険組合（国保組合）である。

　地域医療保険である国保は長い間市町村が保険者であったが、後述する国保改革により、都道府県も保険者として加わった。詳細については、国保改革の項で説明する。

　国保組合は、同種の事業や業務に従事する者300人以上で組織される公法人であり、都道府県知事の認可を受けて設立される団体である。現在、国保組合を設立している主な業種は、医師、歯科医師、薬剤師、食品販売業、土木建築

業、理容美容業、浴場業、弁護士などである。国保組合による保険運営の実態は、健康保険組合による運営と類似している。国保組合の制度が国民健康保険に存在しているのは歴史的経緯によるものであり、現在では、新たな国保組合の設立認可は行われていない。

被　保　険　者　都道府県が市町村とともに行う国民健康保険では、その都道府県の区域内に住所を有する者は、国保の被保険者となる。外国人についても、在留資格を有し、その在留期間が3か月を超える者は、国保の被保険者となる。ただし、健康保険や共済組合等の被用者医療保険の被保険者と被扶養者、後期高齢者医療制度の被保険者、生活保護法による保護を受けている世帯に属する者等は、国保の被保険者から除外される。

保　険　給　付　健康保険の保険給付とほぼ同様であるが、休業補償的な性格の傷病手当金や出産手当金を給付するかどうかは国保保険者の任意となっている。市町村・都道府県の国保では実施実績はないが、国保組合では一部で実施されている。

保　険　料　国民健康保険事業の費用に充てるため、市町村は世帯主から（国保組合は組合員から）、保険料を徴収する。市町村は、保険料の代わりに、地方税法に基づき国民健康保険税を課すことができる。保険料と保険税との間に実質的な差はないが、多くの市町村が保険税として徴収している　保険税の賦課・徴収等に関しては地方税法に規定されており、保険料の賦課・徴収等に関しては、市町村の条例や国保組合の規約に定められている。

　保険料・税の賦課方式には、4方式（所得割、資産割、被保険者均等割、世帯別平等割）、3方式（所得割、被保険者均等割、世帯別平等割）、2方式（所得割、被保険者均等割）の3つの方式がある。所得割と資産割は、被保険者の負担能力に応じた保険料負担であり、応能割と呼ばれている。被保険者均等割と世帯別平等割は、被保険者の受益に応じた保険料負担なので、応益割と呼ばれている。応能割総額と応益割総額は50：50が標準とされている。たとえば、4方式の場合、所得割総額40%、資産割総額10%、被保険者均等割総額35%、世帯別平等割15%が標準とされている。どの方式を採用するかは、保険者の裁量にゆだね

られているが、実際には4方式を採用している市町村が多い。

　また、保険料・税の額には、厚生労働大臣が定める上限がある。さらに、低所得者が多いことから、国保特有の措置として保険料の軽減制度がある。これは、低所得者でも負担しなければならない応益割部分について、前年中の所得が一定額以下の場合に、保険料を7割、5割、2割の3段階で減額する制度である。

費用の負担　市町村・都道府県の国民健康保険に対しては、給付面と保険料負担面の双方において、手厚い公費負担が行われている。まず、給付面では、保険給付費の50％は公費負担（国41％＋都道府県9％）が行われる。国の負担のうち32％分は定率で配分され、9％分は都道府県間の財政不均衡の調整や災害等の特別の事情を考慮する調整交付金として配分される。

　保険料負担面に着目した公費負担としては、低所得者の保険料軽減分に対する補助（保険基盤安定制度）、低所得者数に応じた補助（保険者支援制度）、高額な医療費の発生による国保財政の急激な影響の緩和を図る事業（高額医療費共同事業）への負担（高額医療費負担金）、医療費適正化、予防・健康づくり等の取組状況に応じた支援（保険者努力支援制度）等、様々な公費負担が行われている。その結果、国保事業の保険給付費に占める公費負担の割合は60％を超えている（平成30年度国保財政）。

市町村国保の課題　地域住民を対象とした国民健康保険は制度発足以来、市町村が保険者であった。しかし、次のような構造的な問題を抱えていた。

(1)　**加入者の年齢構成、職業構成**

　①加入者の年齢構成が高く、医療費水準が高い（加入者の平均年齢は、国保53歳、組合健保35歳。加入者1人当たり医療費は、国保36万円、組合健保16万円。いずれも2017年度）

　②無職の人やパート労働者の構成割合が高く、保険料負担能力が低い加入者が多い（加入者の約3割は無職者、約2割はパート労働者）

⑵　**財政基盤**

①加入者の所得水準が低い（加入者 1 人当たり平均所得は、国保86万円、組合健保218万円。2017年度）

②保険料負担が重い（加入者 1 人当たり所得に対する保険料負担割合は、国保10.2％、組合健保（本人負担分）5.8％、2017年度）

③保険料（税）の収納率が低い（2015年度では91％、特に都市部が低い）

④一般会計からの繰入額が大きい

⑶　**財政の不安定性・市町村格差**

①財政運営が不安定になるリスクの高い小規模保険者の存在

②市町村間において、1 人当たり医療費や所得、保険料で大きな格差

　こうした市町村国保の構造的な問題から、市町村国保は常に不安定な財政運営を余儀なくされてきた。そこで、これまで様々な支援策が講じられてきた。2015年 5 月に成立した国民健康保険法等の一部を改正する法律では、市町村国保の運営の安定化を図るために、抜本的な国保改革が行われた。

　　国 保 改 革 の 概 要　2015年の法改正により、2018年度から、都道府県も国保の保険者となり、市町村とともに、国保の運営を担うこととなった。都道府県は、国保の財政運営の責任主体となり、安定的な財政運営や効率的な事業運営の確保等の国保運営に中心的な役割を担い、制度の安定化が図られた。

　今回の国保改革による都道府県と市町村の主な役割分担は、表 5 - 3 のとおりである。都道府県は、市町村ごとの国保事業納付金を決定し、市町村の保険給付に必要な費用を保険給付費等交付金として市町村に支払う。また、都道府県内の統一的な運営方針としての国保運営方針を示し、市町村が担う事務の効率化、標準化、広域化を推進する。市町村は、国保事業費納付金を都道府県に納付する。保険料率は都道府県が示す標準保険料率等を参考に決定し、被保険者に対して賦課・徴収する。被保険者証の発行等の資格管理や保険給付の決定・支給は従来どおり市町村が行う。

　こうした制度改正とあわせて、低所得者対策の強化や医療費の適正化に向けた取組等を支援する仕組み（保険者努力支援制度）の創設等を行うために、国は

表5-3 都道府県と市町村の役割分担

	都道府県の主な役割	市町村の主な役割
財政運営	財政運営の責任主体 ・市町村ごとの国保事業費納付金を決定 ・財政安定化基金の設置・運営	国保事業費納付金を都道府県に納付
資格管理	国保運営方針に基づき、事務の効率化、標準化、広域化を推進	地域住民と身近な関係の中、資格を管理（被保険者証等の発行） ＊被保険者の住所要件は都道府県単位
保険料の決定、賦課・徴収	標準的な算定方法等により、市町村ごとの標準保険料を算定・公表	・標準保険料率等を参考に保険料率を決定 ・個々の事情に応じた賦課・徴収
保険給付	・給付に必要な費用を、全額、保険給付費等交付金として、市町村に支払い ・市町村が行った保険給付の点検	・保険給付の決定・支給 ・個々の事情に応じた窓口負担減免等
保健事業	市町村に対し、必要な助言・支援	被保険者の特性に応じたきめ細かい保健事業を実施（データヘルス事業等）

出典：国民健康保険中央会の資料をもとに著者が一部修正

毎年約3400億円の財政支援を行うこととなった。

5 高齢者医療制度の概要

老人保健制度 高齢者に対する医療の提供は、1980年代から長い間、老人保健制度で対応してきた。

老人保健制度は、1982年8月制定の老人保健法に基づく制度で、1983年2月から実施された。高齢者（実施時は70歳以上。2002年の制度改正で75歳以上）の健康の維持および適切な医療サービスの確保を図るために、壮年期からの疾病の予防、適切な治療、機能訓練に至る総合的な保健医療サービスを提供するとと

もに、老人医療費を各医療保険制度で公平に負担することを目的とした。制度の主な内容は次のとおりである。

①市町村が運営主体で、高齢者に医療を提供

②高齢者の患者負担の導入（1973年に導入された老人医療費無料化政策により、老人医療費が急増したことから、一定の患者負担を求めることによって負担の公平と医療費増加の抑制を図ることとした）

③老人医療費は、公費（国と地方自治体の負担）と保険者からの拠出金で対応（老人医療拠出金制度を創設し、各医療保険者は、全国平均の高齢者加入率に基づいて算定された拠出金を負担することにより、医療保険者間の負担の公平を図ることとした）

④40歳からの健康づくり（市町村は、40歳以上の住民に対して、健康手帳の交付、健康教育や健康相談、健康診査、機能訓練など各種の保健事業を実施。住民の健康を確保することと老人医療費増加の抑制を図ろうとした）

老人保健制度の創設により、高齢者の加入者が多い国民健康保険において老人医療費の負担軽減が図られた。また、市町村において40歳からの健康づくり活動が活発に行われるようになった。

しかし、一方で高齢者の患者負担の引上げがスムーズに進まなかったこと、高齢世代と現役世代の負担区分が不明確であること、医療保険者の老人医療費拠出金が年々増加し負担感が増したこと、財政責任が不明確であったことなどから、高齢化の進行が顕著になった1990年代後半から老人保健制度の見直し議論が活発となった。

そして、2006年の健康保険法等の改正による医療制度改革において、高齢者医療制度は大きく変更された。すなわち、①75歳以上の者（後期高齢者）を対象とした後期高齢者医療制度の創設、②65歳以上75歳未満の者（前期高齢者）を対象とした医療費に関する財政調整制度の創設が行われた。これにより、老人保健制度は廃止され、後期高齢者医療制度に変更されることとなった。

後期高齢者医療制度の概要　後期高齢者医療制度は、高齢者の医療の確保に関する法律に基づく制度で、2008年4月に施行された（図5-5参照）。

保険者（運営主体）は、都道府県単位ですべての市町村が加入する後期高齢

者医療広域連合である。保険料の決定や医療の給付を行い、財政責任が明確となった。ただし、保険料の徴収や窓口業務は市町村が行う。

医療給付の財政負担は、後期高齢者の保険料が約１割、現役世代からの支援金が約４割、公費負担部分（国：都道府県：市町村＝４：１：１）が約５割となっている。現役世代の支援金は、各医療保険から後期高齢者支援金として各広域連合に交付される。

後期高齢者支援金は、制度発足当初は、各医療保険の加入者の人数分に応じて負担していた。その後、2015年の制度改正によって、制度の持続可能性を図る観点から、より負担能力に応じた負担として、加入者の総報酬に基づいて支援金の金額を決定する総報酬割が導入された。これにより、平均賃金が高い大企業の健康保険組合や各共済組合は支援金の負担が大きくなり、一方、協会けんぽと国民健康保険の負担は緩和されることとなった。

被保険者は、広域連合の区域内に住所がある75歳以上の者および65～74歳で一定の障害の状態にあり広域連合の認定を受けた者である。老人保健制度においては、高齢者は国保等の各医療保険制度の被保険者であったが、後期高齢者医療制度ではこの制度の被保険者となり、各医療保険制度の被保険者・被扶養者からは除外される。

保険料は被保険者一人ひとりに課せられ、所得割と被保険者均等割で構成される。所得が低い場合は、国保と同様に、被保険者均等割の軽減制度がある。2020～2021年度の被保険者１人当たり平均保険料額は、全国平均で月額6397円である。また、基礎年金のみを受給している被保険者の１人当たり保険料は月額約1180円である。

保険料の納め方は、基本的に１年間の年金額が18万円以上の人は年金からの天引き（特別徴収）、それ以外は口座振替等による納付（普通徴収）となる。

被保険者が受診した際の自己負担は、原則医療費の１割、現役並み所得者（2020年時点では、年収383万円以上）は３割である。高額療養費および高額介護合算療養費の自己負担額は、70歳未満よりは軽減されている。

前期高齢者財政調整制度　前期高齢者（65歳から74歳までの者）は、後期高齢者医療制度の創設後も従来の被用者保険または国民健康保

図5-5　高齢者医療制度

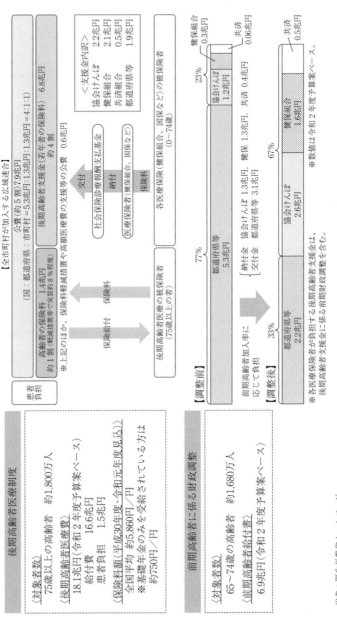

【全市町村が加入する広域連合】

公費（約5割）7.9兆円
（国：都道府県：市町村＝5.3兆円：1.3兆円：1.3兆円＝4：1：1）

| 患者負担 | 高齢者の保険料（軽減措置等で実質約8％程度）約1割 | 後期高齢者支援金（若年者の保険料）6.8兆円　約4割 |

高齢者の保険料　1.4兆円
約1割（軽減措置等で実質約8％程度）

※上記のほか、保険料軽減措置や高額医療費の支援等の公費　0.6兆円

高額医療費の支援等の公費　0.6兆円

＜支援金内訳＞
協会けんぽ　2.2兆円
健保組合　　2.1兆円
共済組合　　0.5兆円
都道府県等　1.9兆円

社会保険診療報酬支払基金

交付　　　　納付

医療保険（健保組合、国保など）保険料

各医療保険（健保組合、国保など）の被保険者
（0～74歳）

保険給付　　　　保険料

後期高齢者医療の被保険者（75歳以上の者）

後期高齢者医療制度

《対象者数》
75歳以上の高齢者　約1,800万人

《後期高齢者医療費》
18.1兆円（令和2年度予算案ベース）
　給付費　　16.6兆円
　患者負担　 1.5兆円

《保険料額（平成30年度・令和元年度見込）》
全国平均　約5,860円／円
※基礎年金のみを受給されている方は
　約750円／円

前期高齢者に係る財政調整

《対象者数》
65～74歳の高齢者　約1,680万人

《前期高齢者給付費》
6.9兆円（令和2年度予算案ベース）

【調整前】

33%	67%
都道府県等　2.6兆円	協会けんぽ　2.6兆円	健保組合　1.6兆円

前期高齢者加入率に応じて負担

【調整後】

77%	23%
都道府県等　5.3兆円	協会けんぽ　1.2兆円	健保組合　0.3兆円
		共済　0.06兆円

納付金　協会けんぽ1.3兆円、健保1.3兆円、共済0.4兆円
交付金　都道府県等　3.1兆円

共済　0.5兆円

※各医療保険が負担する後期高齢者支援金は、
後期高齢者支援金に係る前期財政調整を含む。

※数値は令和2年度予算案ベース。

出典：厚生労働省ホームページ

険に加入するが、退職後国民健康保険に加入する者が多く、国保は医療費の負担が重くなる。そこで、前期高齢者の医療費については、各医療保険者が75歳未満の加入者数に応じて費用の財政調整を行う。これにより、前期高齢者の加入割合が高い市町村国民健康保険の負担が軽減され、前期高齢者の医療費に関する医療保険者間の負担の不均衡が調整される。

　前期高齢者の医療費の自己負担割合は、65〜70歳未満は３割であるが、70〜74歳は原則２割、現役並み所得者は３割である。高額医療費および高額介護合算医療費については、70〜74歳は70歳未満よりも軽減されている。

6　医療保険制度の歴史と近年の制度改正

健康保険法と
国民健康保険法の制定 日本の医療保険制度の始まりは、1922年に制定され、1927年に全面施行された健康保険法に基づく民間企業の被用者を対象とする健康保険制度である。健康保険法は、大正期の労働運動の高まりの中で、労働者保護立法として制定された。

　その後、戦時体制下において健康な国民や兵士の確保（健民健兵）の観点から、1938年に、農山漁村の住民や都市の自営業者等を対象として、国民健康保険法が制定された。当時の国民健康保険制度は、保険者は市町村等が創設する組合で、任意設立、任意加入であった。

国民皆保険の達成 第二次世界大戦後の1948年には、国民健康保険法が改正され、市町村公営を原則とする任意設立、強制加入方式に改められた。

　昭和30（1955）年代になると、国民皆保険の達成が課題となった。1958年に国民健康保険法が全面的に改正され、1961年の実施によって「国民皆保険」が実現された。全市町村に国民健康保険の実施が義務づけられ、被用者医療保険の適用外のすべての住民に強制適用した。給付水準は、当時の被用者医療保険の家族（被扶養者）と同様の５割給付とされた。1961年当時の日本の国民医療費は約5130億円であり、当時の国民所得に占める割合としては3.2％であった。1965年には１兆円になった。

老人医療費の無料化　1960年代の日本の高度経済成長を背景に、被用者医療保険では1973年に家族給付の 7 割への引上げと高額療養費制度が創設された。国民健康保険では、1963年に世帯主 7 割給付、1968年に世帯員 7 割給付、1973年から1975年にかけて高額療養費制度が創設された。

　また、高齢者に対する年金制度が未成熟であったことなどから、老人医療費の負担軽減が政治的課題となった。地方自治体の中では独自に老人医療費の無料化を実施するところが増加していった。こうした状況の中、1972年の老人福祉法の改正により、1973年 1 月から全国的に老人医療費の無料化が実施された。1973年は、老人医療費の無料化以外に、老齢年金の大幅引上げ等が行われたことから、「福祉元年」と呼ばれるようになった。

老人保健制度の創設　老人医療費の無料化により老人医療費が急増し、高齢者の加入割合が高い市町村の国民健康保険の財政がひっ迫した。そこで、1982年には、高齢者を多く抱える国民健康保険制度の財政悪化を救済するために老人保健制度が創設された。老人保健制度では、高齢の患者本人に一定の自己負担を求めるとともに、老人医療費に対して各医療保険者と公費で共同で負担することや、壮年期（40歳）からの健康づくり等が行われることとなった。

患者負担の見直し　高齢化の進行や医療技術の高度化などにより、医療費が年々増大し、公費負担や保険料負担が重くなったことから、医療費増大の抑制策が講じられるようになった。

　まず、1984年の健康保険法改正では、従来10割給付であった被用者医療保険の被保険者については 1 割負担を導入することとなった。さらに、国民健康保険に退職者医療制度が導入されることとなり、被用者医療保険からの退職者とその被扶養者の医療費負担について、被用者医療保険が財政支援することとなった。

　その後も、被用者医療保険の被保険者の負担割合の引上げ（2003年から 3 割負担）、70歳以上の高齢者の自己負担を定率 1 割負担（2002年10月から）、老人保健制度の対象年齢を75歳に引上げ等の措置が講じられた。一方、老人保健施設の創設（1986年）や、老人訪問看護制度の創設（1991年）、付添看護・介護の解消

や入院時食事療養費制度の導入（1994年）、診療報酬改定等を通じての在宅医療の推進など、医療の在り方についても、種々の見直しが行われた。

2000年実施の介護保険制度により、それまで医療保険で対応していた介護的要素の強いもの（療養型医療施設や老人訪問介護など）が介護保険制度に移行した。

2006年の医療制度改革　　2003年に閣議決定された「医療保険制度体系及び診療報酬体系に関する基本方針」に基づき、2006年6月には、健康保険法と医療法の大改正が行われた。

（ア）医療費適正化の総合的推進：①国や都道府県は医療費適正化計画を策定すること、②医療保険者によるメタボリックシンドロームに着目した特定健康診査・特定保健指導等を推進

（イ）保険給付の内容・範囲の見直し：現役並み所得の高齢者の自己負担割合を3割に引き上げること、高額療養費制度の自己負担限度額の引上げ、高額医療・高額介護合算制度の創設、保険外併用療養費制度の創設等が実施

（ウ）新たな高齢者医療制度の創設：老人保健制度に代わって後期高齢者医療制度の創設と、前期高齢者医療費の財政調整制度の創設

（エ）協会けんぽの創設：従来、中小企業のサラリーマンとその家族の医療保険として政府管掌健康保険（保険者は社会保険庁）があったが、新たに全国健康保険協会を保険者とする医療保険制度（協会けんぽ）に改変し、都道府県単位の財政運営とすること

2008年4月から、後期高齢者医療制度と前期高齢者財政調整制度が施行された。

国民健康保険制度の改正　　医療保険制度の中で最も財政基盤が不安定な国民健康保険については、1980年代から老人保健制度の創設や退職者医療制度の創設、保険基盤安定制度の導入、国保財政安定化支援事業の制度化など、様々な財政対策が講じられてきた。

2015年に成立した「持続可能な医療保険制度を構築するための国民健康保険法等の一部を改正する法律」により、国民健康保険の安定化に関し、新たな対策が講じられた。すなわち、①国保への財政支援の拡充により、財政基盤を強化、②都道府県が財政運営の責任主体となり、安定的な財政運営や効率的な事

業の確保等の国保運営に中心的な役割を担い、制度を安定化することとなった。これらは、2018年4月から施行された。

　国保の制度見直しとあわせて、被用者医療保険の後期高齢者支援金について全面的な総報酬割の導入、入院時の食事費の段階的引き上げによる負担の公平化、協会けんぽの国庫補助率を当分の間16.4％とすること、保険外併用療養の仕組みに患者申出療養の創設等が行われた。

7　国民医療費の動向と今後の課題

　　国 民 医 療 費
国民医療費とは、1年間の医療機関等における傷病の治療に要した費用を推計したもので、毎年、厚生労働省が公表している。次の費用は含まれない。①正常な妊娠や分娩等に要する費用、②健康の維持・増進を目的とした健康診断・予防接種等に要する費用、③固定した身体障害のために必要とする義眼や義肢等の費用、④眼鏡やコンタクトレンズの費用、⑤入院時室料差額や歯科差額等の保険外負担の費用。また、訪問看護など介護保険の費用に移行した医療分も含まれない。

　　国民医療費の動向
図5-6のとおり、国民医療費は年々増加している。1990年には20.6兆円であったのが、2000年には30.1兆円、2010年には37.4兆円、2017年には43.1兆円となっている。対国民所得比や対GDP比も上昇傾向にある。これは、経済規模の拡大よりも国民医療費の増加のスピードが速いことを意味している。国民医療費のうち、後期高齢者医療費は、2017年で16.0兆円、国民医療費の37.2％を占めている。

　2017年度の国民医療費の構成を診療種類別に見ると、医科診療医療費が71.6％、歯科診療医療費が6.7％、薬局調剤医療費が18.1％、等となっている。医科診療医療費のうち、入院医療費の割合は53％、入院外（外来）医療費は47％である。

　2017年の1人当たりの国民医療費は、33万9900円である。年齢階級別に見ると、65歳未満は18万7000円、65歳以上は73万8300円となっている。1人当たり医療費で見ると、65歳以上の者は65歳未満の者の約4倍となっている。このた

図 5 − 6　医療費の動向

出典：厚生労働省（https://www.mhlw.go.jp/content/doukou_h29.pdf）

72

表5-4　財源別国民医療費（2017年度）

財　　源	国民医療費（億円）	構成割合（％）	対前年度増（億円）
総　　数	430,710	100.0	9,329
公　　費	165,181	38.4	2,341
国　庫	108,972	25.3	1,792
地方自治体	56,209	13.1	550
保険料	212,650	49.4	5,679
事業主	90,744	21.1	2,961
被保険者	121,906	28.3	2,717
その他　注1	52,881	12.3	1,311
患者負担（再掲）	49,948	11.6	1,345

注1：患者負担及び公害健康被害の補償等に関する法律及び健康被害救済制度による救済給付等
出典：厚生労働省「平成29年度国民医療費の概況」

め、人口高齢化の進行により高齢人口が増大すると国民医療費は増加し、被用
者医療保険に比べ高齢者の加入割合が高い国民健康保険の医療費が大幅に増加
するということになる。

**国民医療費を
どのように負担するか**　表5-4は、国民医療費の財源区分を示したものであ
る。2017年度の国民医療費43兆円のうち、公費が16.5
兆円（38.4％）、保険料が21.2兆円（49.4％）、患者負担が5.0兆円（11.6％）となっ
ている。対前年度比では約9300億円増となっている。すでに公費負担は巨額な
ものとなっており、また、事業主や被保険者の保険料も負担を増している。税
金や保険料の引上げについて、国民や医療保険者の反発が強いことを考慮すれ
ば、国民医療費の伸びを抑制する取り組みが必要とされる。

　なお、患者負担が11.6％であることは、被用者医療保険や国民健康保険の一
部負担割合が3割であることを見ると低すぎるように見えるかもしれないが、
これは、高額療養費制度により自己負担の上限があることや、後期高齢者医療
制度の患者負担は原則1割であることなどが影響している。

国民医療費の増加抑制　国民医療費は、高齢化の進行や医療の高度化等により
増加しているが、その抑制のために、次のとおりこれ

まで様々な取り組みがなされてきた。また、今後も継続的に取り組んでいく必要がある。

①患者負担の増加：財政負担の軽減を図るもので、一部負担割合の引上げ、高額療養費制度の自己負担の引上げなどが該当

②患者の適正な受診の推進：患者の過剰受診等を抑制する観点から、医療保険者から被保険者への医療費通知による受診記録の確認とコスト意識の醸成、大病院に対する紹介状による診療の導入など

③被保険者の健康確保：医療保険者による健康教育や健康相談等の推進、メタボリックシンドロームに着目した特定健康診断、特定保健指導の推進など

④診療報酬や薬価基準の見直し：医療サービスの単価でもある診療報酬改定による財政調整や、薬価差益があるといわれる薬価基準の引下げによる抑制など

医療計画による医療提供体制の管理　1985年の医療法改正により、地域の体系的な医療提供体制の整備を促進するため、医療資源の効率的活用、医療施設間の機能連携の確保などを目的とする医療計画の作成が制度化された。医療計画は各都道府県が作成するものであるが、2次医療圏における必要病床数を定めることによって、病床の増加を抑制する効果を発揮した。医療計画については、制度化された後、記載事項の変更など様々な改正が行われてきた。

2014年の医療法改正により、都道府県は、2025年の高齢社会に対応できる地域にふさわしい、質が高く効率的な医療提供体制を構築するため、医療計画の一部として、地域医療構想を作成することとされた。地域医療構想は、構想区域ごと、かつ、高度急性期・急性期・回復期・慢性期の4機能ごとに、2025年の医療需要および病床の必要量を推計して定めるものである。これをもとに、地域の病床の機能分化を進めることをねらいとしている。

医療保険制度の当面の課題　後期高齢者医療費は、16.0兆円（2017年）、国民医療費の約4割を占めている。後期高齢者医療制度の財政のうち、約5割は公費負担、約4割は各医療保険者からの後期高齢者医療制度への支援金が充てられている。被用者医療保険の被保険者が負担する保険料のう

ち、自らの医療給付費に使われるのは保険料の約6割で、残りの約4割は高齢者の医療を支える拠出金（前期高齢者医療財政調整金と後期高齢者医療支援金）に使われるという構造になっている。医療保険制度の財政安定化のためには、高齢者医療費の増加抑制は避けて通れない。

　全世代型社会保障制度の構築において、負担能力がある高齢者には一定の負担を求めるとされている。2019年12月、政府は75歳以上の高齢者の一部負担を見直し、一定以上の所得がある人は現行の1割を2割に引き上げる方針を決定した。2割負担は、2022年度に実施する方向で検討が進められている。

コラム5-1　現役世代の支援によって支えられている高齢者医療制度

　2008年4月から従来の老人保健制度が廃止され、後期高齢者医療制度および前期高齢者医療財政調整制度が導入された。日本における高齢者の医療制度は1973年の老人医療費無料化に遡るが、老人医療費の無料化は特に高齢者を多く抱える市町村国保の保険財政を急激に悪化させた。これを改善するために、1982年に老人保健制度が導入された。老人保健制度の下で、各現役世代の医療保険制度から高齢者医療費を支援するための拠出金の仕組みが導入された。後期高齢者医療制度及び前期高齢者医療財政調整制度の下で、2018年度では、健保組合は後期高齢者支援金と前期高齢者納付金への支出は健保組合の保険料収入の47.1％を占め、協会けんぽは保険料収入の37.8％を占めている。2022年度以後は、団塊世代が後期高齢者になり始めることで、後期高齢者支援金の急増が見込まれる一方で、現役世代は貯蓄も比較的に少なく、雇用情勢も不安定さが増している。このような状況の中で、高齢者医療制度への支援金や納付金はこれまで以上に増やすことはもはや無理である。高齢者医療制度を支え続けるためにも、現役世代の医療保険制度自身の財政的安定が求められる。日本政府は現役世代の負担上昇を抑えながら、現役並み所得者以外の後期高齢者であっても、一定所得以上の人については医療費の窓口負担を2割に引き上げることを準備している。全世代型の社会保障制度改革の一環として是非実施されることが望まれる。

◎理解を深める問題

　高齢者医療制度は現役世代の医療保険制度の財政支援によって支えられてきた。

しかし、日本は超高齢化社会に突入し、現役世代の負担増はもはや限界に達している。少子高齢社会における望ましい高齢者医療保障の仕組みについて、皆さんはどのように考えるだろうか。自分の考えについて、その根拠を示しながら整理しなさい。

◎参考文献
　李忻ほか『社会保障論』学校法人日本福祉大学発行、2020年
　李忻「高齢者医療制度を支える拠出金の役割」『週刊社会保障』法研、第2765号、
　　2014年、26-31頁
　李忻「市町村国民健康保険制度の財政構造と課題」『週刊社会保障』法研、第2822号、
　　2015年、54-59頁
　一般財団法人厚生労働統計協会『保険と年金の動向』2019/2020（毎年最新版が刊
　　行される）
　厚生労働省『厚生労働白書』平成29年版、平成30年版
　厚生労働省「平成29年度国民医療費の概況」
　厚生労働省（https://www.mhlw.go.jp/content/doukou_h29.pdf）
　日本医師会ホームページ（https://www.med.or.jp/people/info/kaifo/system/）
　厚生労働省「後期高齢者の窓口負担割合の在り方について」令和2年11月
　厚生労働省「全世代型社会保障改革の方針」令和2年12月
　財務省ホームページ（https://www.mof.go.jp）

第**6**章

介護保険

　介護保険とは、保険料を支払いつつ、介護が必要になった時に介護サービス
を低額の負担で利用できる社会保険である。1990年代半ばに創設に向けての検
討が行われ、2000年4月から実施されている。高齢化の進行により高齢者人口
が増加し、介護が必要な高齢者が増大する中で、介護保険は、高齢者をはじめ
私たちの生活に不可欠なものになっている。介護サービスの利用者は年々増加
し、介護現場で働く人々も増えている。本章では、介護保険制度創設の目的や
制度の仕組み、保険財政の概要、制度の動向や今後の課題等について学習する。

1　介護保険制度の創設の理由

介護保険法の制定　介護保険制度は、1990年代半ばに、政府（旧・厚生省、
現・厚生労働省）において検討が始められた。1996（平
成8）年11月に国会に介護保険法案が提出され、1997（平成9）年12月、介護
保険法が成立した。2000（平成12）年4月から介護保険制度が実施されている。
　介護保険制度は、わが国では5番目の社会保険と位置づけられる。1960年代
に国民年金法が施行されて以来、30数年ぶりの新しい社会保険の誕生であった。
なお、介護保険以外の社会保険には、医療保険、年金保険、労働者災害補償保
険（労災保険）、雇用保険がある。

介護保険制度の創設の理由　介護保険制度が創設された理由としては、主として次
の4点が挙げられる。

　(1)　**高齢化の進行に伴う要介護高齢者の増大**　　わが国は、出生数の低下や長寿

化の進展により、人口の高齢化が急速に進んでいる。介護保険制度の検討が始まった1990年代中頃は、高齢化率が14％を超えて、高齢社会に突入した頃であった。高齢になるにつれ、病気がちになったり、介護が必要になったりすることが避けられないことから、介護が必要な高齢者（要介護高齢者）が増加する。長寿社会では、誰でも相当程度の確率で要介護状態になる可能性がある。仮に自分はならなくても、父母や配偶者等の家族の誰かが要介護状態になる可能性は極めて高い。これを「介護リスクの一般化」という。

　このため、介護に対する不安を解消し、要介護状態になったとしても安心して高齢期を送ることができる社会的な仕組みが必要となった。

　(2)　**家族の介護機能の弱体化と介護負担の増大**　　介護保険制度が創設される以前は、家族が要介護高齢者の介護を支える中心であった。家族介護者のほとんどは女性（妻や嫁）であった。しかし、家族規模の縮小や高齢者とその家族の同居率の低下、高齢者夫婦のみ世帯や高齢者のひとり暮らし世帯の増加、女性の就労の増大等の理由から、老親等の介護を家族が担うことは難しい状況となってきた。これを「家族の介護機能の弱体化」という。

　また、介護者自身が高齢となり、高齢者が高齢者を介護する「老老介護」や、都市部に出てきた子ども世代が、地方の出身地に住む老親の介護を行う「遠距離介護」、家事や介護に不慣れな男性が介護者になる「男性介護」、認知症の介護者が認知症の高齢者を介護する「認認介護」など、介護者の介護負担が重かったり、介護者自身が問題を抱えたりする事例が多くなった。

　こうした状況から、家族の介護負担を軽減し、介護を社会全体で支える仕組みが必要となった。

　(3)　**従来の老人福祉制度と老人医療制度の問題点の解決**　　介護保険制度が創設される以前は、高齢者介護は、老人福祉と老人医療の異なる2つの制度の下で行われてきた。

　老人福祉分野では、老人福祉法（1963（昭和38）年制定）に基づき、利用者に対するサービス提供方法は、市町村がサービスの利用、種類、提供機関等を決定する「措置制度」に基づき行われてきた。措置制度とは、福祉サービスの提供にあたって、市町村等の行政機関がサービスの実施の可否、サービスの内容、

提供主体等を決定して、行政処分として利用者にサービスを提供する仕組みをいう。日本の福祉分野では、高齢者福祉に限らず、児童福祉、障害者福祉でも、措置制度によってサービス提供が行われてきた歴史がある。

　措置制度におけるサービス利用は、市町村がサービスの種類、提供機関等を決めるため、利用者がサービスの選択をすることができない、利用者のサービス利用の権利性が弱い、所得調査が必要なため利用にあたって心理的抵抗感が伴う、利用者負担が応能負担であるため中高所得者（サラリーマンOB層）にとっては重い負担となる、などの問題点があった。

　老人医療分野では、1980年代頃から患者の多くが高齢者である老人病院と呼ばれる医療施設が増加してきた。福祉サービスの基盤整備が遅れていた反面、医療機関の病床数が多いことや、医療機関は定率負担なので応能負担の福祉施設よりも利用者負担が低いので入院しやすいこと、福祉施設入所よりも病院に入院した方が世間体がよいと見られたこと、などの反映でもあった。

　しかし、このことは、医療の必要性がなくなっても長期入院を続けるという「社会的入院」の問題を引き起こした。また、医療施設は、要介護高齢者が長期療養する場としては、居室面積が狭いことや、食堂・入浴施設がない、介護職員が少ないなど、生活環境の面で問題があった。

　さらに、老人福祉と老人医療の２つの制度間で連携が図られていないことや、利用者負担や利用手続きの相違などアンバランスな面があった。

　したがって、高齢者介護をめぐって、老人福祉と老人医療の両制度の再編成が必要となった。介護保険制度は、こうした従来の老人福祉分野と老人医療分野の問題点の解決を図り、介護サービスを総合的に提供する観点から両制度を再編成するものであった。

(4)　**介護費用の増大に対応した新しい財源確保の必要性**　1989（平成元）年12月に「高齢者保健福祉推進十か年戦略」（ゴールドプラン）が策定され、1990（平成２）年度から10年間の計画として介護サービス基盤の計画的整備が進められることとなった。さらに、1994（平成６）年12月には、目標値を引き上げた新ゴールドプランが策定された。

　これらの計画に基づく基盤整備に要する財源は、租税による公費財源であっ

た。しかし、1990年代前半のいわゆるバブル景気崩壊後の長引く経済不況の中で、租税収入が減少し、国債依存度が高まるなど、国の財政が厳しい状態となった。21世紀の本格的な高齢社会において、増大し続ける介護費用の新たな財源として、保険料財源を導入することが必要となった。

2　介護保険制度の目的

制度の目的　　介護保険法1条には、次のように介護保険法の目的が規定されている。

第1条　この法律は、加齢に伴って生ずる心身の変化に起因する疾病等により要介護状態となり、入浴、排せつ、食事等の介護、機能訓練並びに看護及び療養上の管理その他の医療を要する者等について、これらの者が尊厳を保持し、その有する能力に応じ自立した日常生活を営むことができるよう、必要な保健医療サービス及び福祉サービスに係る給付を行うため、国民の共同連帯の理念に基づき介護保険制度を設け、その行う保険給付等に関して必要な事項を定め、もって国民の保健医療の向上及び福祉の増進を図ることを目的とする。

　第1条の目的規定や前述の創設の理由等から、介護保険制度の目的は、主に次の4点である。
　(1)　**介護に対する社会的支援**　　高齢化の進行により、誰にとっても高齢期における最大の不安要因のひとつである介護問題について、社会全体で支える仕組みを構築することにより、介護不安を解消して安心して生活できる社会をつくるとともに、家族等の介護者の負担軽減を図る。このことは「介護の社会化」と呼ばれた。
　(2)　**要介護者の自立支援**　　介護を必要とする状態（要介護状態）になっても、その有する能力に応じて、自らの意思に基づき自立した質の高い日常生活を送ることができるように支援する。
　介護保険法2条4項には、保険給付の内容及び水準について、「被保険者が要介護状態となった場合においても、可能な限り、その居宅において、その有

する能力に応じ自立した日常生活を営むことができるように配慮されなければ
ならない」と規定されている。

　「自立支援」という言葉は、介護保険制度のキーワードになるとともに、障
害者福祉など他の社会福祉分野にも影響を与えた。なお、介護サービスを利用
しなくなることのみを「自立支援」と捉える向きがあるが、これは狭い見方で
あり、適切ではない。

　⑶　**利用者本位とサービスの総合化**　　老人福祉と老人医療に分かれていた従
来の制度を再編成し、要介護状態になっても、利用者の選択に基づき、利用者
の希望を尊重して、多様な事業主体から必要な介護サービスを総合的、一体的
に受けられる利用者本位の制度とする。

　さらに、要介護者が適切な介護サービスを受けることができるように、介護
支援サービス（ケアマネジメント）の手法を導入する。また、従来の老人福祉分
野における措置制度を改め、介護サービスの利用手続きは、被保険者である要
介護者とサービス事業者との間の利用契約方式に変更する。

　⑷　**社会保険方式の導入**　　介護サービスに関する給付と負担の関係を明確に
するとともに、今後、確実に増加が見込まれる介護費用の財源について、将来
にわたって安定的に確保するため、被保険者が社会連帯（共同連帯）の理念に
基づき公平に保険料を負担する社会保険方式を導入する。

　介護保険法4条2項では、「国民は、共同連帯の理念に基づき、介護保険事
業に要する費用を公平に負担する」と規定されている。高齢者自身も被保険者
となって保険料を負担することにより、現役世代と共に、制度を支えていく担
い手として位置づけられている。

　なお、制度創設の検討時期において、保険料を財源とする社会保険方式とす
るか、租税を財源とした方式（当時は公費方式と呼ばれた）とするかは、論点の
ひとつであった。社会保険方式は、介護サービスが社会保険の仕組みになじみ
やすいこと、サービス選択の保障やサービス受給の権利性が高いこと、多様な
事業主体の参入によるサービスの量的拡大と質の向上を図ることができるこ
と、等の理由から選択された。

　世界の先進国における高齢者介護保障システムの姿を見ると、税を財源とす

る社会扶助方式をとっている国が多いが、社会保険方式をとる国も徐々に増加している。

高齢者介護分野において社会保険方式を導入している代表的な国はドイツであり、1994年に法律が制定され、1995年1月から実施されている。わが国は介護保険制度の創設にあたって、ドイツの制度を参考にした。また、韓国では、わが国やドイツの制度を参考に介護保険制度の検討を進め、2007年に法律が制定され、2008年7月から実施されている。なお、ドイツや韓国では医療保険の仕組みを活用した制度であるが、日本の場合は、医療保険とは別に制度を創設するなど、3か国の介護保険制度の仕組みには様々な相違がある。

3　介護保険制度の仕組み

介護保険の保険者　介護保険制度は、被保険者は介護保険に強制加入となり、保険料を負担する見返りとして、要介護状態等になったときに保険給付を受けることができるという社会保険の仕組みをとっている。

介護保険制度の仕組みを図にすると、図6-1のとおりである。

(1)　**保険者**　介護保険制度の保険者は、高齢者に最も身近な行政機関である市町村（東京都23区を含む）である。国民健康保険と同様に、地域保険型である。ただし、市町村は人口規模や財政規模が様々に分かれていることから、市町村保険者の保険財政の安定化や事務負担の軽減等を図るため、国や都道府県、医療保険者等が重層的に支える構造となっている。

市町村保険者の事務として、（ア）被保険者の資格管理に関する事務（被保険者資格の取得と喪失の管理、被保険者台帳の作成、被保険者証の発行・更新等）、（イ）保険料の賦課・徴収に関する事務（第1号被保険者の保険料率の決定、保険料徴収の実施、保険料の督促・滞納処分等）、（ウ）要支援・要介護認定に関する事務（要支援・要介護認定事務、介護認定審査会の設置・運営等）、（エ）保険給付に関する事務（審査・支払いは保険者が行う事務であるが、国民健康保険団体連合会に委託する。ただし、住宅改修等の現金給付については保険者が直接実施）、（オ）地域支援事業・

図 6 - 1　介護保険制度の仕組み（2020年 4 月現在）

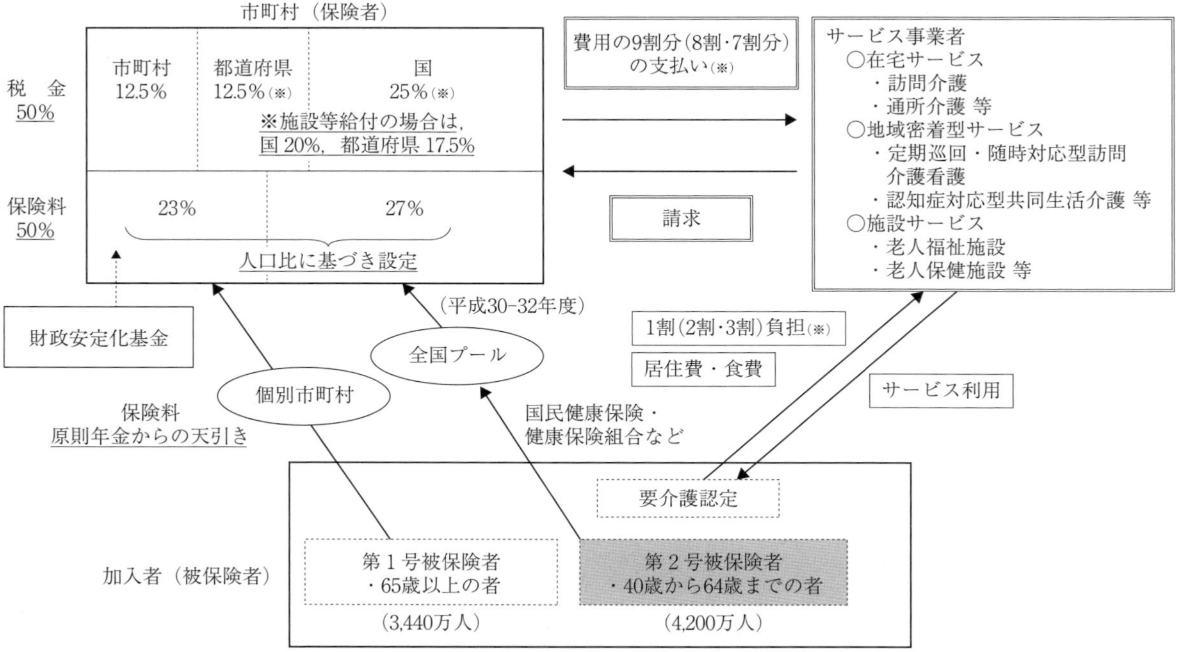

市町村（保険者）

税　金
50%

保険料
50%

| 市町村 12.5% | 都道府県 12.5%（※） | 国 25%（※） |
| 23% | 27% | |

※施設等給付の場合は、
国 20%、都道府県 17.5%

人口比に基づき設定

財政安定化基金

保険料
原則年金からの天引き

（平成30-32年度）

全国プール

個別市町村

加入者（被保険者）

サービス利用

費用の9割分（8割・7割分）
の支払い（※）

請求

1割（2割・3割）負担（※）
居住費・食費

要介護認定

サービス事業者
○在宅サービス
　・訪問介護　・通所介護　等
○地域密着型サービス
　・定期巡回・随時対応型訪問
　　介護看護　・随時対応型共同生活介護　等
　・認知症対応型共同生活介護　等
○施設サービス
　・老人福祉施設　・老人保健施設　等

第 2 号被保険者
・40歳から64歳までの者
（4,200万人）

第 1 号被保険者
・65歳以上の者
（3,440万人）

国民健康保険・
健康保険組合など

注：第 1 号被保険者の数は、「平成28年度介護保険事業状況報告年報」によるものであり、平成28年度末現在の数である。
　　第 2 号被保険者の数は、社会保険診療報酬支払基金が介護給付費納付金額を確定するための医療保険者からの報告によるものであり、平成28年度内の月平
　　均値である。
※一定以上所得者については、費用の 2 割負担（平成27年 8 月施行）又は 3 割負担（平成30年 8 月施行）。
出典：厚生労働省ホームページ（https://www.mhlw.go.jp/content/000021317.pdf）

保健福祉事業に関する事務（地域支援事業の実施、地域包括支援センターの設置、保健福祉事業の実施等）、（カ）事業所・施設に関する事務（地域密着型サービス事業所等の指定、指導監督）、（キ）市町村介護保険事業計画の策定に関する事務（市町村介護保険事業計画の策定等）などがある。

(2) **国・都道府県の事務**　国は、（ア）介護保険法の運用、法改正等の業務、（イ）保険給付に関する国庫負担、調整交付金の交付等、（ウ）市町村介護保険事業計画の基本指針の作成、（エ）要介護認定基準、介護報酬の内容、介護事業者・施設に関する基準など、制度の基本となる各種基準等の設定、（オ）都道府県・市町村に対する助言・指導などを行う。

都道府県は、（ア）保険者である市町村に対して広域的な観点からの支援、（イ）事業者・施設の指定や指導監督、（ウ）介護サービス情報の公表の事務、（エ）介護支援専門員の登録等に関する事務、（オ）都道府県介護保険事業支援計画の策定、（カ）財政安定化基金の設置や介護保険審査会の設置・運営などを行う。

(3) **医療保険者や年金保険者、社会保険診療報酬支払基金の事務**　医療保険者（国民健康保険の保険者である市町村や、健康保険組合・共済組合等の被用者保険の保険者）は、第2号被保険者の保険料を徴収し、社会保険診療報酬支払基金に介護給付費・地域支援事業支援納付金として納付する。

年金保険者は、第1号被保険者の保険料を年金から徴収し、市町村に納付する。社会保険診療報酬支払基金は、各医療保険者から納付された介護給付費・地域支援事業支援納付金を全国的にプールして、各市町村の保険財政の第2号被保険者の保険料相当分として定率で交付する。

(4) **国民健康保険団体連合会の事務**　国民健康保険団体連合会（国保連）は、国民健康保険の保険者が共同して設立した公法人であり、都道府県ごとに設置されている。その業務は、国民健康保険法に関わる審査・支払等の業務のほか、介護保険制度に関わる業務として、（ア）介護保険サービス費の審査・支払い（市町村保険者の委託を受けて、指定事業者からの介護報酬の請求の審査・支払いを行う）（イ）介護保険サービス利用上の苦情解決（介護保険法に基づき、介護サービス利用者（被保険者）からのサービスに関わる不満や苦情を受け付け、その解決に向けての業務を行う）。

| 介護保険の被保険者 |

40歳以上の人は、基本的に介護保険の被保険者になり、年齢により、第1号被保険者と第2号被保険者に区分される。

　第1号被保険者とは、市町村の区域内住所をもつ65歳以上の者、第2号被保険者とは、市町村の区域内に住所をもつ40歳以上65歳未満の医療保険加入者である。

　第1号被保険者と第2号被保険者は、年齢区分以外に、保険給付の受給要件、保険料の賦課・徴収方法等で異なる。詳細は、表6-1のとおりである。

　65歳以上の高齢者は、全員が第1号被保険者となる。医療保険にある被扶養者という概念はなく、高齢者一人ひとりが被保険者となる。生活保護の被保護者であっても、被保険者となる。一方、第2号被保険者の場合は、医療保険加入者であるので、国民健康保険の対象外となる生活保護の被保護者は、第2号被保険者からは除外される。また、外国人の場合、住所をもつと認められる人で、かつ、年齢要件等が該当すれば被保険者になる。

　なお、施設入所者の被保険者が他市町村にある施設に入所した場合には、施設入所前の市町村の被保険者にするという住所地特例の制度がある。

表6-1　介護保険制度の被保険者

	第1号被保険者	第2号被保険者
対象者	65歳以上の者	40歳以上65歳未満の医療保険加入者
受給要件	要介護者（寝たきりや認知症等で介護が必要な状態） 要支援者（日常生活に支援が必要な者）	要介護・要支援状態が、末期がん・関節リウマチ等の加齢に起因する疾病（特定疾病）による場合に限定
保険料	所得段階別定額保険料	健保：標準報酬×介護保険料率（事業主負担あり） 国保：所得割、均等割等に按分（国庫負担あり）
賦課・徴収方法	市町村が徴収（普通徴収） 原則として年金天引き（特別徴収）	医療保険者が医療保険料と一括徴収

出典：筆者作成

85

**介護サービスの
利用手続きと
要介護認定の方法**　介護保険からの給付は、第1号被保険者は要介護状態（要支援状態を含む）と判断された場合、第2号被保険者は特定疾病に起因する要介護状態にあると判断された場合に行われる。特定疾病として、末期がん、関節リウマチ、筋委縮性側索硬化症、骨折を伴う骨粗しょう症、初老期における認知症など、16の疾病が定められている。

　要介護状態は、要介護1～5の5段階に区分され、要介護5が最も重い状態である。要支援状態は、要支援1・2の2段階に区分される。これらの要介護状態区分を、一般に要介護度という。

要 介 護 認 定　要介護状態または要支援状態であるかどうかの判断を行う要介護（要支援）認定の流れの概要は、図6-2のとおりである。

　要介護認定（要支援認定を含む。以下同じ）の申請は、被保険者本人が行う。家族・親族等、民生委員や成年後見人が代理で行うことができる。また、社会保険労務士や、地域包括支援センター、指定基準に違反したことがない指定居宅介護支援事業者、介護保険施設等も代行することができる。

図6-2　介護サービスの利用手続き

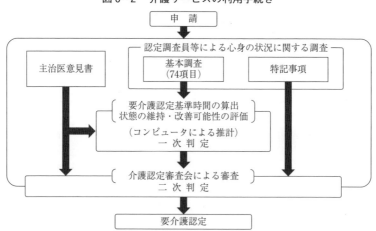

出典：厚生労働省ホームページ（https://www.mhlw.go.jp/content/0000213177.pdf）

要介護認定は、一次判定と二次判定に分かれている。

一　次　判　定　一次判定は、市町村の認定調査員による心身の状況調査および主治医意見書に基づきコンピュータ判定が行われる。二次判定では、一次判定の結果と主治医の意見書をもとに、各市町村に設置された保健・医療・福祉の専門家で構成される介護認定審査会で判定する。介護認定審査会は、5人を標準として市町村が定める人数からなる合議体である。委員は、保健・医療・福祉の学識経験者の中から市町村長が各分野の均衡に配慮して任命する。任期は3年を上限に自治体が条例で定める期間（2年を超え3年以内）で、再任が可能である。

要介護認定の申請があると、市町村の職員が認定調査員として申請者の家庭などを訪問し、本人の心身状態について調査する。これを認定調査という。認定調査では、調査票に基づき概況調査、基本調査、特記事項の記載が行われる。基本調査の結果をコンピュータ処理することにより推計される要介護認定等基準時間を用いて、要介護者であるか否か、要介護者である場合には要介護度が判定される（一次判定）。なお、この要介護認定等基準時間は、統計的手法により算出される指標であって、実際の介護サービスの提供時間を表すものではない。

二　次　判　定　二次判定は、介護認定審査会で行われる。参考資料としては、一次判定の結果と主治医意見書、訪問調査の際に認定調査員が記述する特記事項が使用される。介護認定審査会では、審査判定の結果に加えて、必要に応じて、要介護状態の軽減または悪化防止のために必要な療養に関する事項や、サービスの適切かつ有効な利用等に関して被保険者が留意すべき事項に関する意見を付記することができる。

二次判定の結果が最終となる。要介護認定の結果は、要支援1・2、要介護1～5の7段階の要介護度の認定と、これに該当しない旨の認定（非該当）となる。要介護認定の結果に不服がある場合には、都道府県に設置された介護保険審査会に審査請求をすることができる。

要介護認定の有効期間　その　他　要介護認定の有効期間は、原則として6か月である。ただし、介護認定審査会の意見に基づき特に必要と認

める場合は、3 〜12か月間とすることができる。更新の有効期間は、原則として12か月間であるが、介護認定審査会の意見に基づき、3 〜11か月の範囲で短縮することや、状態が当分変化しないと見込まれる場合には上限36か月に延長できる。

　要介護認定は、原則として申請から30日以内に行われる。また、要介護認定の効力は申請日にさかのぼって生じる。したがって、申請日から認定日の間でも、介護保険サービスを受けることができる。なお、申請前であっても、市町村が緊急等やむを得ない事情があると認める場合には、介護保険のサービスが受けられる。

介護サービスの利用 　被保険者は、要介護または要支援の認定を受けた上で、原則として介護サービス計画（一般にケアプランと呼ばれる）に基づき、保険給付である介護サービスを利用することができる。

　介護サービス計画には、要介護者が在宅で居宅サービスを利用する場合の居宅サービス計画、施設入所の場合の施設サービス計画、または要支援者が介護予防サービスを利用する場合の介護予防サービス計画がある。施設サービスの場合には、必ず施設サービス計画を作成することが施設に義務づけられている。

　在宅で居宅サービスを受けるには、基本的に居宅介護支援事業者に居宅サービス計画の作成を依頼し、計画に基づきサービスを利用することになる。また、要支援1または要支援2と判定された人は、地域包括支援センターにサービス利用の申込みを行い、地域包括支援センターが作成する介護予防サービス計画に基づきサービスを利用する。なお、居宅サービスの場合、計画を作成しなくても介護サービスを利用できるが、その場合には保険給付は償還払い（介護サービスを利用したときに、一旦費用の全額を支払い、その後、保険者から保険給付分の費用の償還を受ける方式）になる。

ケアマネジメントと
ケアマネジャー 　介護サービス計画を作成し、利用者に対して適切なサービスを誘導する一連の行動は、一般に「ケアマネジメント」と呼ばれている。介護保険法上では「介護支援サービス」と呼ばれる。

　また、このケアマネジメントを担当し、介護サービス計画を作成する専門職

が介護支援専門員（ケアマネジャー）である。介護支援専門員になるためには、保健・医療・福祉分野における国家資格（医師、看護師、社会福祉士、介護福祉士等）をもち、実務経験が 5 年以上である人が、都道府県知事が行う介護支援専門員実務研修受講試験に合格し、さらに都道府県が行う実務研修を修了して、都道府県知事の登録を受ける必要がある。なお、介護支援専門員の資格の有効期間は 5 年とされ、更新時には一定の研修を受けることが義務づけられている。さらに、主任介護支援専門員の制度が創設されている。

介護給付と予防給付　介護保険制度の給付には、要介護者に対する「介護給付」と、要支援者に対する「予防給付」とがある。予防給付には、施設サービスは含まれない。

　サービス面から見ると、自宅で生活をしながら利用できる居宅サービス、施設に入所しながら受けることができる施設サービス、原則としてその市町村の被保険者のみが利用できる地域密着型サービスの 3 種類がある。これらは、全国統一的に保険給付の対象となるサービスであり、さらに、市町村が独自に介護保険の対象として提供できる市町村特別給付がある。

　保険給付の各サービスの単価は、介護報酬として定められている。例えば、居宅サービスを利用したときにはサービスの種類ごとに設定された居宅介護サービス費を支給されることになる。ただし、原則として事業者に直接支払われるので、利用者は費用の 1 割（一定以上の所得者は 2 割または 3 割）を負担してサービスを利用することになる（法定代理受領方式により現物給付とされている）。

居宅サービス　居宅サービスは、次のとおり、訪問サービス系のもの（訪問介護、訪問看護等）、通所サービス系のもの（通所介護等）、短期入所サービス系のもの（短期入所生活介護等）、その他のものがある。これらのサービスを提供する事業所は、都道府県知事が指定し、指導監督をする。

　〈訪問サービス〉訪問介護、訪問入浴介護、訪問看護、訪問リハビリテーション、居宅療養管理指導

　〈通所サービス〉通所介護、通所リハビリテーション

　〈短期入所サービス〉短期入所生活介護、短期入所療養介護

〈その他〉特定施設入居者生活介護、福祉用具貸与、特定福祉用具販売、住宅改修、居宅介護支援

　利用者は、要介護度ごとの支給限度基準額の範囲内で、一定の自己負担をしながら、居宅サービス計画に基づき、これらのサービスを利用する（現物給付）。なお、支給限度基準額を超えても利用できるが、限度額を超えた分は全額自己負担となる。

　特定福祉用具販売については、福祉用具のうち特定のもの（特定福祉用具）を購入したとき、購入費が償還払いで支給される。支給限度基準額は、同一年度で10万円となっており、自己負担（1〜3割）以外が保険給付される。住宅改修の場合も、同様に償還払いであり、支給限度基準額は同一住宅で20万円となっており、自己負担（1〜3割）以外が保険給付される。

　また、介護サービス計画作成等の居宅介護支援サービスがある。この費用は全額介護保険から給付されるので、利用者の自己負担はない。

　予防給付における介護予防サービスは、介護給付の居宅サービスと類似しているが、サービスの提供にあたって介護予防を目的とする点が異なる。介護予防福祉用具貸与については、要支援者および要介護1の者については、特殊寝台、車いす等は原則として給付対象から除外されている。また、要支援者の予防給付の中に、従来は訪問介護と通所介護が含まれていたが、2016（平成28）年4月以降、地域支援事業の中の介護予防・日常生活支援総合事業に移行したので、保険給付からは除外された。

| 施設サービス |

施設サービスとは、介護保険施設によるサービスである。介護保険施設には、介護老人福祉施設（特別養護老人ホーム）、介護老人保健施設、介護療養型医療施設、介護医療院の4種類がある。これらの施設は要介護者のみが利用でき、要支援者は利用できない。また、2015（平成27）年4月から、介護老人福祉施設への新規入所者は、原則として要介護3以上の者とされている。

　介護保険施設の介護報酬は、介護保険施設の種類によって分かれ、さらに個室や多床室等に応じて、利用者の要介護度ごとに設定されている。

　なお、介護療養型医療施設は、2024（令和6）年3月末に廃止されることが

決定されている。その後継施設として、介護医療院が創設された。

地域密着型サービス　市町村長が事業所を指定し、指導監督をするサービスが、地域密着型サービスである。2005（平成17）年の法改正により創設され、2006（平成18）年4月から登場した。

　住み慣れた地域での生活を支えるため、身近な市町村で提供されることが適当な定期巡回・随時対応型訪問介護看護、小規模多機能型居宅介護、小規模な通所介護（利用定員19名未満）や特別養護老人ホーム（定員30人未満）、認知症対応型共同生活介護（グループホーム）などが、地域密着型サービスとして位置づけられている。

　地域密着型サービスは、原則として事業所がある市町村の被保険者のみが利用可能とされており、また、市町村長は、地域の実情に応じて、弾力的な基準・報酬などを設定できる。

区分支給限度基準額　要介護度ごとに1か月に利用できる保険給付の額が定められている。施設サービスの場合には要介護度ごとの一定額であり、居宅サービスや介護予防サービスの場合には1か月の区分支給限度基準額（訪問介護、訪問看護、通所介護、短期入所生活介護等、ほとんどの居宅サービスが対象）が定められている。基本的にはこの限度額の範囲内で介護サービス等を利用することになる。なお、この限度額のうち1割（一定以上の所得者は2割または3割）は自己負担となる。

地域支援事業　地域支援事業とは、被保険者が要支援・要介護状態になることを予防する（「介護予防」という）とともに、要介護状態になった場合にも、可能な限り、地域において自立した日常生活を営むことができるように支援すること目的とする事業である。2005（平成17）年の法改正により創設され、2006（平成18）年度から実施されている事業である。

　地域支援事業は市町村が実施する。全市町村が必

表6-2　居宅サービスにおける区分支給限度基準額

要支援1	5,032単位
要支援2	10,531単位
要介護1	16,765単位
要介護2	19,705単位
要介護3	27,048単位
要介護4	30,938単位
要介護5	36,217単位

注：2020年4月現在。1単位は10円が基本。大都市部や離島山間部では10円を超える。

出典：厚生労働省

ず実施する事業（必須事業）として、介護予防・日常生活支援総合事業と包括的支援事業があるほか、任意に実施する事業（任意事業）がある。

介護予防・日常生活支援総合事業

介護予防・日常生活支援総合事業（一般に総合事業と呼ばれる）は、①介護予防・生活支援サービス事業と、②一般介護予防事業で構成される。

①の事業において、制度創設時には要支援者の予防給付であった訪問介護と通所介護のサービスに対応するほか、住民主体の訪問型・通所型サービスが提供される。そのほか、配食・見守り等の生活支援サービスやサービス利用者への支援事業がある。

①の事業は、要支援者が利用できるほか、要支援認定を受けずに基本チェックリストだけで利用することができる。市町村は、条例により、サービス内容の基準を定めるとともに、サービス単価や利用者負担を定めることができる。

②の事業は、第1号被保険者のすべてとその支援のための活動に関わる人を対象として、地域の実情に応じた介護予防事業を展開するものである。実施にあたっては、地域の医師会、歯科医師会等の協力を得るとともに、保健、精神保健福祉等の関係部局、保健所、医療機関等の関係機関と十分に調整を図ることとされている。

包括的支援事業と任意事業

包括的支援事業としては、地域包括支援センターの運営がある。この中で、①介護予防ケアマネジメント業務、②総合相談支援事業、③権利擁護事業、④包括的・継続的ケアマネジメント支援業務がある。

さらに、2014（平成26）年の法改正により、⑤在宅医療・介護連携推進事業、⑥生活支援体制整備事業、⑦認知症総合支援事業、⑧地域ケア会議推進事業が追加されている。

任意事業としては、市町村が地域の実情に応じ創意工夫を生かして実施するもので、①介護給付等費用適正化事業、②家族介護支援事業、③その他の事業（たとえば、成年後見制度利用支援事業、福祉用具・住宅改修支援事業、地域自立支援事業）がある。

地域包括支援センター　地域包括支援センター（一般に「包括」と呼ばれている）は、2005（平成17）年の法改正により、地域支援事業の包括的支援事業を担う中核的機関として創設された。

　地域包括支援センターは、市町村または市町村から委託を受けた法人が設置・運営主体となる。職員として、基本的に、保健師、社会福祉士、主任介護支援専門員の3職種の専門職が配置される。また、機関の設置・運営については、中立性の確保、人材確保支援などの観点から、市町村や地域のサービス事業者、被保険者の代表などが入る地域包括支援センター運営協議会が設置されている。

　地域包括支援センターの設置数は、2019（平成31）年4月末現在で5167か所であり、さらにブランチ等を含めると、7341か所である。

指 定 事 業 者　介護サービスの事業者や介護保険施設は、一定の条件を満たすことによって、都道府県知事（指定都市・中核市の市長を含む）の指定（地域密着型サービスの場合には市町村の指定）を受けることができる。指定を受けると、被保険者に対してサービスを提供したときに、介護保険から介護報酬を受け取ることができる。

　まず、居宅サービスについては、事業主体の種別にかかわらず、原則として一定の条件を満たした事業者は居宅サービス分野に参入できる。一定の条件とは、法人格をもち、かつ、指定権者が定める人員基準や設備運営基準の指定基準に合致することであり、法人の種別を問わず、「指定サービス事業者」として都道府県知事等の指定を受けられる。

　したがって、株式会社等の営利法人や生活協同組合、農業協同組合等の法人、NPO法人（特定非営利活動法人）であっても、指定基準に合致すれば事業を展開することができる。このように、居宅サービスについて多様な事業主体が参画できるようになったことが介護保険制度の特徴である。

　指定は、サービスの種類ごとに、かつ、事業所・施設ごとに受ける必要がある。指定サービス事業者は、サービスの種類によって、①指定居宅サービス事業者、②指定介護予防サービス事業者、③指定地域密着型サービス事業者、④指定地域密着型介護予防サービス事業者、⑤指定居宅介護支援事業者、⑥指定

介護予防支援事業者、⑦指定介護保険施設、がある。このうち、①②⑦が都道府県知事（指定都市・中核市の市長を含む）、③④⑤⑥が市町村長の指定である。

指定事業者の基準適合状況を定期的に確認するため、指定の効力に6年間の期限が設けられている。

なお、住民参加型の非営利組織のように法人格をもっていない事業者であっても、指定事業者の要件は満たさないが他の一定の基準を満たす場合には、市町村の個別の判断により「基準該当居宅サービス事業者」として提供するサービスが、介護保険制度の保険給付の対象となる。居宅介護支援事業者についても基準該当サービスが認められている。

介護保険施設 介護保険施設の場合では、指定権者が条例で定める人員基準や設備運営基準を満たした介護老人福祉施設（特別養護老人ホーム）が都道府県知事等の指定の対象に、介護老人保健施設、介護医療院および介護療養型医療施設の場合は、都道府県知事の許可の対象になる。居宅サービスの場合とは異なり介護保険施設の場合には、各施設の根拠法令により設置主体が限定されている。たとえば、特別養護老人ホームの場合は、老人福祉法に基づき地方自治体や社会福祉法人等、介護老人保健施設の場合には介護保険法により地方自治体や医療法人等となっており、営利法人はこれらの設置経営主体になることはできない。

指定を受けた事業者または施設に対しては、都道府県知事（指定都市・中核市の市長を含む。地域密着型サービスの場合には市町村長。以下同じ）による報告徴収や帳簿書類等の指導監督があり、基準を満たすことができなくなったときや、不正な請求があった場合などには、都道府県知事等は指定の取消しを行うことができる。

介護サービス情報の公表 サービスの質の確保・向上の観点から、事業者に対して、介護サービス情報の公表を義務づける仕組みが導入されている。すなわち、全ての介護サービス事業者・施設は、厚生労働省令で定める介護サービスの内容や事業所の運営状況に関する情報を都道府県知事（または都道府県知事が指定する指定情報公表センター）に報告することとし、この情報を都道府県知事等が公表することによって、利用者である高齢者の適切な

サービスの選択に資することとしている。

利　用　契　約　　介護保険では、利用者はサービス事業者・施設を選択し、事業者等との間で契約を交わしてサービスを利用する。適正に契約が行われるように、運営基準において、事業者等はあらかじめ利用申込者または家族にサービス選択に関係する重要事項を文書で渡して説明し、サービス提供の開始について利用申込者の同意を得なければならない、とされている。

　利用者は、重要事項を説明した文書で、サービス内容等について十分理解した上でサービスを利用することが適当である。また、事業所に対して介護サービス情報の公表が義務付けられたことから、事前に都道府県等が提供する情報を活用することが望ましい。

介　護　報　酬　　介護報酬とは、保険給付の対象となる各種介護サービスの費用の額の算定基準である。具体的には、事業者や施設が介護サービスを提供した場合、サービスの対価として保険者である市町村に費用を請求して支払いを受ける際の算定基準のことである。厚生労働大臣が審議会の意見をきいて定める。医療保険制度における診療報酬に相当するもので、事業者から見れば、各サービスの単価に相当する。

　介護報酬は、介護サービスの種類ごとに、サービスの内容や要介護度、サービスの提供時間、事業者やその所在する地域等を考慮して設定される。報酬単価は「単位」で表示され、原則として1単位が10円であるが、人件費が高い都市部や、離島・山間地域では加算される。

　介護報酬は、3年ごとに見直しが行われている。見直しにあたっては、介護事業者・施設の経営実態調査結果、物価や人件費の動向等が参考にされている。

　介護報酬の審査・支払いの実務は、市町村から委託を受けた各都道府県の国民健康保険団体連合会（国保連）が行っている。サービス事業者は、国保連に介護報酬の請求を行う。

介護保険事業計画と介護保険事業支援計画　　国が策定する基本指針に基づき、市町村は介護保険事業計画を、都道府県は介護保険事業支援計画を策定することが、介護保険法で義務づけられている。市町村の介護保険事業計画は、

都道府県における介護サービス基盤の計画的な整備と、市町村の第1号被保険者の保険料設定の基礎になるものである。制度当初は5年を1期として策定することとされていたが、2006（平成18）年度からは、保険料の設定期間と整合するように3年を1期として策定することとされている。2000（平成12）年度から3年間の計画を第1期として、2021（令和3）～2023（令和5）年度の計画は、第8期の計画になる。

市町村介護保険事業計画には、基本理念や目的、市町村が定める地域（日常生活圏域）、各年度における介護給付等対象サービスの種類ごとの量の見込み（市町村全域および日常生活圏域ごとの必要利用定員の設定等）、各年度における地域支援事業の量の見込み、自立生活支援や介護予防・悪化防止、給付費の適正化への取組と目標設定などに関する事項等を記載する。

都道府県介護保険事業支援計画には、管轄下の市町村介護保険事業計画を踏まえ、基本理念や目的、都道府県が定める圏域（老人福祉圏域）、各年度における介護給付等対象サービスの種類ごとの量の見込み（都道府県全域および老人福祉圏域ごとの必要利用定員の設定等）、老人福祉圏域を単位とする広域的調整、人材の確保及び資質の向上に資する事業に関する事項、介護サービス情報の公表に関する事項等を記載する。都道府県介護保険事業支援計画に定められた介護保険施設等の必要入所定員総数は、施設整備の上限を示すものであり、定員総数を超える施設の建設は事実上困難である。

なお、市町村介護保険事業計画は市町村老人福祉計画と、都道府県介護保険事業支援計画は都道府県老人福祉計画と、一体のものとして作成される必要がある。

地域医療介護総合確保基金　医療介護総合確保法に基づき、都道府県に地域医療介護総合確保基金が設置され、2014（平成26）年度から事業が実施されている。この基金は、消費税の引上げによる税収増を財源としている。この基金は、医療分野では、病床の機能分化や連携を推進するための基盤整備、居宅等における医療提供に関する事業、医療従事者の確保に関する事業に、介護分野では、介護施設等の整備に関する事業や介護従事者の確保に関する事業に充てられている。

苦　情　処　理

介護保険法では、介護サービスを利用した要介護者等のサービスに関する苦情・相談等については、各都道府県に設置されている国民健康保険団体連合会（国保連）が処理することとされている。国保連では、事務局を設置し、業務の中立性・独立性を確保するため、学識経験者の中から苦情処理担当の委員を委嘱して対応する。サービス利用者から苦情の申立てがあったときには、国保連事務局が、サービス事業者の協力の下に調査を行い、苦情処理担当の委員が調査結果に基づいて改善すべき事項があればそれを提示し、サービス事業者は改善に努めるものとされている。

国保連以外に、市町村や都道府県でも苦情処理に対応できる。

まず、市町村は保険者でもあるので、介護保険全般に対する住民からの質問、相談、苦情等に対応できる第一次的な窓口である。必要に応じ、国保連や都道府県とも連携しながら、苦情等を処理する。また、介護相談員等派遣事業（介護相談員を事業所等の現場に派遣して、利用者の話を聞いて相談に応じることにより、利用者の疑問や不満の解消を図ることやサービスの質の向上を図る市町村の事業）を実施する。

都道府県は、サービス事業者に対する指導監督権限をもっており、指定基準違反の場合には、指定取消処分や改善命令等の行政権限を行使する。

サービス事業者・施設は、運営基準にあるとおり、苦情受付窓口を設置し、苦情の受付・記録を行うこととされている。また、市町村や国保連等の調査等に協力し、指導・助言を受けた場合には必要な改善を行う必要がある。

不　服　申　立　て

市町村が行う要介護・要支援認定の決定をはじめ、被保険者証の交付等の保険給付に関する処分や、保険料の賦課・徴収等に関する処分に不服がある場合は、都道府県の介護保険審査会（以下、審査会）に審査請求（処分を行った行政庁（処分庁）とは異なる行政庁に対して行う不服申立てをいう）をすることができる。

審査会は、介護保険法に基づき都道府県に設置される附属機関で、市町村保険者が行った行政処分に対する不服申立ての審査・裁決を行う第三者機関である。審査会の構成は、市町村代表委員（3人）、被保険者代表委員（3人）、公益代表委員（3人以上で、認定に関する処分に対する審査請求を取り扱う合議体を必

要数設置できる員数として条例で定める数）の三者である。

　また、要介護認定等の処分に関する審査請求事件の処理の迅速化・正確化を図るため、保健、医療、福祉の学識経験者等を専門調査員として審査会に置くことができる。

　審査請求は、正当な理由がない限り、処分があったことを知った日の翌日から起算して60日以内に文書または口頭で行うことが原則で、処分を行った市町村がある都道府県の審査会に対して行う。

　審査会は、審査請求を受理したときは、処分を行った市町村や利害関係者に通知するとともに、審査を行うため必要があると認めるときは、審査請求人や関係者から報告や意見を求めたり、出頭を命じて審問したり、医師等に診断その他の調査をさせたりすることができる。

　審査請求の裁決の方法は、行政不服審査法に規定されており、理由を付して書面で行われる。裁決の内容は、請求の却下、棄却または認容（処分の取消）に分かれる。

　なお、介護保険法では、処分取消の訴え（訴訟）は、その処分について審査会に審査請求を行い、裁決を経た後でなければ提起できないという審査請求前置主義をとっている。

4　介護保険財政の概要

介護保険制度の財源構成　　介護保険制度の財源構成は、介護費用から利用者負担を除いた保険給付費部分について、公費で50％、保険料で50％の負担となっている。

　社会保険方式を採用しているにもかかわらず、半分を公費で対応している点は、わが国の介護保険制度の特徴である。その理由は、介護サービスの提供について国や地方自治体に一定の公的責任があること、被保険者の保険料負担を緩和する必要があること、従来の老人福祉制度においても公費負担があったこと、等による。

公　費　負　担

公費負担の50％部分に関する国と地方自治体の負担割合は、①居宅給付費については、国25％（調整交付金5％を含む）、都道府県12.5％、市町村12.5％、②施設給付費については、国20（調整交付金5％を含む）、都道府県17.5％、市町村12.5％、である。

　国が負担する25％（施設等給付費では20％）のうち、20％（施設等給付費では15％）の部分は、各市町村に対して定率で交付される。残り5％の部分は、市町村の努力では対応できない第1号保険料の格差を調整するための調整交付金として交付される。

調　整　交　付　金

調整交付金には、普通調整交付金と特別調整交付金がある。

　普通調整交付金は、①後期高齢者加入割合（要介護者になる確率が高い75歳以上の被保険者が第1号被保険者総数に占める割合）と、②所得段階別の第1号被保険者の分布状況（所得段階別の加入割合）の違いによる第1号保険料負担の格差を調整する。

　特別調整交付金は、災害等の特別な事情がある市町村に対して、保険料の条例による減免や、利用者負担の減免一定部分を対象として交付される。

　こうした事情は市町村ごとに異なるので、調整交付金を市町村レベルで見ると、5％を超えて交付されるところもあれば、5％以下のところもある。概して、後期高齢者加入割合が低く所得水準が高い市町村への調整交付金の割合は全国平均（5％）よりも低くなり、逆に後期高齢者加入割合が高く所得水準が低い市町村では全国平均より高くなる。

　なお、2018（平成30）年度から、保険者機能の強化の観点から、国から市町村および都道府県に対して、自立支援・重度化防止等に関する取組を支援するための保険者機能強化推進交付金が交付されている。

保　険　料　負　担

保険料負担の50％部分については、制度全体として見たときには、第1号被保険者と第2号被保険者の1人当たりの平均的な保険料負担額がほぼ同じ水準となるように、それぞれの負担割合が決められている。すなわち、3年間の事業計画期間ごとに、全国ベースの第1号被保険者と第2号被保険者の人口比率で、負担割合が定められる。介

護保険スタート時点（2000年）の３年間の事業計画期間では、第１号保険料（第１号被保険者の保険料）が保険給付費全体の17％、第２号保険料（第２号被保険者の保険料）が同33％の負担となっていた。その後高齢化の進行により第１号被保険者数が増加してきたこと等から、第１号保険料の負担割合は増加してきた。2018（平成30）〜2020（令和２）年度の第７期事業計画期間では、第１号保険料は保険給付費全体の23％、第２号保険料は同27％の負担となっている。

地域支援事業の費用負担　地域支援事業の費用負担については、介護予防・日常生活支援総合事業（総合事業）に必要な費用は、居宅給付費と同様の負担割合である。一方、包括的支援事業等のその他の地域支援事業については、第２号被保険者の保険料は充当されず、その分は公費（国が２分の１、都道府県および市町村が各４分の１）で負担するので、国38.5％、都道府県及び市町村各19.25％、第１号保険料23％となる。

第１号保険料　第１号被保険者の保険料（第１号保険料）は、所得段階別の定額保険料である。各市町村保険者は、３年間の事業期間ごとに条例で設定する。設定方法は、介護保険事業に要する費用のうち、第１号被保険者の保険料により賄うことが必要な額を算定し、第１号被保険者１人当たりの保険料の基準額を算出する。それを基本に、被保険者の所得状況に応じて、基準額の30％の段階（第１段階）から基準額の1.7倍（第９段階）の９段階に区分する　なお、保険料弾力化の観点から、市町村の判断により、基準額に対する割合の変更や、９段階を超える多段階（10段階以上）への区分などを行うことができる。また、災害等により一時的に負担能力が低下した場合等においては、条例に基づき、保険料を減免できる。

　第１号保険料の徴収方法は、年額18万円以上の公的年金の受給者に対しては、年金保険者が年金（老齢年金ばかりでなく遺族年金や障害年金も含む）から天引き（源泉徴収）をして市町村に納付する。この方法を特別徴収という。年金額が18万円未満の被保険者の場合には、市町村が直接徴収する。この方法を普通徴収という。

　第１号保険料は、介護サービスの利用が多い市町村、すなわち保険給付の水準が高い市町村では高く、その水準が低い市町村では保険料負担額は低くなる。

第 7 期事業計画期間中（2018 〜 2020年度）の第 1 号保険料の全国平均は、月額5869円となっている。最も高いところでは月額9000円、最も低いところでは月額3000円となっている。

第 2 号 保 険 料　　第 2 号被保険者の保険料（第 2 号保険料）については、各医療保険者が負担する介護納付金の額をまかなうために、医療保険料の算定方法を用いて介護保険料が設定される。2017（平成29）年の法改正によって、介護納付金の総報酬割が導入されたことにより、被用者保険（全国健康保険協会（協会けんぽ）、健保組合、共済組合）の介護納付金は、報酬総額に比例した負担（総報酬割）となっている。

　各医療保険者は、医療保険料とあわせて介護保険料（第 2 号保険料）を徴収し、社会保険診療報酬支払基金に納付する。支払基金は、全国の医療保険者から集められた納付金を、各市町村に介護給付費交付金として定率（2020年度では保険給付費の27％）で交付する。

　各医療保険者は、医療保険料の算定方法に基づいて第 2 号保険料を計算するので、被用者保険と国民健康保険では算定方法が異なる。被用者保険では、基本的に医療保険料と同様に、一定率の保険料率で賦課されるので、報酬が高い被保険者の保険料額は高くなる。保険料負担額は、医療保険料と同様に労使折半となる。2020（令和 2 ）年度における協会けんぽの介護保険料率は、1.79％である。一方、国民健康保険の第 2 号保険料は、国民健康保険の保険料と同様の賦課方式で算定される。市町村により算定方法には違いがある。また、市町村の国民健康保険が負担する納付金には、国庫負担および都道府県負担が合わせて 5 割入ることになる。

利 用 者 負 担　　利用者負担については、基本的には 1 割負担であるが、一定所得以上の場合は 2 割または 3 割負担である。

　制度発足当初は、利用者全員が所得の多寡にかかわらず 1 割負担であった。利用者の所得に応じた負担ではなく、サービスの利用に応じた応益負担という考え方であった。しかし、2015（平成17）年 8 月からは、第 1 号被保険者のうち、一定以上の所得者（原則、本人の合計所得金額160万円以上）は 2 割負担となった。さらに、2018（平成30）年 8 月からは、 2 割負担のうち特に所得の高い層（原則、

本人の年間合計所得金額220万円以上）は３割負担となった。

| 利用者負担の軽減 | 利用者負担が高額となる場合には、その負担軽減を図る観点から高額介護（予防）サービス費の制度がある。 |

これは、利用者負担の１か月間の上限を定めて、負担額が上限額を超える場合にその超える額を払い戻す制度である。低所得者には、より低い上限額が設定されている。

　さらに、介護保険の利用者負担額と医療保険の一部負担金の合計額が、高額となったときに、それらの負担軽減を図る高齢者医療合算介護（介護予防）サービス費制度が導入されている。

| 施設サービス利用者の負担 | 施設サービスの場合には、食費と居住費は保険給付の対象外である。利用者は、施設との契約に基づき、食 |

費と居住費（および理美容代や教養娯楽費等の日常生活費）の全額を負担するとともに、食費と居住費を除く施設サービスの費用（介護報酬）の１割（または２割・３割）を負担する。

　なお、施設入所者のうち、市町村民税非課税等の低所得者に対しては、所得区分等に応じて食費・居住費の負担限度額が設定されており、負担限度額を超える部分については補足的な給付（特定入所者介護サービス費。一般に補足給付という）が支給されることにより負担軽減が図られている。ただし、低所得者であっても一定額以上の預貯金等を保有している場合は、補足給付の対象外である。

| 財政安定化基金事業と市町村財政相互安定化事業 | 市町村保険財政安定化のために、財政安定化基金事業と市町村相互財政安定化事業という財政安定化のための仕組みが設けられている。 |

　財政安定化基金事業とは、各都道府県に財政安定化基金を設置し、市町村が通常の努力を行ってもなお生じる保険料未納や給付費の見込み誤りによる財政不足について、基金から資金の交付・貸付を行う事業である。その財源は、国、都道府県、市町村が３分の１ずつの割合で負担する。

　市町村相互財政安定化事業とは、複数の市町村が相互に財政安定化を図ることを目的として、複数市町村の保険給付費の総額と収入の総額とが均衡するよ

うな共通の調整保険料率を設定し、介護保険財政について相互に調整を行うものである。

5　介護保険制度の実施状況と今後の課題

介護保険制度の実施状況　介護保険制度の実施状況を厚生労働省の「平成30年度介護保険事業状況報告」で見ると、次のとおりである。

被保険者数は、第1号被保険者（65歳以上の者）が3525万人（2019年3月末現在）、第2号被保険者（40歳以上65歳未満の者）は4200万人である（2016年度月平均値）である。第1号被保険者は人口の高齢化の進行に伴い、実施時点（2000年4月末）の2165万人の63％増である。他方、第2号被保険者は若干減少している。

要介護認定者数（要支援も含む）は、第1号被保険者が645万人、第2号被保険者が13万人、合計658万人である（2019年3月末現在）。実施時点（2000年4月末）の218万人の3.0倍に増加している。

全要介護者数の98％は65歳以上の者であり、わが国の介護保険制度は、実質的に「高齢者介護保険制度」であることを示している。全高齢者の18％、ほぼ5人に1人は要支援・要介護の認定を受けていることになる。年齢が高齢になるほど、要介護認定者の割合は高くなる。

要介護度別の認定者数を見ると、2019年3月末時点で、要支援1は93万人、要支援2は93万人、要介護1は132万人、要介護2は114万人、要介護3は87万人、要介護4は80万人、要介護5は60万人となっている。

サービス受給者数は554万人（2018年度月平均）であり、実施年度（2000年度）の184万人の3.0倍に増加している。その内訳は、居宅サービス374万人、施設サービス94万人、地域密着型サービス86万人となっている。

2018年度のサービス種別の利用者数を、厚生労働省の「平成30年度介護給付費等実態調査の概況」で見ると、介護給付の居宅サービスでは、福祉用具貸与241万人、通所介護160万人、訪問介護146万人の順となっている。施設サービスでは、介護老人福祉施設69万人、介護老人保健施設57万人の順である。

サービス事業者の増加もめざましい。2019年と2000年（いずれも10月1日現在）

を比較すると、訪問介護事業所は、2019年では３万4825か所と、2000年の9833か所の3.5倍に、同じく通所介護事業所は４万3893か所と、同8037か所の5.5倍に、認知症対応型共同生活介護（認知症グループホーム）は１万3760か所と、同675か所の20.4倍に増加している。

　また、開設主体では、株式会社等の営利法人や特定非営利法人（NPO法人）の伸びが大きい。例えば、訪問介護事業所は、2000年では、設置主体別構成割合は社会福祉法人43.2％、営利法人30.3％の順であったが、2019年10月１日現在では、営利法人67.9％、社会福祉法人16.8％の順となっている。営利法人は、通所介護事業所（地域密着型を除く）では50.9％、訪問看護ステーションは53.6％、認知症対応型共同生活介護は54.3％と、居宅サービスの第一の提供主体となっている。

　介護保険の総費用（保険給付と利用者負担の合計額）は、2018年度では11.1兆円になっており、実施初年度（2000年度）の3.6兆円の約３倍の増加である。国民医療費（平成29（2017）年度で43兆円）に比べれば金額は小さいが、生活保護を含むほかの社会福祉分野の全給付額に匹敵するくらいの大きさとなっている。

| 介護保険制度の改正経緯 |

　介護保険法は、2000（平成12）年４月実施以降、３～５年ごとに法改正が行われている。

　法改正の手順は、まず、厚生労働省の社会保障審議会介護保険部会において、ほぼ１年間議論を進め、年末に報告書を取りまとめる。その内容を踏まえて、厚生労働省老健局において法案作成作業が進められ、翌年の通常国会に改正法案を提出、国会で審議が行われ、同じ年の６月頃国会で可決成立、翌年の４月施行、というパターンが一般的である。

　これまでの法改正の経緯は、表６-３のとおりである。

| 介護保険制度の今後の課題 |

　2000（平成12）年４月施行以来、介護保険制度は国民生活、特に高齢者の生活に不可欠なものになっている。今後も介護保険制度が円滑に運営されていく必要があるが、課題も抱えている。ここでは、今後の主な課題について説明する。

　(1)　**介護保険制度の持続可能性の問題**　高齢化の進行により要介護者数が増加し、介護サービス利用者が増加すると、介護費用が増大する。それに伴い、

表 6 - 3　介護保険法の改正の経緯

2005年改正 （2006年 4 月等施行）	・予防重視型システムへの転換（要支援 1 . 2 の創設、介護予防事業の実施等）／施設入所者の食費・居住費の自己負担化／地域密着型サービス、地域包括支援センターの創設等
2008年改正 （2009年 5 月施行）	・法令遵守等の業務管理体制の整備（法令遵守責任者の専任や法令遵守マニュアルの作成等）
2011年改正 （2012年 4 月等施行）	・地域包括ケアシステムの構築（地域包括ケア実現のための市町村介護保険事業計画の策定、24時間対応の定期巡回・随時対応型訪問介護看護の創設等）／介護職員等によるたんの吸引の実施等
2014年改正 （2015年 4 月等施行）	・予防給付の中の訪問介護と通所介護を地域支援事業に移行／特別養護老人ホームの入所者は原則として要介護 3 以上の者／一定以上の所得者の利用者 2 割負担の導入等
2017年改正 （2018年 4 月等施行）	・自立支援・重度化防止に向けた保険者機能の強化／介護療養型医療施設に代わる介護医療院の創設／利用者負担で 3 割負担の導入／介護納付金への総報酬割の導入等
2020年改正 （2021年 4 月等施行）	・地域の特性に応じた認知症施策の推進や介護サービス提供体制の整備等の推進／医療・介護のデータ基盤の整備の推進等

出典：筆者作成

国や地方自治体の財政負担が増加し、保険料負担も上昇していく。

　介護費用は、2000年度では3.6兆円であったが、2018年度では11.1兆円と、約 3 倍に増加した。これに伴い、高齢者（第 1 号被保険者）の保険料は、全国平均月額2911円（2000年度）から5869円（2018年度）と約 2 倍、月額約3000円増加した。夫婦 2 人であれば、介護保険料が毎月約 1 万2000円となる。高齢者には、後期高齢者医療制度の保険料負担もある。年金の給付水準はほぼ横ばいで推移しているため、高齢者の介護・医療保険料の負担が徐々に重くなってきていることがうかがえる。

　さらに、今後も高齢者人口の増加に伴い、要介護認定者や介護サービス利用者の増大が予想され、介護費用は増大していく。こうした介護費用を誰がどのように負担するのかということが、大きな課題である。

　これまで給付と負担の公平化や制度の持続可能性の確保の観点から、食費・居住費の自己負担化、介護予防の推進、利用者負担において 2 割・ 3 割負担の

導入等の措置が講じられてきた。今後とも保険給付費の伸びを抑制するための方策が必要であるが、保険料負担の増加や、国や地方自治体等の公費負担の拡大という方策も避けて通れない。

　抜本的には、制度の支え手（保険料負担者）を増やすために、被保険者の範囲の見直し（被保険者の年齢範囲を引き下げること）が検討される必要もある。

　(2)　**介護人材の確保問題**　　介護保険制度の実施により、介護分野で働く労働者が増加している。厚生労働省の調査では、2000（平成12）年には約55万人であった介護職員数は、2017（平成29）年では約195万人と、この14年間で約3.5倍に増加している。さらに、高齢化の進行に伴う要介護高齢者の増加から、介護職員の増員が必要となっている。厚生労働省によれば、第7期介護保険事業計画の介護サービス見込み量等に基づくと、2025年度末には介護人材が約245万人必要とされる。

　しかし、近年、賃金や労働環境等の処遇面の問題から、介護人材の確保難の問題が表面化した。このため政府は、介護職員の給与水準の引上げ等の処遇改善策を講じているが、都市部を中心に厳しい状況に変化はない。質の高い介護サービスが提供されていくためには、介護事業者の経営の安定や介護職員に対する適切な処遇が基本であるので、今後とも、介護報酬の適切な見直しや介護職の社会的評価の向上等に努めていく必要がある。

　さらに、外国人の介護職員の確保について、経済連携協定（EPA）によるインドネシア、フィリピン、ベトナムからの外国人介護福祉士候補者の受入れ、介護現場における技能実習生の受入れ、出入国管理法の改正による「特定技能1号」としての介護職員の受入れ等の措置が講じられている。

　(3)　**地域包括ケアシステムの構築**　　地域包括ケアシステムとは、「地域の実情に応じて高齢者が、可能な限り、住み慣れた地域でその有する能力に応じ自立した日常生活を営むことができるよう、医療、介護、介護予防、住まい及び自立した日常生活の支援が包括的に確保される体制」のことである。地域包括ケアシステムの実現のためには、高齢者の日常生活圏域（30分程度で駆け付けられる圏域。中学校区を想定）において、医療、介護、介護予防、住まい、見守り・配食などの生活支援という5つの視点での取り組みが包括的（利用者のニーズに

応じた、適切な組合せによるサービス提供）、継続的（入院、退院、在宅復帰を通じて切れ目のないサービス提供）に行われることが必要である。

　現在、各市町村において、第 1 次ベビーブーム世代が後期高齢者となる2025（令和 7 ）年度を見据えて、地域包括ケアシステムの構築に取り組むこととされている。地域包括ケアシステムの実現のためには、市町村が策定する介護保険事業計画において地域の実情に応じたサービス提供の整備目標・過程を明確にすること、地域包括支援センター事業の充実、介護予防・日常生活支援総合事業等の地域支援事業の着実な実施などが不可欠である。

コラム 6 - 1　日本、ドイツ、韓国の介護保険制度

　本文でも説明したとおり、2021年時点で先進国において介護保険制度を有している国は、日本、ドイツ、韓国の 3 か国である。まず、ドイツが先駆け（1994年法律制定、1995年 1 月実施）、次いで日本が続き（1997年法律制定2000年 4 月実施）、その後韓国が続いた（2007年法律制定、2008年 7 月実施）。

　3 か国の介護保険制度を比較すると、それぞれの国の介護政策に対する歴史や他の社会保険制度との関係などを反映して、類似点がある一方で相違点が多く、興味深い。

　まず、介護保険制度のつくり方であるが、ドイツと韓国では、公的医療保険の保険者が介護保険の保険者となり、被保険者の把握、保険料の賦課・徴収等の面で医療保険の仕組みを利用する「医療保険活用型」であるが、日本では、公的医療保険とは別の「独立型」であり、かつ、市町村が保険者という「地域保険型」である。

　また、被保険者の範囲については、日本では40歳以上の者というように年齢の制限があるが、ドイツと韓国では年齢制限はない。利用者の要介護度を認定してサービスを利用する手続きは同様であるが、要介護認定の方法は、日本と韓国ではほぼ同じであるが、ドイツは別の方法をとっている。給付面では、利用できる介護サービスの種類が最も多いのは日本である。また、ドイツでは現金給付（介護手当）が在宅の保険給付の相当部分を占めているが、日本では介護手当は制度化されていない。財源面では、日本の場合、公費の割合が50％と高いが、ドイツでは公費負担はなく、韓国ではその割合は小さい。

　このように 3 か国の介護保険制度の国際比較により、日本の制度の特徴や課題を理解することができる（さらに関心がある人は、増田雅暢編『世界の介護保障（第 2 版）』（法律文化社、2014年）を参照のこと）。

◎理解を深める問題

　近年、介護保険の現場では、介護職員の確保が困難になっている。介護職員の確保のために国は具体的にどのような政策を展開してきたのか。また、外国人労働者の確保策としてどのようなものがあるのか。これらについて調べて、これらの課題と今後の確保策を考えてみよう。

◎参考文献

増田雅暢『逐条解説　介護保険法（改訂版）』（法研、2016年）

増田雅暢『介護保険の検証』（有斐閣、2016年）

厚生労働統計協会編『国民の福祉と介護の動向2020/2021』（厚生労働統計協会、2020年）（毎年、新版が出版される）

『介護保険制度の解説（平成30年8月版）』（社会保険研究所、2018年）

厚生労働省『厚生労働白書』ほか各種統計資料（厚生労働省ホームページから情報を取得できる）

第**7**章

年金保険

公的年金保険制度は、被保険者が高齢になったとき、または障害状態になったときや生計を維持していた被保険者が死亡したときの所得の減少・喪失を補うために設けられた社会保険制度のひとつである。世界で最も高齢化率が高い超高齢社会の日本では、年金保険制度は社会保障制度の中で大変重要な制度になっている。本章では、年金保険制度の概要とその歴史、国民年金保険制度、厚生年金保険制度、企業年金、年金保険制度の現状と課題等について学習する。

1　年金保険制度の概要

公的年金制度の必要性　年金とは、定期的・継続的に支給される金銭のことをいう。日本に限らず欧米諸国をはじめとして、制度の内容は国によって異なるけれども公的な年金保険制度が整備されている。なぜ、私たちの社会では公的年金保険が必要だろうか。それは、公的年金制度がないとしたらどのような問題が生じるかを考えることで、公的年金制度の必要性について理解できる。

　第1に、高齢により労働収入を得ることができなくなる高齢期において年金を受給できることによって、日常生活を維持することができる。これを個人の努力だけ（たとえば貯蓄など）で対応しようとしても、一般的には不可能である。誰でもいつまで生きられるかわからない、長い人生の間に経済の状況や社会のあり方がどう変化するかわからないという「長寿のリスク」を抱えており、これに対して個人の努力による対応では限界がある。長い高齢期の生活保障のた

めには、公的年金保険制度による終身給付の年金が不可欠である。

第2に、年老いた高齢の親に対する扶養への対応がある。高齢の親に年金収入がなかった時代では、子どもたちが仕送り等により親の老後を支えていた。しかし、子どもたちにとっても自らの家庭生活や自分たちの子どもの教育費等の負担がある。高齢の親たちが自らの年金で自立した生活を送ることができれば、その子どもたちにとっても扶養負担の軽減というメリットがある。

このように、年金は人々の生活に大きく貢献する。そこで、社会全体で公的年金保険の仕組みをつくり、高齢期等における生活を支えることとしているのである。

公的年金の機能　日本の公的年金保険制度は、加齢や障害などによる稼得能力の減退または喪失に備えるための社会保険制度であり、年金によって高齢や障害となったときの所得の減少を補い、貧困から人々を守る防貧の機能や高齢期等における生活安定の機能を有している。

後述するとおり、公的年金保険制度における給付は、具体的には次のような役割を果たしている。

①高齢期における所得保障（老齢基礎年金や老齢厚生年金）

②重度の障害を負ったときの所得保障（障害基礎年金や障害厚生年金）

③被保険者の死亡後の遺族に対する所得保障（遺族基礎年金や遺族厚生年金）

このように公的年金には、高齢期の給付以外に、障害時の給付や遺族への給付がある。公的年金というと、高齢になった時に受ける老齢年金のイメージが強いが、障害者や遺族（配偶者や子どもなど）も公的年金保険制度の中で受給対象者となっていることは重要である。

公的年金保険制度は社会保険であるので、被保険者は保険料を負担する義務がある。もし、保険料を納めず保険料未納のままでいると、重度の障害を負ったときや高齢になったときに、年金が受け取れないという事態を招くことになる。

2階建ての年金保険制度　図7-1で示されているように、日本の公的年金制度は基本的には2階建ての仕組みである。満20歳以上から60歳未満の全ての人が加入する1階部分の国民年金と、1階部分に上乗せす

る2階部分の厚生年金保険がある。1階部分は基礎年金とも呼ばれる。

　日本に住所のある20歳から60歳までの人（国籍は問わない）は1階部分の国民年金に加入が義務づけられ、国民年金の被保険者となる。高齢期になったら基礎年金の給付を受けることができる。

　民間のサラリーマンや公務員等は1階部分の国民年金に加え、2階部分の厚生年金保険に加入する。2階部分の厚生年金は、基礎年金に上乗せする報酬比例年金である。2階部分は2015（平成27）年9月までは厚生年金と共済年金の二種類があった。共済年金は、国家公務員、地方公務員および私立学校教職員が加入する公的年金制度であった。被用者年金制度の一元化に伴い、共済年金制度が廃止となり、2015（平成27）年10月1日から国家公務員、地方公務員および私立学校教職員も厚生年金保険に加入するようになった。

　3階部分は、確定拠出年金、確定給付年金、厚生年金基金であり、これらは

図7-1　公的年金制度の仕組み

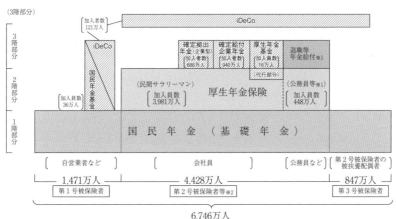

※1　被用者年金制度の一元化に伴い、平成27年10月1日から公務員および私学教職員も厚生年金に加入。また、共済年金の職域加算部分は廃止され、新たに退職等年金給付が創設。ただし、平成27年9月30日までの共済年金に加入していた期間分については、平成27年10月以後においても、加入期間に応じた職域加算部分を支給。

※2　第2号被保険者等とは、厚生年金被保険者のことをいう（第2号被保険者のほか、65歳以上で老齢、または、退職を支給事由とする年金給付の受給権を有する者を含む）。

出典：「令和2年版厚生労働白書」。数値は2019年3月時点。斜線部は任意加入

企業年金と総称される。就業先企業でこれらの制度が運用されている場合に被用者が加入する年金であり、厚生年金等に上乗せする給付になる。また、イデコ（iDeCo）や国民年金基金も公的年金に上乗せの年金である。

| 公的年金と私的年金 | 国民年金や厚生年金保険は公的年金といい、企業年金や生命保険会社等による個人年金は私的年金という。 |

公的年金保険制度は、社会保障制度の一環として、人々の生活の安定を図るために実施されている。一方、私的年金は、個人が任意で加入するもので、公的年金に上乗せしてより多くの年金を受け取ることを目的としている。一般的に、公的年金を土台にして、その上に企業年金や個人年金、あるいは個人の貯蓄などによって、老後の生活を支えることが望ましい。

公的年金は、強制加入であるが、①年金額が物価等に対応して変動することから実質的価値が維持されること、②生存している限り支給される終身の年金であること、③保険料の減免措置があるなどの特徴がある。一方、私的年金は、基本的に個人の自己責任のもとに加入するもので、年金の支給期間が限定されているものや、経済変動に対応して年金の実質価値の維持が困難になるものが多い。詳細は第9章「社会保険と民間保険」を参照。

| 年金保険制度の財政方式 —賦課方式と積立方式 | 年金保険制度の財政方式には「賦課方式」と「積立方式」の2つがある。賦課方式とは年金給付に必要な費用をその時々の被保険者（現役世代）が支払っている |

保険料で賄う方式である。賦課方式のメリットとしては、保険料が賃金の上昇とともに上昇するので、年金制度における被保険者と受給者の比率が安定していれば、賃金や物価などの経済変動に対応しやすい面がある。したがって、インフレに強く、賃金・物価の上昇に合わせて保険料を調整し、年金額を維持し易い特徴がある。さらに、金利の変動の影響を受けにくいというメリットがある。しかし、人口構成の変化の影響を受けやすい面がある。具体的には、少子高齢化が進むと被保険者数に対する受給権者数の比率が高くなり、年金制度の成熟度が上昇する中で、現役世代の保険料の引上げや公費の投入等の負担が避けられなくなる。

積立方式とは、将来の年金給付に必要な財源をあらかじめ積み立てていく方

式である。賦課方式とは逆に、少子高齢化による年金制度の扶養比率や年金制度の成熟度の影響を受けにくい。しかし、年金給付に必要な財源は基本的に積立金の運用によって決まるので、金利変動の影響を受けやすい。また、インフレには弱く、想定を超えて賃金や物価が上昇した場合には、現役世代の被保険者からの保険料の追加的負担や公費の追加投入等がない限り年金の実質価値の維持が難しくなる。

　日本の公的年金保険制度は、厚生年金、国民年金とも制度が発足した当初は積立方式であったが現在では、その後、実質的に賦課方式で運営されている。賦課方式は、現役世代の被保険者の保険料で高齢世代の年金給付を支える仕組みであり、現役世代が高齢世代を支え、その現役世代が高齢期になると次の世代に支えられるという構造になる。厚生労働省は、このことを「世代間での支え合い」と呼んでいる。

2　公的年金保険制度の歴史

戦 前 の 年 金 制 度

日本の公的年金保険制度の起源は、軍人や官吏を対象とする恩給制度に遡る。恩給制度は、特権的かつ恩賞的な性格が強く、事前の拠出は条件とせず、給付を賄うための財源は全額租税負担であった。

　1907（明治40）年に「国鉄共済」が設立された後に、専売、印刷、逓信、造幣などの職域に労使の掛け金を財源に共済組合が設立された。

　民間の一般被用者を対象とする年金保険制度は、1939（昭和14）年の船員保険制度が最初であった。ついで、1941（昭和16）年に男子工場労働者を対象とした「労働者年金保険法」が制定され、その翌年に実施された。この労働者年金保険法は1944（昭和19）年に改正され、一般職員と女子にも適用が拡大された。名称も「厚生年金保険法」になった。

戦　後　か　ら
福 祉 元 年 ま で の
年　金　制　度

1954（昭和29）年に、厚生年金の全面改正が行われ、定額部分と報酬比例部分の組み合わせという給付体系が採用された。1956（昭和31）年には、「公共企業体職

表7-1　日本の公的年金制度の主な歴史

1939（昭和14）年	船員保険法の制定
1941（昭和16）年	労働者年金保険法の制定
1944（昭和19）年	労働者年金保険法を厚生年金保険法に改称
1954（昭和29）年	厚生年金保険法の全面改正
1959（昭和34）年	国民年金法の制定
1961（昭和36）年	拠出製国民年金の実施（国民皆保険の実施）
1965（昭和40）年	厚生年金保険法の改正（1万円年金、厚生年金基金の創設等）
1969（昭和44）年	厚年法・国年法改正（2万円年金（国年は夫婦））
1973（昭和48）年	福祉元年（5万円年金の実現、物価スライドの導入等）
1985（昭和60）年	年金制度改正（基礎年金の導入等）
1989（平成元）年	年金制度改正（学生の強制加入、国民年金基金の創設等）
1994（平成6）年	年金制度改正（老齢厚生年金の定額部分の支給開始年齢の引上げ等）
1997（平成9）年	基礎年金番号の実施。JR・JT・NTTの3共済を厚生年金に統合
2000（平成12）年	年金制度改正（老齢厚生年金の報酬比例部分の支給開始年齢の引上げ等）
2001（平成13）年	確定給付企業年金法と確定拠出年金法の制定
2004（平成16）年	年金制度改正（保険料水準固定方式の採用、マクロ経済スライド方式の導入等）
2007（平成19）年	社会保険庁の廃止
2010（平成22）年	日本年金機構の発足
2012（平成24）年	社会保障・税の一体改革。年金機能強化法の制定（基礎年金の国庫負担1/2の恒久化等）
2015（平成27）年	年金生活者支援給付金の制定（2019年施行） 被用者年金一元化法の施行（厚生年金と共済年金を厚生年金に統一）
2016（平成28）年	短時間労働者の厚生年金保険への適用拡大の実施
2020（令和2）年	年金制度改正（短時間労働者の厚生年金保険への適用拡大等）

出典：筆者作成

員等共済組合法」が制定・実施された。1958（昭和33）年には「国家公務員共済組合法」が全面改正された。1962（昭和37）年には「地方公務員等共済組合法」が制定・実施された。この実施によって恩給制度が廃止となった。また、それまで厚生年金保険制度の適用対象であった私立学校教職員と農林漁業団体職員については、1953（昭和28）年に「私立学校教職員共済組合法」、1958（昭和33）年に「農林漁業団体職員共済組合法」が制定され、それぞれ翌年に実施された。

　昭和30年代に入ると、国民皆年金の実現が政治的課題となり、岸信介内閣の下で、1959（昭和34）年4月に、自営業者や農林漁業従事者等を対象にした国民年金法が制定された。同法は、拠出制年金部門と無拠出制の福祉年金部門で構成された。保険料負担が不要の無拠出制年金である福祉年金は1959（昭和34）年11月から実施され、保険料負担が必要な拠出制年金である国民年金は1961（昭和36）年4月から実施された。こうして、日本は、すべての国民が公的年金制度に加入する「国民皆年金」を実現した。

　1960年代から、日本経済は高度成長期を迎えた。税や保険料収入の増大を背景に、年金の給付水準の改善が行われた。厚生年金は、1965（昭和40）年に「1万円年金」を実現、厚生年金基金制度が創設された。1969（昭和44）年には「2万円年金」（標準的な厚生年金額2万円、国民年金も夫婦2万円）を実現した。

　1973（昭和48）年は、年金額の算定基礎となる過去の標準報酬の再評価、5万円年金の実現、物価スライド制の導入などが行われた。また、老人医療費の無料化が実現した。国民年金制度においても給付の改善が行われたこと等によって、1973年は「福祉元年」と呼ばれている。

1980年代の年金制度改正　1970年代後半に入ると、高齢化の進行によって年金制度の将来の財政的不安の問題が指摘されるようになった。本格的な高齢社会の到来に備えて、国民皆保険実施以来の年金制度の大改正が、1985（昭和60）年に行われた。1985年の年金制度改正の主な内容は次のとおり。

　①基礎年金の導入による制度の再編成：従来の公的年金制度は、「国民年金」「厚生年金」「共済年金」がそれぞれ独立した制度体系であった。このため、制度間格差や、国民年金の財政基盤の不安定等の問題があった。そこで、国民年

金は全国民共通の基礎年金を支給する制度とし、厚生年金と共済年金の被保険者も国民年金に加入すること、厚生年金と共済年金は報酬比例の年金を支給し、基礎年金に上乗せする制度として位置づけることになった。これにより、日本の公的年金保険制度は2階建ての年金制度に再編成されることになった。改正後の国民年金制度では、老齢基礎年金と障害基礎年金、遺族基礎年金を給付することとなった。

②給付水準と負担の適正化：年金の成熟化に伴う平均加入年数の伸長にあわせて給付水準の上昇を抑制し、保険料負担水準も従前よりも軽減するようにした。

③女性の年金権の確立：改正前の年金制度では、自営業者の妻は個人として国民年金に加入し、被用者（サラリーマン）の妻の場合は夫の年金で保障されるという形をとりつつ、国民年金に任意に加入することもできた。その結果、サラリーマンの無職の妻（専業主婦）で国民年金に任意加入していない場合は、離婚によって無年金になってしまうおそれがあった。さらに、夫の年金が世帯単位で給付されるため、妻が国民年金に任意加入している世帯や共働きの世帯の場合は、世帯単位の給付が行われるほかに妻名義の給付もされるので、重複して給付されることが生じていた。

これらの問題を解決するために、被用者の無職の妻にも国民年金への加入を義務づけた。これにより、サラリーマンの無職の妻は、仮に離婚になっても老後には自分の老齢基礎年金が支給されることとなった。こうして「女性の年金権」が確立された。保険料については、厚生年金保険等の被保険者全体で負担することになったので、妻自身は保険料負担は不要である。ただし、このことが後に、専業主婦は優遇されているのではないかという、いわゆる「第3号被保険者問題」を起こす一因となった。

1989（平成元）年の年金制度改正においては、従来、任意加入とされていた20歳以上の学生に対して、障害基礎年金の保障を受け得られるようにするため、国民年金に強制加入となった。また、自営業者などの第1号被保険者に基礎年金への上乗せ年金を支給する仕組みである国民年金基金制度が創設された。

1990年代の 年金制度改正	1994（平成 6）年の年金制度改正では、雇用と連携の取れた年金保険制度の構築や年金受給世代と現役世代

の負担のバランスを図ること等をねらいとして、老齢厚生年金の定額部分の支給開始年齢の引き上げ等の改正が行われた。1994年の年金制度改革の主な内容は次のとおりである。

①老齢厚生年金の定額部分の支給開始年齢の引上げ：特別支給の老齢厚生年金（60歳から65歳までに支給される老齢厚生年金）の定額部分の支給開始年齢を、2001年度から、従来の60歳から65歳へ段階的に引き上げることとなった。

②60歳代前半（60～64歳）の在職老齢年金の改善：高齢者雇用の促進を図る観点から、賃金の増加に応じて賃金と年金の合計額が増加する仕組みに改められた。

③給付と負担のバランスの確保：厚生年金の報酬比例部分の年金額の算定にあたって可処分所得スライド方式の採用や、特別保険料（ボーナスに対する保険料）が創設された。

④その他：育児休業中の保険料の免除などが実施された。

さらに、公的年金加入者に基礎年金番号が付けられることとなり、1997（平成 9）年 1 月から、基礎年金番号制度が実施された。1997（平成 9）年 4 月には、被用者年金制度の一元化に向けて、JR、JT、NTTの共済年金が厚生年金保険制度に統合された。

2000（平成12）年の 年金制度改正	2000年の年金制度改正は、年金総額の伸びの抑制や保険料負担の公平化等をねらいとして行われた。主な改

正内容は次のとおりである。

①年金水準と改定方式の見直し：給付総額を将来に向けて 2 割程度抑制に据えることとし、厚生年金額の算定や支給開始年齢、スライド方式などの給付総額抑制の手法を組み合わせて、将来の厚生年金（報酬比例部分）の額を 5 ％程度抑制した。結果として、夫婦 2 人分の基礎年金と厚生年金を合わせた標準的な年金の水準は、現役の男子被保険者の手取り年収の約 6 割に設定された。

②老齢厚生年金の報酬比例部分の支給開始年齢の引上げ：特別支給の老齢厚生年金の定額部分の支給開始年齢の引上げに続いて、報酬比例部分についても

従来の60歳から65歳へと段階的に引き上げることとされた。

③60歳代後半（65～69歳）の在職老齢年金制度の導入：65歳以上70歳未満の在職者に対して、厚生年金の被保険者として適用するとともに保険料の負担を求めることになった。また、賃金と年金の合計額が一定額を超える場合には老齢厚生年金の一部または全額を支給停止することになった

④総報酬制の導入：負担の公平化の観点から、厚生年金の保険料負担について賞与（ボーナス）も保険料賦課の対象とする総報酬制を導入することとし、これにより全体の保険料収入は維持できることから、保険料率は引き下げられた（17.35％から13.58％へ）。

⑤育児休業期間中の厚生年金保険料の事業主負担分の免除：「育児休業、介護休業等育児または家族介護を行う労働者の福祉に関する法律」に基づき、育児休業期間中の労働者の厚生年金保険料は、従来の被保険者負担分のほかに事業主負担分も免除されることとなった。

⑥学生に関わる国民年金保険料の納付特例制度の導入：学生本人の所得が一定額以下の場合は、申請によって年金保険料の納付が猶予されるようになった。

2004（平成16）年の年金改正　2004（平成16）年の年金制度改正では、長い将来にわたって年金制度を持続可能な制度にするため、保険料の上限固定やマクロ経済スライドの仕組みの導入などを中心に、給付と負担の見直しや多様な生き方、働き方に対応した制度の導入等、大幅な改正が行われた。主な改正内容は次のとおりである。

①基礎年金の国庫負担割合の引き上げ：基礎年金の国庫負担は従来は3分の1であったが、2分の1に引き上げることとなった。2004（平成16）年度から着手し、2009（平成21）年度までに完了することとした。

②保険料水準固定方式の導入：最終的な保険料水準を法律で定め、その保険料収入の範囲内で給付を行うこととされた。すなわち、厚生年金保険の保険料率は、2004（平成16）年10月から保険料率を毎年0.354％引き上げていき、2017（平成29）年9月以降は18.3％に固定、国民年金の保険料は2005（平成17）年4月から毎年280円引き上げ、2017（平成29）年度以降は月額1万6900円（2004年度価格）とすることが法律上明記された。

　③マクロ経済スライド方式の導入：毎年度の年金額の改定にあたって、賃金や物価の延びをそのまま使うのではなく、公的年金の被保険者数の減少や平均余命の延びを反映させて年金額を自動調整するマクロ経済スライド方式が導入された。これにより年金水準の上昇を抑制することにした。ただし、老後の生活の基本的部分を支える給付水準を確保するために、夫婦の基礎年金の分を含む標準的な厚生年金の世帯の所得代替率は、少なくとも現役世代の平均的な手取り収入の50％を上回る水準と決められた。ちなみに、年金の所得代替率とは、現役世代の平均的な手取り賃金に対する年金額の割合を示す指標であり、年金が現役時代の所得から置き換わるという意味である。2000（平成12）年の年金改正によって標準的な厚生年金受給世帯、つまり夫が平均的な所得で40年間就業し、妻がその間専業主婦であった世帯では所得代替率は59.3％であった。マクロ経済スライド方式の下では、2004（平成16）年度から所得代替率は次第に低下する。厚生労働省の試算では、2023（令和5）年度以後は50.2％になると見込まれた。

　④有限均衡方式の導入と財政検証の実施：年金の積立金について100年程度の財政均衡期間に活用する有限均衡方式を導入するとともに、少なくとも5年ごとに、年金財政の現況と財政均衡期間における見通しを作成し、財政検証を行うこととされた。もし、所得代替率が50％を割ると見込まれた場合には、マクロ経済スライド方式はいったん停止するなどの措置を講じることとされた。

　⑤育児休業期間中の保険料免除の拡充：育児休業中の保険料免除の対象者が1歳未満から3歳未満に拡充され、さらに、子が3歳になるまでの間、勤務時間短縮などの措置を受けて標準報酬が低下した場合は、子が生まれる前の標準報酬で年金額を算定することになった。

　⑥離婚時の厚生年金の分割：離婚したときに婚姻期間中の厚生年金記録に基づき、厚生年金を当事者間で分割できる制度が導入された。ひとつは、当事者の合意または裁判所の決定による「合意分割」で、婚姻期間中の夫婦の保険料納付記録の合計の半分を限度として、厚生年金を分割できる。もうひとつは、「3号分割」で、第3号被保険者期間（ただし、改正法が施行された2008年4月以降の期間に限る）について厚生年金の2分の1を分割できる。いずれも離婚をした

日の翌日から2年までが請求期限である。

　⑦若年者に対する納付猶予制度の創設：30歳未満の第1号被保険者を対象に、独身であれば本人の所得、既婚者であれば本人と配偶者の所得が一定額以下の場合は、申請によって保険料の納付が猶予されることとなった。

日本年金機構の発足　公的年金制度の業務運営を担当する行政機関として、1962年7月、厚生省の外局として社会保険庁が設立され、政府管掌健康保険とともに国民年金等の公的年金の業務を運営してきた。しかし、いわゆる地方事務官制度という組織上の問題や、2000年代に生じた個人情報漏えい問題、年金記録問題、職員の不祥事等から、社会保険庁に代わる新たな組織を創設することが政治上の課題として浮上した。その結果、社会保険庁を廃止し、健康保険の保険者として全国健康保険協会が、公的年金の運営業務については日本年金機構が担当することとなった。2007年に日本年金機構法が制定され、2009年末に社会保険庁は廃止、2010年1月に日本年金機構が発足した。

被用者年金制度の一元化　2015（平成27）年10月から「被用者年金一元化法」が施行され、厚生年金と共済年金に分かれていた被用者の年金制度が厚生年金に統一された。　共済年金には国家公務員共済、地方公務員共済、私立学校教職員共済の3つがあった。私立学校教職員共済は70歳未満の在職者を対象としていた。国家公務員と地方公務員共済では年齢の要件はなく、すべての在職者が組合員であった。しかし、2015（平成27）年10月からは厚生年金制度への統合に伴って、被保険者の年齢は70歳までとなった。

　従来の共済年金制度にあった職域加算部分は、共済年金制度が厚生年金制度への統合に伴って、職域加算、つまり、いわゆる3階部分の年金は廃止となり、新たな年金払い退職給付が創設された。

　共済年金は厚生年金に統合されたことによって、被用者年金制度の一元化が実現された。これに伴って、公務員や私立学校教職員の保険料率は引き上げられ、厚生年金の保険料率に統一されることになった。これまでの共済年金と厚生年金の差（いわゆる年金の官民格差）についても、基本的に厚生年金に揃えられ解消されることとなった。

| 社会保障・税一体改革に
伴う年金制度の改正 | 消費税率を引き上げ、その増税財源を社会保障の維持・強化に充てる社会保障・税の一体改革の一環として、 |

2012（平成24）年 8 月年金機能強化法等が制定された。この改正では、①基礎年金の国庫負担 2 分の 1 の恒久化（消費税率引上げの税収を活用して、2014年度から 2 分の 1 に恒久化）、②短時間労働者への厚生年金の適用拡大（内容は後述）、③年金受給資格期間の短縮（老齢基礎年金を受け取るために必要な保険料納付期間を「25年以上」から「10年以上」に短縮）、④産休期間中の社会保険料免除等が講じられることとなった。

　また、2012（平成24）年11月には年金生活者支援給付金法が制定され、消費税率10％への引上げにあわせ、低所得者である基礎年金受給者に対して月額5000円を基準に保険料納付実績に応じた給付（年金生活者支援金）を支給することとなった。

| 短 時 間 労 働 者 の
厚生年金保険への
適　用　拡　大 | 近年、パート労働者が急増していることから、厚生年金の適用拡大が課題とされてきた。パート労働者にとっては、厚生年金に加入することにより老後の年金 |

が充実するという利点がある。ただし、事業者側には厚生年金保険料の事業主負担が生じることになる。

　2012（平成24）年の年金機能強化法により、短時間労働者への厚生年金の適用拡大が図られることとなった。すなわち、2016（平成28）年10月 1 日から、勤務時間および勤務日数が常時雇用労働者の 4 分の 3 未満で、かつ、次の①〜⑤のすべてに該当する短時間労働者が、厚生年金保険制度に適用されることになった。

①週所定労働時間が20時間以上であること

②賃金が月額 8 万8000円以上であること（年収106万円以上）

③雇用期間が 1 年以上見込まれること

④学生でないこと

⑤従業員501人以上の企業

これによる拡大対象人数は約25万人と推計された。

　続いて、2020（令和 2 ）年の年金制度改正により、2022年10月からは従業員

101人以上の企業に、2024年10月から従業員51人以上の企業に適用拡大することとなった。これにより、適用対象者は約65万人増加すると見込まれている。

　短時間労働者には、第2号被保険者の配偶者が多く含まれており、こうした措置によって第1号被保険者または第3号被保険者から第2号被保険者に移動することとなる。

3　国民年金保険

国民年金の被保険者　国民年金は、20歳以上60歳未満の者は加入を義務づけられ、国民年金の保険料を負担する一方で、国民共通の基礎年金を受給できる制度である。被保険者は、加入形態および費用負担の違いによって、第1号被保険者、第2号被保険者、第3号被保険者の3つの種類がある。

　⑴　**第1号被保険者**　日本国内に住所を有する20歳以上60歳未満の者であって、かつ、第2号被保険者、第3号被保険者ではない者。具体的には、自営業者や農業者、厚生年金保険の適用を受けない短時間労働者、無業者等が該当する。

　⑵　**第2号被保険者**　民間企業の被用者（サラリーマン）や公務員など厚生年金保険の被保険者である。

　⑶　**第3号被保険者**　厚生年金保険の被扶養配偶者であって、かつ、20歳以上60歳未満の者。具体的には、大部分が無職の妻（いわゆる専業主婦）である。

表7-2　第1号・第2号・第3号被保険者の相違

被保険者の種類	保険料負担	年金給付の種類	被保険者数
第1号被保険者	定額の保険料	基礎年金	1,471万人
第2号被保険者	標準報酬の一定率（労使折半)	基礎年金に加えて、報酬比例の厚生年金	4,181万人
第3号被保険者	負担なし（第2号被保険者全体で負担)	基礎年金	847万人

出典：筆者作成、被保険者数は2019年3月時点

　第 1 号被保険者、第 2 号被保険者、第 3 号被保険者は、保険料負担の方法や受給できる年金に相違があり、それを整理したものが表 7‑2 である。

　なお、例外的に任意加入できる者がいるが、その例は次のとおりである。

　①60歳以上65歳未満の者で、老齢基礎年金の繰上げ受給はしていない、かつ20歳から60歳未満の間の保険料納付月数が480月未満、厚生年金保険に加入していないという条件を満たす人。

　②海外に居住する日本人で20歳以上65歳未満の者。

国民年金の保険料

　第 1 号被保険者の保険料は、月額の定額制である。2004年の年金制度改正による保険料固定方式により、2017（平成29）年度以降 1 万6900円（平成16年度価格）に固定されることとなった。実際の保険料額は、2020（令和 2 ）年度では 1 万6540円である。毎年、物価や賃金等の動向に応じて若干の変動がある。第 2 号被保険者と第 3 号被保険者については、厚生年金保険の各実施機関が拠出金という形で一括して負担しているので、個人が国民年金の保険料を納付する必要はない。なお、第 2 号被保険者の場合は、厚生年金保険料の中に基礎年金の負担分が含まれており、第 3 号被保険者の場合は、その基礎年金の負担分を第 2 号被保険者全体で負担しているので、個別の保険料負担はない。

国　庫　負　担

　国民年金の財政は、保険料と国庫負担によって賄われている。厚生年金保険の財政は保険料のみで賄われているのに対して、国民年金には巨額の国庫負担が導入されており、このことにより保険料負担が軽減されている。

　国庫負担の割合は、従来は基礎年金給付費の 3 分の 1 であったが、2004年の年金制度改正により、2009年度から 2 分の 1 に引き上げられた。引上げ財源として様々な方法が講じられたが、2016年度からは、消費税率の引上げ財源を活用することとされた。

保 険 料 の 免 除

　国民年金には、厚生年金とは異なり、保険料の免除制度がある。

　第 1 号被保険者の保険料には、「法定免除」と「申請免除」の 2 つの免除制度がある。法定免除は、生活保護法の生活扶助が適用される場合や、障害基礎

年金の受給権者である場合等に適用される。申請免除は、失業して所得が少ない場合など、保険料を納めることが経済的に困難な場合に、本人の申請手続きによって保険料の全額、または4分の3、2分の1、4分の1の4段階の免除がある。

保険料が免除された割合に応じて、年金給付額は減額される。全額免除の場合は、満額年金額の2分の1、保険料4分の3免除の場合は8分の5、保険料半額免除の場合は8分の6、保険料4分の1分免除の場合は8分の7の基礎年金が給付される。

免除期間は年金の受給資格期間に算入される。また、障害基礎年金と遺族基礎年金は免除期間があっても全額が支給される。免除期間の保険料は10年以内の期間分に限って追納できる。追納の保険料の額は免除を受けた時の保険料に一定額を加算した額になる。

学生の保険料納付特例制度　第1号被保険者としての学生は、本人の所得が一定額以下の場合、親の所得に関係なく申請によって保険料の納付が猶予される保険料納付特例制度がある。猶予期間中の事故等によって、障害基礎年金の支給の必要性が生じた場合は、全額支給される。ただし、老齢基礎年金に関しては保険料を追納しない限り、受給資格期間としては見なされるが、老齢基礎年金の額には全く反映されない「カラ期間」として扱われる。つまり、年金受給額は減額されることになる。学生納付特例期間分の保険料は、10年以内の期間分に限って追納ができる。

若年者納付猶予制度　若年者の納付猶予制度は2004（平成16）年の年金制度改正によって導入された。30歳未満の第1号被保険者は、親と同居していても独身であれば本人の所得を基準として、既婚者であれば本人と配偶者の所得を基準として、前年の所得が一定額以下の場合には、申請によって保険料の納付が猶予される制度である。給付および追納の扱いは学生の納付特例と同様である。

保険料納付猶予制度　若年者納付猶予制度は失業者やフリーターの増加に対応するために導入された制度であったが、2016（平成28）年7月以後は、納付猶予制度の対象者は30歳未満から50歳未満に拡大され、

表 7 - 3　公的年金の給付の種類

給付の要因	国民年金	厚生年金
老　齢	老齢基礎年金 　保険料を納めた期間等に応じた額	老齢厚生年金 　保険料を納付した期間や賃金に応じた額
障　害	障害基礎年金 　障害等級に応じた額 （子がいる場合は加算あり）	障害厚生年金 　賃金や加入期間、障害等級に応じた額
遺　族	遺族基礎年金 　老齢基礎年金の満額に子の数に応じて加算した額	遺族厚生年金 　なくなった人の老齢厚生年金の4分の3の額

（注1）賃金とは、正確には「平均標準報酬額」といい、厚生年金への加入期間中の給与と賞与（ボーナス）の平均額のことをいう。
（注2）障害等級は、基礎年金と厚生年金で共通。障害厚生年金（2級以上）受給者は、同時に障害基礎年金を受給できる。
出典：厚生労働省資料

名称も「保険料納付猶予制度」となった。

国民年金の給付の種類　国民年金の給付には、第1号、第2号、第3号を含むすべての被保険者を対象とする基礎年金と、第1号被保険者のみを対象とする独自の給付としての「付加年金」、「寡婦年金」、「死亡一時金」がある。基礎年金には、さらに「老齢基礎年金」、「障害基礎年金」、「遺族基礎年金」の3つの給付がある。

老 齢 基 礎 年 金　(1)　**老齢基礎年金の額**　老齢基礎年金は、20歳から60歳になるまで40年間（480月）にわたって保険料を納付した場合、満額の年78万1700円（2020年4月から）を受給できる（2020年度）。月額では約6万5000円となる。この額は物価変動等に応じて毎年若干改訂される。保険料の未納や保険料免除制度による免除で保険料納付期間が短い場合、その期間の長さに応じて減額される。

(2)　**老齢基礎年金の受給要件**　老齢基礎年金は、従来、受給資格期間が25年以上ある者が65歳に達した時に支給されることになっていたが、2017（平成29）年8月1日から「25年以上」から「10年以上」に短縮された。これにより保険

料納付期間が10年でも老齢基礎年金を受給できることとなった。ただし、保険料納付期間が10年の場合は、年金額は満額の4分の1となる。

　受給資格期間は、「保険料納付済み期間」、「保険料免除期間」、「合算対象期間」の3つを合計した期間のことである。合算対象期間とは、老齢基礎年金の資格期間として算入されるが、年金の受給額の計算の基礎には含まれない「カラ期間」のことである。具体的には、国民年金への加入が任意であった1961年4月から1986年3月までの間に任意加入しなかった専業主婦、あるいは1991年3月まで任意加入しなかった学生の期間などが該当する。

繰上げ受給と繰下げ受給

　老齢基礎年金は、原則として65歳になってから受給できる。ただし、本人の希望によっては、60歳から64歳までの「繰上げ受給」や、65歳を過ぎてからの「繰下げ受給」も選択できる。繰上げ受給の場合は、受け取る年金の額は減額される。減額率は0.5％×繰上げ請求月から65歳になる月の前月までの月数である。たとえば、60歳から受給すると、満額年金に対して30％の減額率になる。この減額率は一生変わらない。

　逆に、65歳以後に繰下げの場合は、本来の老齢基礎年金の額より一定の割合で増額した額が支給される。増額後の年金額は65歳になった月から繰り下げの申し出を行った月の前月までの月数に応じて、1か月増すごとに0.7％ずつ高くなる。たとえば、70歳まで繰り下げると、42％の増額率となる。

障害基礎年金

　国民年金制度では、被保険者が一定の障害状態になったときに障害基礎年金が支給される。

　障害基礎年金は、国民年金に加入している間、または20歳前（年金制度に加入していない期間）、もしくは60歳以上65歳未満（年金制度に加入していない期間で日本に住んでいる間）に、初診日（障害の原因となった病気や傷害について初めて医師または歯科医師の診療を受けた日）のある病気や傷害で、法令に定められた障害等級表の1級または2級の障害状態にあるときに支給される。

　障害基礎年金を受けるためには、初診日前に保険料納付済み期間（保険料免除期間を含む）が被保険者期間の3分の2以上あることが原則である。ただし、20歳前の年金制度に加入していない期間に初診日がある場合は、納付要件はない。なお、初診日に20歳未満であった者は、障害の状態で20歳に達したとき、

または20歳に達した後に障害の状態になった時から、本人所得の制限を条件に
障害基礎年金が支給される。

　2020（令和 2 ）年度の障害基礎年金の額は、 1 級は97万7125円（月額 8 万1427円）
である。 2 級の場合は、基礎年金と同額の78万1700円（月額 6 万5141円）である。
ちなみに、 1 級の障害基礎年金額は 2 級の1.25倍である。また、その障害者に
よって生計を維持されている18歳未満の子、また、20歳未満の障害等級 1 級、
または 2 級の子がいる場合は、子についての加算が支給される。第 1 子、第 2
子は 1 人につき22万4900円（月額 1 万8691円）であり、第 3 子以降は 1 人につき
7 万5000円（月額6233円）が支給される。

| 特別障害給付金制度 | 2005（平成17）年 4 月に特別障害給付金制度が創設された。この制度は、国民年金の任意加入期間に加入し |

なかったために障害基礎年金を受給できなかった障害者に対して、福祉的な措
置として2005年 4 月より特別障害者給付金を支給する制度である。支給の対象
者は、1991（平成 3 ）年 3 月以前に国民年金任意加入対象であった学生、または、
1986（昭和61）年 3 月以前に国民年金任意加入対象であった被用者の被扶養配
偶者であって、任意加入していなかった期間中に初診日があって、現在、障害
基礎年金 1 級、または 2 級に該当する人である。ただし、65歳に達する日の前
日までに該当する場合に限られる。2020（令和 2 ）年度の支給額は、障害基礎
年金 1 級に該当する場合は月額 5 万2450円であり、障害基礎年金 2 級に該当す
る場合は月額 4 万1960円である。また、支給額は毎年度の物価の変動に応じて
改定される他、本人の所得によって、支給額が全額または半額制限される。

| 遺 族 基 礎 年 金 | 遺族基礎年金は、次の①から④のいずれかに該当する時に、子のある配偶者または子に支給される。①国民 |

年金の被保険者が亡くなった、②国民年金の被保険者であった者で、日本国内
に住所がある60歳以上65歳未満の者が亡くなった、③老齢基礎年金の受給資格
者が亡くなった、④老齢基礎年金の受給資格期間を満たしている者が亡くなっ
た時、等である。

　①と②の場合は、死亡日前に保険料の納付済み期間と免除期間を合わせた期
間が被保険者期間の 3 分の 2 以上あることが必要である。ただし、2026（令和 8 ）

年４月１日以前の死亡については、死亡前の１年間に保険料滞納期間がない場合にも支給される。

　遺族の対象範囲は、死亡した者によって生計を維持されていた18歳未満の子をもつ配偶者または死亡した者の子である。なお、子とは、18歳未満の子または20歳未満の障害１級・２級の状態にある子である。

　2020（令和２）年度の遺族基礎年金は、配偶者に支給するときは、年額78万1700円と子の加算額になる。子の加算額は、第１子・第２子は各22万4900円が加算される。第３子以降は、各７万5000円が加算される。子に支給するときは、77万9300円に第２子以降の子の加算額を加えた額である。

第１号被保険者の独自給付

　第１号被保険者の独自給付として、「付加年金」、「寡婦年金」、「死亡一時金」の３つがある。

　付加年金は老齢基礎年金に上乗せする形の任意加入の制度である。毎月400円の付加保険料を納めて、200円×付加保険料を納めた月数で計算された年金が受けられる。付加年金には物価スライドは行われない。

　寡婦年金は第１号被保険者としての老齢基礎年金の受給権期間を満たした夫が死亡した場合に、10年以上の婚姻期間が継続していて、それまで夫により生計が維持されていた妻に、60歳から65歳になるまでの間に支給される年金である。年金額は夫が受給するはずの老齢基礎年金の４分の３に相当する額になる。

　死亡一時金は、第１号被保険者として保険料を３年以上納めた人が、老齢基礎年金または障害基礎年金のいずれも受けないままに亡くなったときに、遺族に支給される一時金である。受けられる遺族は、亡くなった人と一緒に生活していた配偶者、子、父母、孫、祖父母、または兄弟姉妹の中で優先順位の高い人である。死亡一時金の額は、保険料を納めた月数に応じて12万円〜32万円の範囲内である。

国民年金基金

　国民年金基金制度は、自営業者などの第１号被保険者を対象として、老齢基礎年金に上乗せして給付を行うことによって、老後の所得保障を充実させるために1991（平成３）年４月に創設された任意加入の制度である。

　国民年金基金の設立に関しては、都道府県単位で設立される地域型国民年金

基金と、同種同業の人によって全国単位で設立される職能型国民年金基金がある。地域型国民年金基金は、同じ都道府県内に住所を有する1000人以上の加入者で構成される組織であり、各都道府県にひとつ設立される。職能型国民年金基金は、同種の事業または業務に従事する人が3000人以上で日本全国でひとつ設立される。また、各基金が共同で設立する国民年金基金連合会があるが、国民年金基金を途中で脱退した人や解散した基金の加入者に対する年金原資の一元的な管理を行うほか、年金や遺族一時金の給付も行う。

　国民年金基金の加入者は国民年金の第1号被保険者であって、20歳以上60歳未満の者で、かつ保険料を納めている人である。また、60歳以上65歳未満の人で、国民年金に任意で加入している人も国民年金基金に加入することができる。第1号被保険者のうち、国民年金の保険料免除者や農業者年金基金の被保険者は加入できない。基金への加入は任意であるが、加入後は自己都合で自由に脱退することはできない。

　国民年金基金の給付・掛け金・資産運用または基金が支給する年金給付の型などは各基金が規約で定められている。年金月額は、原則として1口目2万円、2口目以降1万円となっており、加入者は自分で選択した口数に応じて掛金を納める。税制上、掛金は社会保険料控除となり、年金給付は公的年金等控除の対象となる。

　年金基金による年金の給付は、第1号被保険者の基礎年金に上乗せして給付される。第1号被保険者は公的年金では基礎年金のみの給付であるため、国民年金基金は、老後の年金充実策として重要な意味をもっている。

4　厚生年金保険

被　保　険　者

厚生年金保険は、被用者（サラリーマン）が加入する年金保険である。厚生年金の適用は、健康保険と同様に事業者単位で行われる。一定の要件に該当する事業所または船舶を適用事業所として、そこに使用されている70歳未満の人を被保険者とする。

　適用事業所としては、法律上、当然適用される強制適用事業所と、事業主の

申請によって適用される任意適用事業所がある。強制適用事業所は、常時従業員を使用する法人の事業所と、常時5人以上の従業員を使用する事業所・船舶（一部のサービス業等の事業所は除く）である。法人の場合、1人以上で適用になる。任意適用事業所は、強制適用を受けない事業所であって、かつ、事業主が使用する従業員の2分の1以上の同意を得て、認可を受けた事業所である。

適用事業所に勤務する常勤の労働者は厚生年金の被保険者となるが、短時間労働者については、1週間の所定労働時間および1か月の所定労働日数が一般従業員の4分の3以上であれば被保険者となる。また、前節で説明した通り、近年、パート労働者等の短時間労働者に対する厚生年金の適用拡大が行われている。

なお、厚生年金の被保険者は同時に国民年金の第2号被保険者となり、2つの制度に同時に加入することになる。

標準報酬と保険料　厚生年金では、健康保険と同様に、被保険者の受ける報酬の月額をもとにして、これをいくつかの等級に分けて報酬とする標準報酬制をとっている。これに保険料率を乗じたものが毎月の保険料額となる。そのうち被保険者は半分を負担し、残りの半分は、事業主負担となる。

2003年4月から総報酬制が導入され、月収（標準報酬月額）と賞与（標準賞与額）のそれぞれに同一の保険料率を乗じて保険料が算定される。

標準報酬月額とは、基本給の他、役付手当、通勤手当、残業手当等の各種手当を加えたもので、臨時に支払われるものや3か月を超える期間ごとに受ける賞与等を除いたものである。標準報酬月額は1等級の8万8000円から32等級の65万円までの32等級に分けられ、その等級に該当する金額のことである。個々人の標準報酬月額は原則として年に一度見直される。

標準賞与額とは、賞与（ボーナス）の支給総額から1000円未満を切り捨てた額をいう。標準賞与額の上限は150万円である。

保険料率は、2004年の年金制度改正により、2004年10月分から毎年0.354％ずつ引き上げられ、2017年9月以降は18.30％に固定されている。

なお、産前産後休業期間中や子が3歳に達するまでの育児休業期間中は、被

保険者本人および事業主の保険料負担は免除される。

　このように厚生年金保険の財源は、被保険者本人および事業主が負担する保険料であり、国民年金のような国庫負担はない。

保　険　給　付

厚生年金保険の給付には、老齢厚生年金、障害厚生年金および遺族厚生年金の3つがあり、一時金給付として障害手当金がある。これらの給付は、原則として基礎年金に上乗せして給付される。また、60歳から65歳未満の期間においては、特別支給の老齢厚生年金がある。なお、3級の障害厚生年金および障害手当金、夫、父母、孫、祖父母に対する遺族厚生年金は、基礎年金にはない厚生年金の独自給付である。

老 齢 厚 生 年 金

①老齢厚生年金は、厚生年金の被保険者期間のある者であって、かつ、老齢基礎年金の受給資格期間を満たした場合に、原則として65歳から支給される。後述するとおり、老齢厚生年金の額は、現役時代の報酬水準に対応した報酬比例の年金となっている。したがって、受給できる老齢厚生年金の額は個々人によって異なるが、日本年金機構から毎年送られる「ねんきん定期便」によっておおよその受給見込み額を把握できる。ちなみに、厚生年金加入期間中の平均標準報酬月額が40万円で35年間の加入期間の場合、基礎年金と老齢厚生年金とを合わせて月額約15万6000円程度となる（日本実業出版社『定年前後の手続きと生活プラン2018』（2018年刊）による）。なお、65歳への支給開始年齢引き上げの経過措置として、一定期間に生まれた者に対しては60歳から64歳までは特別支給の老齢厚生年金が支給される。

　②特別支給の老齢厚生年金の年金額は、定額部分と報酬比例部分からなり、支給開始年齢の引上げが完了するまでの間、経過的に支給される。定額部分については、2001年度から3年ごとに1歳ずつ引き上げられ、報酬比例部分については、2013年度から3年ごとに1歳ずつ引き上げられている。男性の場合は1961年4月2日以降、女性の場合は1966年4月2日以降に生まれた人たちには、特別支給の老齢厚生年金の給付はない。

　③65歳以降の老齢厚生年金は、老齢基礎年金に上乗せの形で支給される。年金額は報酬比例年金額と加給年金額を加算したものである。報酬比例年金額は、平均標準報酬額に支給乗率と被保険者期間の月数を乗じて算定される。した

がって、給与水準が高い人や加入期間が長い人の年金額が、そうでない人よりも高くなる。

　加給年金は、厚生年金の被保険者期間が20年以上ある者が受給権を取得したとき、その者によって生計を維持していた配偶者（65歳未満で一定の所得水準以下）、18歳未満の子または20歳未満の障害程度が１級・２級の子がある場合に支給される。

在職老齢年金　在職老齢年金とは、60歳以降、厚生年金に加入しながら受け取る老齢厚生年金のことをいう。年金額と賃金の月額の間で調整が行われ、年金額が減額される。賃金が高い場合は、年金が全額停止となる場合もある。

　60歳代前半の在職老齢年金は、次のとおりである。ア）賃金収入がある場合、賃金の月額（標準報酬月額に標準賞与を12で除したものを加えたもの）と年金の合計額が28万円になるまで、年金と賃金を併給、イ）賃金と年金の合計額が28万円を超える場合、賃金が47万円になるまでは賃金が２増えれば年金１を停止、ウ）賃金が47万円を超える場合、賃金の増加分だけ年金を停止。なお、2020（令和２）年の年金制度改正により、2022年４月から28万円は47万円に引き上げられ、65歳以上の場合と同様になる。

　65歳以上の在職老齢年金は、次のとおりである。ア）賃金と老齢厚生年金（報酬比例部分）の合計額が47万円に達するまでは、満額の老齢厚生年金を支給、イ）これを上回る場合には、賃金の増加２に対して、年金額１を停止、なお、基礎年金は支給停止せず、全額支給される。

障害厚生年金　障害厚生年金は、厚生年金の被保険者期間中に初診日のある傷病が原因で障害基礎年金に相当する障害（１・２級の障害）が生じた時に、障害基礎年金に上乗せして支給される。また、障害基礎年金に該当しない障害であっても、厚生年金の障害等級表の障害に該当する時には、独自の３級の障害厚生年金または一時金として障害手当金が支給される。障害厚生年金の支給要件のいずれも障害基礎年金と同様である。

　障害厚生年金の額は、１級では老齢厚生年金の報酬比例年金額の1.25倍、２級と３級では報酬比例年金額が基本である。１級と２級では、老齢厚生年金と

同様に配偶者加給年金額や子の加算額が加算される。報酬比例の年金額の計算式は、老齢厚生年金の報酬比例部分と同一である。ただし、被保険者期間の月数が300月に満たないときは300月分に増額される。3級には、最低保証額（2019年度年額58万5100円）がある。障害手当金（3級の障害よりやや程度の軽い障害が残った時の一時金）は、報酬比例の年金の2倍（2019年度最低保障額117万200円）である。

遺 族 厚 生 年 金　遺族厚生年金は、次のいずれかの者が死亡した時に遺族に支給される。ア）被保険者が死亡したとき、イ）被保険者であった者が被保険者期間中に初診日のある傷病により初診日から5年以内に死亡したとき、ウ）1・2級の障害厚生年金の受給権者が死亡したとき、エ）老齢厚生年金の受給権者または資格期間を満たした者が死亡したとき。

　遺族の範囲は、死亡者によって生計を維持されていた者で、妻、子または孫、55歳以上の夫、父母、祖父母である。ただし、夫は遺族基礎年金を受給中の場合に限り厚生年金も合わせて受給できる。子と孫は、18歳到達年度の年度末を経過していない者、または、20歳未満で障害基礎年金の1級、または2級に該当する者である。

　したがって、遺族が子のある配偶者または子のときには、遺族基礎年金と遺族厚生年金の2つの年金が支給される。その他の遺族には遺族厚生年金のみが支給される。遺族の優先順位については、配偶者と子、父母、孫、祖父母の順となっている。

　2007（平成19）年4月以後は、夫の死亡時に30歳未満で、かつ、子のない妻に対しては、支給される遺族厚生年金は、5年間の有期給付となった。

　遺族厚生年金の年金額は、報酬比例の老齢厚生年金の4分の3に相当する額に物価スライド率を掛けた額になる。被保険者期間が300月、つまり25年に満たさない場合は、300月とみなされ計算される。また、中高年齢寡婦加算、または経過的寡婦加算に該当する場合は、それぞれ加算される。

　なお、遺族厚生年金の受給権者が自身の老齢厚生年金の受給権をもつ場合は、2004（平成16）年の年金制度改正により、2007（平成19）年4月1日からは、本人の支払った保険料に基づく老齢厚生年金を優先的に全額受給した上で、それが、従来の遺族厚生年金の水準より低い場合は、その差額分を遺族厚生年金と

して支給する仕組みとなった。

5　私的年金

私　的　年　金
（企業年金・個人年金）
私的年金としては、企業に勤めているときに加入する企業年金と、就業とは無関係に個人で加入する個人年金がある。企業年金としては、確定給付企業年金や確定拠出年金（企業型年金）、厚生年金基金がある。個人年金としては、国民年金基金（国民年金保険の項で説明）や個人型確定拠出年金（個人型年金、イデコ（iDeCo）と呼ばれる）、生命保険会社の個人年金がある。

確定給付企業年金
確定給付企業年金（Defined Benefit：DB）とは、あらかじめ加入者が将来受け取る年金給付の算定方法が決まっているもので、資産の運用は企業が行う。確定給付企業年金法に基づくもので、2002（平成14）年に創設された。

　規約型企業年金と基金型企業年金の２つの形態がある。規約型は、事業主が従業員の同意を得て、制度内容を定めた年金規約に基づき、信託会社等の外部で年金資産を管理・運用する。基金型とは、事業主が従業員の同意を得て、別法人として設立された企業年金基金が、制度内容を定めた年金規約に基づき、年金資産を管理・運用する。2019年３月末現在、制度数は１万2959件、加入者数は約957万人となっている。

確定拠出年金
確定拠出年金（Defined Contribution：DC）は、あらかじめ事業主が拠出する掛金の額が決まっている制度で、資産は加入者が運用し、その結果により年金額が決定する。確定拠出年金法に基づくもので、2001（平成13）年に創設された。

　確定拠出年金には、事業主がその従業員を対象として確定拠出型の企業年金を行う企業年金型と、国民年金基金連合会が実施する個人型年金（イデコ）の２つの形態がある（イデコについては、後に説明）。企業型年金では、事業主が拠出限度額の範囲内で掛金を拠出する。規約で定めた場合、加入者の拠出（企業拠出の掛金を上限）も可能である。拠出された掛金は、加入者ごとに積み立てら

れ、その運用の指図は加入者自らが行うという自己責任の下にある。年金の額は、掛金とその運用収益によって決まる。2019年8月末現在、企業型年金の加入者は約721万人、個人型年金の加入者数は約135万人である。

厚 生 年 金 基 金　厚生年金基金は1966（昭和41）年に発足した制度であり、国の老齢厚生年金の一部を国に代わって支給する（代行給付）とともに、各基金独自の上乗せ給付を行うことにより、従業員に対して、より手厚い年金を給付することを目的としている。給付に必要な掛金は事業主から徴収され、事業主と加入者が負担する。厚生年金基金を設立している事業主は政府に対して代行給付に見合う厚生年金保険の保険料の納付を免除され、代行相当部分を含め基金が支給する給付に要する掛金を基金に納付する。

　確定給付型年金や確定拠出年金が登場するまでは、企業年金を代表する制度であり、ピーク時には、基金数は約1800、加入者数は約1225万人（1997年度末）に上り、厚生年金被保険者の3分の1までとなった。しかし、金利の低下等による資産運用環境の悪化等から基金ひいては企業の負担が重くなり、特に2007年のリーマンショックによる世界金融危機の影響で、基金の財政は大幅に悪化した。そこで、2013年の制度改正により、厚生年金基金は2014年度から原則10年以内に解散か他制度に移行することとされた。2018年度では、基金数は10、加入者数は約17万人にまで縮小した。

個 人 型 年 金
（イデコ（iDeCo））　確定拠出年金のうち個人型年金は、イデコ（iDeCo）と呼ばれている。イデコは個人で加入するもので、毎月一定の掛金を拠出し、あらかじめ準備されている定期預金や投資信託といった金融商品を選択して加入者自らが運用し、60歳以降に年金または一時金で受け取ることができる。掛金は全額税制控除（所得税や地方税の軽減）、利息や運用益は非課税、年金受取の際の税金控除といった税制優遇がある。ただし、60歳まで積み立てた資産は引き出すことはできない。

　高齢期に向けての自助努力による資産形成として注目されており、近年の制度改正で対象者の拡大措置や制度改善措置が図られている。2020年4月現在では、国民年金の第1号被保険者、企業年金加入者（一定の要件あり）、第3号被保険者、公務員等共済加入者が加入対象者となっている。

生命保険会社による 個　人　年　金	生命保険会社が販売している個人年金は、個人が自由に加入するもので、保険料を積み立て、それを原資と

して高齢期に年金として受給できる。年金額は契約時に決まっており、受給期間は10年間など有期であることが一般的である。個人年金保険料の一定額が税制の所得控除の対象となる。

6　年金保険制度の現状と課題

年金保険制度の現状	公的年金制度全体で見ると、2019（令和元）年度予算ベースで、保険料総額は38.9兆円、年金給付総額は

55.1兆円である。令和元年度の国の予算の一般歳出（国が行政事務に充てる費用）が59.9兆円であるので、公的年金の規模は国の一般歳出に相当するほど大きいことがわかる。基礎年金の国庫負担を中心に、国が年金制度に対して13兆円負担している。

　また、国民年金と厚生年金の積立金は、2018（平成30）年度末で166兆円の巨額になっている。積立金は、年金財政の安定化に活用されており、年金給付の財源に積立金の運用収入があてられている。2004年の年金制度改正においては、将来的に積立金を少しずつ取り崩して、最終的にはおおむね100年後に年金給付の1年分程度の積立金が残るような財政運営をすることとされた。

　2018（平成30）年度末において、国民年金制度では、第1号、第2号、第3号被保険者の合計は6499万人であり、老齢基礎年金等の受給権者数は3409万人である。国民年金の扶養比率（受給権者数に対する被験者数の倍率）は1.91となる。繰上げ・繰下げ受給を除いた老齢基礎年金の平均月額は、5万6000円であった。

　被用者年金制度では、被保険者数は4428万人であり、老齢年金の受給権者数は1898万人である。被用者年金の扶養比率は2.33となる。老齢厚生年金の平均月額は、14万8000円であった。収入が高く保険料の給付月数が多いほど年金額が高くなるので、平均月額は男性が高く、女性は低い現状にある。

　年金の国民生活への役割については、厚生労働省の国民生活基礎調査結果（2018年）で見ると、高齢者1世帯当たりの全国平均の収入335万円（年額）の

約6割を公的年金（恩給を含む。以下同じ）が占めている。また、高齢世帯の約5割が、収入のすべてが公的年金のみとなっている。このように公的年金は、国民、特に高齢者の生活に大きな役割を果たしている。

年金保険制度の課題　年金保険制度の課題として、制度設計のあり方、国民年金の財源確保、国民年金保険料の納付率、第3号被保険者のあり方、短時間労働者の厚生年金保険への適用拡大、高齢期の就労と年金受給のあり方など、様々な問題が指摘されてきた。

(1)　**制度設計のあり方**　年金保険の財政方式として採用されている賦課方式では、人口構成の変化の影響を受けやすく、将来一層進んだ高齢社会においては対応できないのではないかとして、積立方式への転換の主張があった。しかし、仮に積立方式へ転換するとなると、現在、年金を受給している高齢世代の年金の財源負担と、これから保険料を積み立てる現役世代の負担という「2重の負担」が巨額なものになることから、非現実的な案とされた。実際、欧米諸国でも公的年金制度は賦課方式で運営されており、これを積立方式に変換するような議論はない。

また、税財源をもとに全国民に共通の最低保障年金を給付するという提案もあった。しかし、その財源だけで消費税などの大幅な増税が必要になることから非現実的とされた。

結局、現行方式を維持しつつ、財政検証を行いながら、必要に応じ改善措置を講じるという方針が、現在の年金政策となっている。

(2)　**国民年金の財源確保の課題**　国民年金の財政安定化のために、基礎年金に対する国庫負担割合の拡大が長年の課題となっていた。2006（平成18）年度から、従来の国庫負担3分の1に加え、追加財源を投入して2分の1への拡大が図られてきた。2012（平成24）年の社会保障・税一体改革において、消費税率8％への引上げによる税収増を活用して、基礎年金の国庫負担割合2分の1が恒久化された。

(3)　**国民年金保険料の納付率の課題**　国民年金保険料の納付率が低い状態が続いている。厚生労働省が発表したデータによれば、2019（令和元）年度の納付率は69.3％であった。近年、国民年金保険料の納付率は少しずつ改善されて

いるものの、依然として70％に届かないままである。年金保険料の未納問題の背景は複雑であるが、若年世代の年金保険制度に対する不信感や、年金保険制度に関する知識の希薄さなども影響しているといわれている。国民年金財政全体で見ると、国民年金保険料の未納者は第1号被保険者に限られるので、納付率が70％に満たないからといって財政全体を不安定にさせるものではない。ただし、個々人的な観点から見ると、未納者は高齢期の基礎年金が減額され生活が苦しくなるおそれがある。基礎年金には国庫負担が半分入っていて保険料負担は軽減されているので、未納者は保険料納付に努めたり、負担能力がない場合には保険料免除制度を利用したりすることが必要である。

(4) **短時間労働者の厚生年金への適用拡大**　厚生労働省のデータによれば、2017（平成29）年3月末の国民年金第1号被保険者のうち、常用雇用者は8.9％、パート・アルバイト・臨時は31.4％を占めている。両者を合計すると、第1号被保険者のうち約4割の人は短時間雇用労働者である。この問題に対しては、2016（平成28）年10月から短時間労働者の厚生年金適用の拡大措置が講じられた（従業員501人以上の企業）。さらに、2022（令和4）年10月から従業員101人以上の企業、2024（令和6）年10月から従業員51人以上の企業に拡大されることとなっている（公的年金の歴史の項を参照）。

厚生労働省の2017年末時点のデータによれば、適用拡大によって厚生年金加入となった者のうち約4割が国民年金の第1号被保険者であり、その約半数が保険料免除または未納であった。したがって、短時間労働者の厚生年金への適用拡大は老後の厚生年金の給付の確保だけではなく、現役時代の基礎年金保険料の納付にもつながり、将来の無年金、低年金問題の解消にもつながった。

(5) **第3号被保険者問題**　今日の日本社会においては、核家族化が進み、世帯の形としては単身世帯が最も多くなった。1980年代に基礎年金制度が導入された時の「サラリーマンの夫と専業主婦の妻」というモデル世帯は、今日ではもはやモデル世帯ではなくなった。個々人の生き方に対して、より中立公平的な仕組みが求められている。第3号被保険者は、自らが保険料を負担しないにもかかわらず基礎年金の受給権を得ることから、第1号被保険者や単身の第2号被保険者から不公平でないか、あるいは専業主婦優遇でないか、といった問

題が指摘されてきた。

多くの第3号被保険者は被扶養者認定基準（年収130万円未満）の範囲内で短時間労働者として就労している。短時間労働者の厚生年金への適用拡大前の2015（平成27）年度には第3号被保険者は915万人いたが、適用拡大によって、2017（平成29）年度には870万人に減った。今後、短時間労働者の厚生年金への適用はさらに拡大されることによって、第3号被保険者問題も次第に軽減、解消されるものと見込まれる。

(6)　**高齢期の就労と年金受給のあり方の課題**　　国立社会保障・人口問題研究所の「日本の将来推計人口（平成29年推計）」によれば、2065年には、男性の平均寿命は84.95歳、女性は91.35歳になる見込みである。高齢期の就労と年金受給の在り方に関しては、平均寿命の延伸により、高齢期の長期化、高齢期の就労の拡大に応じた年金受給開始時期の選択肢の拡大や在職老齢年金制度の見直しなどが求められている。

年金の受給開始時期について、老齢厚生年金に関しては1990年代末から従来の60歳から65歳への引上げ措置が講じられてきた。年金受給開始時期の選択肢の拡大としては、2020（令和2）年の年金制度改正により、60歳から70歳の間となっている年金の受給開始時期が、60歳から75歳の間に拡大されることとなった。

在職老齢年金に関しては、年金保険制度は、本来は拠出した保険料を基に年金給付を行うことが原則であるために、就労し一定以上の賃金を得ている厚生年金受給の高齢者に対して、年金支給を一部停止することは合理性を欠き、積極的な就労を阻害するとの指摘がなされてきた。今後、さらに高齢期の就労が進むことが見込まれる中で、変化する高齢者の雇用環境に合わせて在職老齢年金制度を見直すべきであるとする意見がある一方で、在職老齢年金制度の単純な見直しは高所得の高齢者を優遇するものであるとの指摘もある。

2020年の年金制度改正の検討段階においてもこの点が論点となり、その結果として在職老齢年金制度は維持されることになった。ただし、60歳から64歳に支給される特別支給の老齢厚生年金を対象にした在職老齢年金制度については、支給停止とならない範囲を拡大することとなった。

(7)　**国際間の人的移動に伴う課題――社会保障協定の締結**　　経済のグローバル

化によって、外国に長期滞在している人々が年々増加している。海外に滞在している場合は母国と滞在先国のそれぞれの社会保障制度に加入する義務が生じてくることも多く、滞在先国と母国の年金の二重加入の問題があった。また、年金保険制度は保険料を長期間にわたって支払い、高齢期に年金を受け取る仕組みであるために、資格期間を満たす前に母国に帰国した場合は、年金受給資格が得られず保険料は掛け捨てになる問題があった。

これらの問題に対処するために、適用調整および保険期間通算を通じて二国間で協定を締結し、滞在先国と母国のどちらかの年金制度に加入すればよいことや、年金の加入期間を通算すること、などに関する協定が結ばれている。

ア）適用調整は、相手国への派遣期間が５年を超えない見込みの場合には、当該期間中は相手国の適用が免除され、自国のみを適用する。５年を超える見込みの場合には、相手国のみを適用する方法である。

イ）保険期間通算は、両国間の年金制度への加入期間を通算し、年金を受給するために最低必要期間が満たせば、それぞれの国の年金の加入期間に応じた年金がそれぞれの国から受給する方法である。

2019（令和元）年10月１日時点においては、日本は既に23か国との間で社会保障協定を署名済みであり、うち20か国は発効済みである。３か国とは署名済みの状態である。発効済みの20か国は、ドイツ、英国、韓国、アメリカ、ベルギー、フランス、カナダ、オーストラリア、オランダ、チェコ、スペイン、アイルランド、ブラジル、スイス、ハンガリー、インド、ルクセンブルク、フィリピン、スロバキア、中国等の20か国である。イタリア、スウェーデン、フィンランド等の３か国は署名済みであり、発効の準備中である。

コラム７-１　年金は自分でつくるもの

　公的年金というと、一定の条件のもとに誰でも同じような画一的な年金を受け取るというイメージがある。しかし、本章で説明したとおり、実は、年金は個々人によって大きく異なるものである。たとえば、基礎年金の繰上げ受給や繰下げ受給を選択すると、65歳受給の基礎年金額とは異なる金額になる。厚生年金は、給料の水準を反映した報酬比例年金なので、加入期間の長さと相まって、個々人で異なる。また、

制度上、加算や加給がある。さらに、３階建ての部分である企業年金や個人年金に加入すると、公的年金額に上乗せしてこれらの年金を受給できる。最近、高齢期の資産形成の一手段として、イデコの宣伝を目にしたこともあるだろう。このように、年金は、公的年金を基本にしつつ、企業年金や個人年金等を組み合わせるなど、自分で将来を見据えて設計するものである。

◎理解を深める問題

　　日本の公的年金保険制度について、将来破綻するのではないかという意見があるが、皆さんはどのように考えるだろうか。自分の考えについて、その根拠を示しながら整理しなさい。

◎参考文献

李忻他『社会保障論』（学校法人日本福祉大学、2020年）

一般財団法人厚生労働統計協会『保険と年金の動向』2019/2020（注．毎年、最新版が刊行される）

厚生労働省『厚生労働白書』（平成29年版、平成30年版）

厚生労働省「平成29年国民年金被保険者実態調査結果の概要」（平成31年）

厚生労働省「人生100年時代における年金制度の課題」（2019年）

社会保障審議会「社会保障審議会年金部会における議論の整理」（令和元年）

日本年金機構ホームページ（https://www.nenkin.go.jp）

第8章

労働保険

　労働保険は雇用保険と労働者災害補償保険の総称であり、社会保障の一分野に位置づけられるが、労働政策を遂行するための手段でもある。このため、拠って立つ考え方や給付・事業の内容は、年金、医療等の社会保険に類似する部分もあるが、異なる部分も多い。

　雇用保険は、単に失業中の所得を保障するだけでなく、失業の予防、雇用の促進といった機能ももつため、給付のあり方についてもそれに資するよう、様々な工夫が行われている。労働者災害補償保険は、労働者の福祉の増進を目的とするものの、事業主の災害補償責任を保険的手法によって担保するための、言わば事業主のための保険である。このため、労働災害発生のリスクに応じた保険料率の設定など、民間の保険原理に近い考え方で運営がなされている。

　通常、社会保障といえば、まず年金制度や医療保険を思い浮かべるであろう。労働保険の仕組みには、最初戸惑うかもしれない。しかし、労働政策の意図を探りつつ、他の社会保険とも比較しながら、制度の基本的考え方を理解するよう努力すれば、新たな発見を期待できるだろう。

1　労働保険制度の概要

　労働に関連する社会保険としては、雇用保険と労働者災害補償保険（以下「労災保険」という）があり、両者を合わせて労働保険と呼ばれる。いずれも政府が管掌し、厚生労働省が全国一本の制度として運営している。簡単にいえば、雇用保険は、労働者が事業主の都合で解雇されたり、自らの意思で仕事を辞め

たりした場合、一定期間、政府から現金が支給される制度である。他方、労災保険は、労働者が業務に起因する災害によって死傷したり、病気になったりした場合、政府から給付が行われる制度である。

　労働保険が存在することによって、失業や労働災害に遭ったとしても、労働者は安心して生活を営むことができるが、公的年金のような単なる所得保障制度ではないことに注意する必要がある。労働保険は、社会保障と労働政策の両面をもち、その給付・事業には様々な目的がある。たとえば、雇用保険は、労働者の失業中の所得保障を行うだけでなく、失業することを防いだり、再就職を促進したりするための給付や事業も行っており、労働政策の一手段としての性格を併せ持つ。

　労働保険制度の企画立案は、前述のとおり、労働行政を所管する厚生労働省が行っている。制度の運営は、厚生労働省の地方機関としての47の都道府県労働局、その下に複数置かれた公共職業安定所（ハローワーク）と労働基準監督署が行う。都道府県労働局は、公共職業安定所や労働基準監督署に対する指導を行うほか、労働保険料（雇用保険料と労災保険料を合わせたもの）の徴収を行っている。公共職業安定所は、雇用保険法による給付のほか、職業紹介や雇用促進関係の業務を実施しており、労働基準監督署は、労災保険法による労働災害の認定や給付を行うほか、労働基準法や労働安全衛生法の運用等に関する事務を行っている。

　また、公共職業安定所や労働基準監督署が行った処分に対する不服申立機関として、都道府県労働局に雇用保険審査官と労働者災害補償保険審査官が置かれている。それらの審査決定について不服がある場合は、厚生労働省に設置された労働保険審査会に再審査請求を行うことができる。

2　雇用保険制度

制度の目的・沿革　雇用保険制度の歴史は、戦後混乱期に生じた多数の失業者を救済するため、1947年に創設された失業保険に遡る。その後、経済変動や雇用動向を踏まえ、失業給付にとどまらず、失業予

防、雇用の改善、雇用機会の拡大などの機能が求められるようになり、1974年に雇用保険法に再編された。これにより、失業等給付の支給に加え、様々な事業が行われることになる。さらに、近年の高齢化、女性の社会進出、就業構造の変化、就業形態の多様化といった状況に対応し、適用される労働者の範囲の拡大のほか、求職者給付制度の見直し、育児休業給付、高年齢雇用継続給付、介護休業給付や教育訓練給付の創設といった制度の拡充が行われてきた。

　現在の雇用保険制度の目的は多様である。ひとつは、労働者が失業した場合の給付、雇用の継続を確保するための給付、教育訓練を受ける者への給付等を通じ、労働者の生活と雇用の安定を図るとともに、就職を促進することである。また、失業の予防、雇用状態の是正、雇用機会の増大、労働者の能力の開発向上等により労働者の職業の安定を図ることがもうひとつの目的とされている。雇用保険制度では、これらの目的を踏まえ、様々な種類の給付が行われるとともに、雇用維持や教育訓練を行う事業主に対する助成等を行う雇用保険二事業が実施されている。

適用対象となる事業と労働者

雇用保険法は、個人経営の農林・畜産・水産の事業で労働者5人未満のものを除き、労働者を雇用する全ての事業所に強制適用される。適用された事業主は労働保険料を納付する必要があり、適用事業に雇用される労働者は自動的に被保険者となる。ただし、所定労働時間が1週間に20時間未満である者、同一の事業主に31日以上雇用される見込みのない者、特別な身分保障のある国家公務員や地方公務員などには適用されない。また、昼間仕事をし、夜学に通っている者には適用されるが、昼間に学生である者には適用されない。

　被保険者には、65歳未満の常用労働者である一般被保険者のほか、65歳以上の高年齢被保険者、出稼ぎ労働者などの季節的に雇用される短期雇用特例被保険者、日雇労働被保険者といった4つの種類があり、それぞれの特性に応じた給付が行われている。

失業等給付

雇用保険の給付には、失業等給付と育児休業給付があり、前者は、求職者給付、就職促進給付、教育訓練給付および雇用継続給付に分かれる（図8-1参照）。以下では、主な給付を見て

図 8-1　雇用保険制度の体系

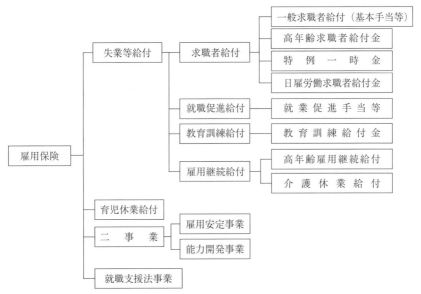

出典：ハローワークインターネットサービスの資料を改変

いく。

(1)　**求職者給付**　求職者給付には被保険者の種類に応じた給付が設けられ
ているが、その中心となるのは、一般被保険者に対する求職者給付の基本手当
である。

　一般被保険者が離職して基本手当を受給しようとする場合、まず、公共職業
安定所に行き、求職の申込みをすることが必要である。就職しようとする積極
的な意思があり、いつでも就職できる能力があるにもかかわらず、本人や公共
職業安定所の努力によっても就職できない状態にあることが基本手当を受給す
るための要件とされる。このため、結婚退職し、家事に専念しようと考えてい
る者、病気やケガ、出産や育児のためにすぐに就職できない者などは、基本手
当をもらうことはできない。また、離職前の 2 年間に雇用保険の加入期間が12
か月以上あることが求められる。ただし、倒産・解雇等によって再就職の準備

をする時間的余裕がなく離職を余儀なくされた者（特定受給資格者）や有期労働契約が更新されなかったことなどの理由により離職した者（特定理由離職者）の場合、離職前1年間の加入期間が6か月以上とされている。

　基本手当の受給期間は、90～360日の間で決定される（表8-1参照）。受給期間の上限となる所定給付日数は、被保険者であった期間が長いほど長く、離職時の年齢が高いほど長い。特定受給資格者や特定理由離職者の場合、定年や自己都合により退職する者に比べ、長く受給することができる。また、障害者の場合も、再就職には困難を伴うことから、所定給付日数は長く設定されている。

　基本手当の額は、離職日の直前6か月の平均賃金の50～80％である。賃金水準が低かった者ほど、その割合は高くなる。加入期間の長さは、基本手当の額には影響しない。

表8-1　求職者給付の基本手当の所定給付日数

(1) 一般の離職者

区分＼被保険者であった期間	1年未満	1年以上5年未満	5年以上10年未満	10年以上20年未満	20年以上
全年齢	—	90日		120日	150日

(2) 特定受給資格者・特定理由離職者

区分＼被保険者であった期間	1年未満	1年以上5年未満	5年以上10年未満	10年以上20年未満	20年以上
30歳未満	90日	90日	120日	180日	—
30歳以上35歳未満		120日	180日	210日	240日
35歳以上45歳未満		150日		240日	270日
45歳以上60歳未満		180日	240日	270日	330日
60歳以上65歳未満		150日	180日	210日	240日

(3) 就職困難者（障害者等）

区分＼被保険者であった期間	1年未満	1年以上5年未満	5年以上10年未満	10年以上20年未満	20年以上
45歳未満	150日	300日			
45歳以上65歳未満		360日			

出典：厚生労働省資料を改変

　基本手当の受給には、待機期間がある。公共職業安定所で受給手続きを行った後、7日間が経過しなければ、支給されない。短期間であれば、支給するまでもないという考えである。また、会社から解雇された場合には、待機期間終了後、すぐに受給できるが、自己都合で退職した場合、さらに3か月の給付制限期間を経過しなければ受給することができない。これは、安易な離職を防ぐための仕組みである。

　なお、高年齢被保険者に対する求職者給付は高年齢求職者給付金であり、高年齢者が失業した場合、引退につながることが多いため、手当ではなく、一時金が支給される。

　(2)　**就職促進給付**　　就職促進給付は、失業者の再就職の促進を目的とするものであり、就業促進手当、移転費等がある。就業促進手当のひとつである再就職手当は、基本手当の受給者が就職した時点で、所定給付日数の3分の1以上の日数が残っていた場合、一時金が支給される。これにより、所定給付日数の満了まで基本手当を受給しようとして就職するのをしばらく待つといったインセンティブは減じられることになる。

　(3)　**教育訓練給付**　　教育訓練給付は、日本的雇用システムの下、企業内で行われてきた教育訓練とは別に、労働者の主体的な判断による職業能力の開発や中長期のキャリア形成を支援し、雇用の安定と再就職の促進を図ることを目的としている。一般教育訓練給付金は、受講開始前の加入期間が3年以上であることなどの要件を満たす場合、厚生労働大臣が指定する教育訓練を終了すれば、受講費用の20％（上限10万円）が支給される仕組みである。

　(4)　**雇用継続給付**　　雇用継続給付は、労働者に就業継続が困難になるような事態が生じたとしても、就業意欲を維持できるよう支援する目的で設けられた制度である。雇用継続給付には、高年齢雇用継続給付と介護休業給付がある。

　高年齢雇用継続給付は、公的年金が支給される65歳までの就労を促すことを狙いとする。一般的には、定年後に再雇用や再就職となる場合、賃金水準は定年前と比べ大幅に低下する傾向が見られるが、働く意欲が失われることのないよう、賃金低下分の一部を補てんする仕組みである。

　介護休業給付は、家族介護を行う労働者の雇用継続を目的とする。育児・介

護休業法（育児休業、介護休業等育児又は家族介護を行う労働者の福祉に関する法律）により労働者が介護休業を取得する場合、家族の同一要介護につき1回の介護休業期間に限り、介護休業給付金が支給される。ただし、93日が上限であり、その額は休業開始時の賃金の67％である。また、労働者は、同一の家族について介護休業を3回まで取得することができるが、その家族につき介護休業給付金を受給したことがあったとしても、要介護状態が変化した場合には、再び取得した介護休業期間も介護休業給付金の対象となる。ただし、支給日数は通算して93日までである。

育児休業給付

育児休業給付は、育児休業期間中の所得を保障し、育児による離職を防止することを目的とする。労働者は、育児・介護休業法により、原則として1歳（保育所に入れない等の事情がある場合、2歳）未満の子を養育するために育児休業を取得することができるが、その場合、育児休業給付金が支給される。その額は、休業開始から6か月までは休業開始時の賃金の67％、6か月以降は50％である。父母ともに育児休業を取得する場合、子が1歳2か月に達するまでの間、父母それぞれが1年間休業を取得することができるが（パパ・ママ育休プラス）、この場合、子が1歳2か月に達する日の前日までに最大1年間、育児休業給付金が支給される。

財源

雇用保険の給付や事業に要する費用は、事業主と労働者（被保険者）の負担する保険料と国庫負担により賄われる。失業等給付と育児休業給付のための保険料は、賃金に保険料率を乗じて算定され、労使折半で負担されるが、労働者の負担分は給与からの天引きとなる。他方、雇用保険二事業のための保険料は、事業主のみが負担する。また、失業等給付などには、国庫負担が導入されている。これは、失業は企業の経営方針や労働者の意思によってのみ生じるのではなく、政府の経済政策や雇用政策とも無縁ではないことから、政府もその責任の一端を担うべきとの考えによる。

求職者支援制度

これまで見たとおり、労働者が失業した場合、基本的には基本手当が対応するが、制度から漏れてしまう者もいる。離職前に一定以上の加入期間がない場合、給付を受けることができな

い。新卒で就職できず、無職のままの若者、自営業を廃業した者などは、雇用保険に加入する機会もない。再就職が困難で失業期間が長引くと、基本手当の支給が終了してしまう。このような場合、家族の支えや十分な蓄えがない限り、生活が困窮し、生活保護を申請せざるを得なくなる。

　2008年秋のリーマンショック後、景気が急速に悪化し、失業率が大幅に上昇した。非正規労働者については、雇い止め、派遣切りといった形での雇用調整が大規模に行われ、失業者全体に占める長期失業者の割合も増加した。これにより、失業等給付を受給できない者の存在が健在化することになった。

　このような中で、2011年、失業等給付を受給できない者の早期の就職を支援し、その職業および生活の安定に資するため、「職業訓練の実施等による特定求職者の就職の支援に関する法律」が制定された（求職者支援制度）。失業に対する最初のセーフティネットである雇用保険から漏れた者が直ちに生活保護に陥ることがないよう、その中間にもうひとつのセーフティネットを設ける趣旨である。この制度による給付は、国庫負担と保険料を財源とする「就職支援法事業」として雇用保険の中に組み込まれたが、保険料を払っていない者に給付するという扶助的な性格をもつ。

　対象者は、失業等給付を受給できず、職業訓練等の就職支援を行うことが必要な求職者である。公共職業安定所のきめ細かな支援の下、職業訓練を受講する機会が与えられるとともに、収入・資産など一定の要件を満たす者に対しては、訓練期間中、月10万円の職業訓練受講給付金が支給される。ただし、訓練を欠席したり、就職支援を拒否したりすると、支給停止となる。

3　労働者災害補償保険制度

制度の目的・沿革　労災保険制度の目的は、業務上の事由または通勤による労働者の負傷、疾病、障害、死亡等に対して迅速かつ公正な保護を行うため、給付を行うとともに、被災した労働者の社会復帰の促進、遺族の援護、安全・衛生の確保等を図ることにより、労働者の福祉を増進することである。

労働者災害補償保険法は、1947年に労働基準法と同時に施行された。労働基準法では、労働者が業務上負傷しまたは疾病にかかった場合、使用者は自らの費用で療養を行うか、その費用を負担しなければならないとされる。これは、労働災害に対する事業主の補償責任を定めたものである。事業主に過失がなくても、補償が求められる。しかし、大規模な災害や中小企業である場合など、事業主が十分補償できないこともある。このため、事業主の災害補償責任を保険化し、労働者への補償を迅速かつ確実なものにする仕組みが労災保険である。事業主は保険者である政府に保険料を拠出し、政府が個々の事業主に代わって給付を行う。労災給付が行われた場合、個々の事業主は補償の責任を免れることができる。他方、労災給付で被災労働者が受けた損害のすべてを補償できない場合には、被災労働者は民事賠償を請求することが可能である。

労災保険制度ができるまでは、あらゆる傷病について医療保険が対応していたが、制度創設後、業務上の傷病と一般の傷病とは峻別されることになった。労災保険の対象は、当初、一定の事業に限られていたが、徐々に拡大し、1972年には全事業が適用となった。また、給付についても、事業主の災害補償責任の範囲を超えて拡充がなされ、補償の年金化、補償額の充実等のほか、通勤災害に対する給付、介護補償給付、二次健康診断等給付などの導入が行われた。

適用対象となる事業と労働者

労災保険は、労働者を使用するすべての事業に適用される。労働者が1人だけでも適用となる。ただし、雇用保険と同じく、労働者が5人未満である個人経営の農林・畜産・水産の事業は任意適用である。また、公務員については、国家（地方）公務員災害補償法の対象となるため、適用はない。

適用事業に使用される労働者は、雇用形態や雇用期間を問わず、適用となる。パートであれアルバイトであれ、労働基準法でいう労働者、すなわち事業所に使用され、賃金が支払われる労働者であれば、すべて適用される。雇用保険と異なり、労働時間の長さも問題とならない。

なお、労働基準法上の労働者でなくとも、その業務の実態などから事故に遭うリスクがあり、同様に保護を行うことが適当と考えられる者がいる。中小事業主やその家族従業者、一人親方（大工、左官等）、個人タクシーの運転手など

であり、これらは労災保険に特別に加入することが認められている。

給付の対象となる災害とその認定　労働保険の給付の対象となるのは、業務災害または通勤災害による負傷、疾病等である。以下、その定義と認定の考え方を見ていく。

(1)　**業務災害**　業務災害とは、労働者が業務上被った負傷や疾病、その結果としての障害や死亡をいう。労働基準監督署からその負傷等が業務災害である旨の認定を受けるためには、労働者が事業主に雇われ、その支配下にあること（業務遂行性）、負傷等が業務を原因とする災害によって生じたものであること（業務起因性）の2つの要件を満たすことが必要である。

業務上の負傷として認定するかどうかは、個々のケースの事実関係を踏まえて判断されるが、一般論をいえば、たとえば、職場にいても私的行為によって受けた負傷は業務外である。トイレのような生理的行為は業務に付随する行為とされ、その際の負傷は業務災害となる。社外での営業活動中に事故に遭った場合も、業務災害と認められる。東日本大震災のときには、仕事中に地震や津波による被害に遭ったケースも業務災害と認められた。

業務上の疾病は、事業主の支配下で労働者が有害因子にばく露したことにより発症した疾病である。アスベストによる肺がん・中皮腫、介護施設における腰痛といった職業病のほか、過労による精神障害などがあるが、その認定にあたっては医学的・専門的な判断が求められる。労災給付の対象となるのは、疾病の発症と業務との間に相当因果関係が認められる場合であり、具体的には、職場に存在する有害因子（放射線、粉じん等）に健康障害が起こるほどさらされ、その後に疾病が発症したといった要件を満たすことが必要である。たとえば、過労によるうつ病の場合、個人的要因とは関係なく、発病前の半年間に長時間の残業が続くなど業務による強い心理的負荷があったと認められれば、業務災害として認定されうる。

(2)　**通勤災害**　通勤中の事故により労働者が被った傷病等を通勤災害という。通勤とは、労働者が就業に関し、合理的な経路・方法により行う移動であり、①住居と職場との往復、②労災保険が適用される職場間の移動、③単身赴任者の赴任先住居と帰省先住居の間の移動が対象となる。通常の移動の経路を

中断したり、逸脱したりした場合は、その間およびその後の移動は通勤とはみなされない。たとえば、帰宅途中に居酒屋に立ち寄った後、事故に遭ったとしても通勤災害にはならない。ただし、中断・逸脱が日常生活上必要な行為（日用品の買い物、投票、通院等）を行うためにやむを得ない最小限度のものである限り、通常の経路に復帰した後の移動は通勤とみなされる。

保　険　給　付　　業務災害または通勤災害と認定されれば、保険給付がなされる。その内容は、業務災害と通勤災害ではほぼ同じである。ただし、名称は異なる。業務災害では、事業主の補償責任を明確化するため、たとえば、療養補償給付のように「補償」という文言が用いられているが、通勤災害では、事業主に補償責任はないため、単に療養給付と名づけられている。以下、主な給付を見ていくが、一般の傷病等に対する給付と対比すると、表8-2のとおりである。

(1)　**療養（補償）給付**　　労働者が業務災害等による傷病について労災病院（独立行政法人労働者健康安全機構が運営）や労災指定病院（都道府県労働局長が指定）に受診した場合、医療保険と同様、療養の給付（医療の現物給付）が行われるが、それらの医療機関以外で受診した場合、償還払い（現金給付）となる。また、業務災害の場合、労働者には責任はないため、医療保険のような自己負担はな

表8-2　労災保険と他の社会保険の給付

対応するリスク	業務災害等の場合 （労災保険）	その他の場合 （他の社会保険）
治療費の支払い	療養（補償）給付	療養の給付（健康保険法）
治療中の所得喪失	休業（補償）給付	傷病手当金（健康保険法）
治療が長引く場合の所得喪失	傷病（補償）年金	障害基礎年金、障害厚生年金 （国民年金法、厚生年金保険法）
障害者の所得喪失	障害（補償）給付	障害基礎年金、障害厚生年金
遺族の生活困窮	遺族（補償）給付	遺族基礎年金、遺族厚生年金
介護費の支払い	介護（補償）給付	介護給付（介護保険法）
葬祭費の支払い	葬祭給付または葬祭料	葬祭料（健康保険法）

出典：筆者作成

いが、通勤災害の場合、若干の負担が求められる。

　なお、後述のとおり、療養補償給付、したがって業務災害の件数が増えると、当該事業所の労災保険料率が引き上げられることになるため、実際には業務に起因する場合であっても、労働者に健康保険を使って受診させる「労災隠し」を行う悪質な事業所が見られる。

　(2)　**休業（補償）給付**　　休業（補償）給付は、業務災害等による療養のため働くことができず、賃金がもらえない日が 4 日以上になる場合、その 4 日目から支給される。その額は被災前 3 か月の賃金水準の60％相当である。なお、3 日目までは、事業主が休業補償を行う。

　(3)　**傷病（補償）年金**　　業務災害等による傷病が 1 年 6 か月を過ぎても治らず、それによる障害が傷病等級表に定める程度に該当する場合、休業（補償）給付から切り替わる形で、傷病（補償）年金が支給される。

　(4)　**障害（補償）給付**　　業務災害等による傷病が治癒した後、障害等級第 1 級から第 7 級までの重い障害が残っている場合、障害（補償）年金が支給される。また、第 8 級から第14級までの比較的軽い障害が残っている場合には、障害（補償）一時金が支給される。

　(5)　**遺族（補償）給付**　　業務災害等により労働者が死亡した場合、その遺族に遺族（補償）年金や遺族（補償）一時金が支給される。

　(6)　**その他の給付**　　(2)〜(5)の給付がなされる場合、労災保険の社会復帰促進等事業として、それぞれ特別支給金、特別年金等が上乗せして支給される。また、傷病（補償）年金や障害（補償）年金の受給者が介護を受けた場合、介護（補償）給付が支給され、業務災害等により死亡した場合には、葬祭料が支給される。さらに、定期健康診断で業務上の事由による脳・心臓疾患の発生のおそれが高いと診断されると、医師による二次健診と保健指導（二次健康診断等給付）が行われる。

　　　　財　　源　　労災保険の財源は、事業主が納める労災保険料のみである。業務災害に対する補償の責任は事業主にあり、労働者には責任がないため、労働者の負担はない。また、基本的には国庫負担もない。

労災保険では、所得など加入者の能力に応じた負担を求める他の社会保険と異なり、保険事故の発生確率に応じて保険料率が決められる。民間保険の考え方に近い。事業によって業務災害のリスクに違いがあるため、保険料率は事業の種類ごとに異なる。たとえば、放送、出版、金融等では保険料率は1000分の2.5であるのに対し、事故発生のリスクの高い金属鉱業や石炭鉱業では1000分の88となっている（2020年度）。また、事業の種類が同じであっても、事業主の災害防止努力の違いによって事故発生のリスクが異なるため、保険料負担の公平を確保し、災害防止努力を促す観点から、災害発生の多寡に応じて個々の事業所の保険料率に差をつける仕組みが導入されている（メリット制）。なお、災害発生のリスクに違いのない通勤災害のための保険料率は、全事業所で一律である。

4　今後の課題

日本経済は、長期的に見れば、人口減少に伴い労働力不足が深刻化しつつある。このような中で、2018年、長時間労働の是正、多様で柔軟な働き方の実現、雇用形態にかかわらない公正な待遇の確保等を目的とする働き方改革関連法が成立した。労働災害の防止、労働力の確保などの観点から制度の適切な運用が必要である。また、増加傾向にある副業・兼業に対応するための労働保険の制度設計も検討課題である。

当面の課題は、雇用保険財政の安定化である。2020年春からの新型コロナウィルスの感染拡大に伴い、多くの企業が事業を休止した。国は、休業手当を出しながら雇用を維持する企業に対し、雇用調整助成金（雇用保険二事業）を支給することとし、この財源として雇用保険の積立金が活用された。積立金は、近年の景気拡大を背景として4.5兆円（2019年度末）に達していたが、2021年度末には枯渇する見通しである。保険財政の立て直しが急務とされている。

コラム8-1　日本的雇用システムと長時間労働

　日本の雇用システムは、男性稼ぎ手・女性専業主婦モデルの下、新卒一括採用、企業内教育訓練、年功賃金といった点が特徴とされてきた。男性労働者は、卒業後直ちに正社員として採用され、社内で教育訓練を受け、多数の部署を経験しながら昇進し、不況期であっても雇用の安定が保障されてきた。しかし、就職した会社に人生を預けてしまうので、景気回復時に仕事が増え、残業を命じられれば、これを拒否することはできない。一方、女性は、主婦として家計を助けるためにパートタイム労働などに従事してきた。男女雇用機会均等法の施行以降、正社員として採用される女性が増加したが、雇用システムの変化は緩慢であり、男性中心の社内の意識もあまり変わっておらず、職場では男性と同様の働き方が求められることになる。こうして、女性も長時間の残業を行うようになり、晩婚化や出生率低下の一因となるだけでなく、うつ病の増加や過労による自殺も見られるようになった。長時間労働については、これまで一家の大黒柱である男性の雇用の安定を図るための必要悪とされてきた感があるが、長時間労働に対する関心の高まりは、従来の雇用システムのあり方に再考を促している。

◎理解を深める問題

　1）雇用保険とその他の社会保険（健康保険、年金保険）の給付の違い（水準、期間等）を比較し、その基礎となっている考え方の違いを整理してみよう。

　2）労災保険とその他の社会保険の財源（保険料、国庫負担等）を比較し、その基礎となっている考え方の違いを整理してみよう。

◎参考文献

厚生労働省「厚生労働白書」各年版

厚生労働省「労働経済の分析」各年版

厚生労働省ウェブサイト（https://www.mhlw.go.jp/index.html）

ハローワークインターネットサービス（https://www.hellowork.go.jp/）

公益財団法人労災保険情報センターウェブサイト（https://www.rousai-ric.or.jp/）

第**9**章

社会保険と民間保険

　私たちが生活する中で、重い病気、事故に遭う、家族を亡くす可能性はある。そのときの損失を保険会社が販売する「保険」で対応することがある。このような「民間保険」は、これまでの章で学んだ「社会保険」と同じような名前であるが、両者の性格や役割は大きく異なる。そこで、社会保険と性格が異なる民間保険について学ぶことで、人々の生活保障の手段が多様であることを理解することを目指す。

1　生活上の「リスク」とその対応

生活することは
リスクに囲まれている 少々ものものしいタイトルで始めるが、社会保障から少し離れた視点からものごとを見ることから始める。私たちはふだん何気なく日常生活を送っていると感じることは、困ったことが何も起きていないことを意味する。逆の見方をすれば、私たちが生活する中で困ったことに遭遇する可能性は誰にでもある。その例として以下のようなものを挙げることができる。恐らく一度は遭遇すると想像できる、実際に遭遇した、遭遇した人が周りにいる、という出来事ではないだろうか。

　病気やケガをする、（自分、家族、知人が）勤めている会社がつぶれる、交通事故に遭う、火災などの災害に遭う、飛行機に乗り遅れる、人と何かのトラブルになる、試験に落ちる、何か忘れ物をする、モノやお金をなくす、家族が亡くなる、など。

　こうした出来事は程度の違いはあるが、平穏な日常生活を脅かすリスクであ

る。一般的にこうしたリスクにどのように対応するかは、自分自身、家族、学校、職場で学び、自分の責任と能力で対応していくものである（自己責任）。しかし、遭遇するリスクのダメージが大きい場合、自分の力だけでは対応できない、つまり以前の生活を取り戻すことができないこともある。たとえば、大きな病気になれば自分で医療費を支払うことができない、家族を亡くした場合、たちまちのうちに生活に困ってしまう（特に働くことができない年齢の子ども）。人々はこれまで、そうしたリスクにはみんなで力を合わせて対応する工夫をしてきた。そのひとつが保険である。

保　険　と　は？

現在の私たちは、保険という言葉をどこかで見たり、聞いたりしながら生活している。保険と名の付くものとして、医療保険、年金保険、介護保険、入院保険、養老保険、火災保険、地震保険、損害保険、傷害保険、自動車保険、学資保険、海外旅行保険などがあり、誰でも一度は聞いたことがあると思う。

　そもそも保険をおおざっぱな言い方で定義すると、「みんなであるリスクに備えてお金（掛け金）を出し合い、そのリスクに遭遇した人にお金（保険金）を支払う仕組み」となるであろう。その場合でもどんな人が保険に加入でき、どのような条件を満たしたら保険金を支払うのか、みんなで出し合う掛け金の額はどのようにして決めるのか、保険に加入する人が納得する、きちんとした根拠のあるルールが必要である。保険を運営するにも、少なくとも保険金の支払いに必要な分の収入を掛け金で集めないといけない。その場合には、保険金の支払いが保険に加入した人の中で何％の確率で起きるのか、その場合いくら保険金を支払う必要があるのか、保険を運営する経費はいくらになるか、などを正確に計算する必要がある。これらをもとに、保険を運営する組織に赤字が出ないように、数学的かつ経営学的に正確な見通しを立てておかないといけない。詳しくはこの章の後で述べるが、その基本となるルールが「保険の原則」と呼ばれるものである。

　保険の仕組みには大きく2つあり、保険会社がお客に販売する生命保険などの「民間保険」、法律に基づいて政府が国民を加入させる「社会保険」がある。保険と名はつくが、両者は人々の生活を病気や死亡などの様々なリスクから守

るということでは共通している。しかし、その性格、役割は大きく異なる。この章ではそうした社会保険と民間保険の違いや役割、民間保険の種類について取り上げていく。

2 「社会保険」と「民間保険」に共通することと違うことは何？

「社会保険」と「民間保険」の共通すること　他の章で見たように、医療、年金、介護などの社会保険は、法律に基づいて対象となる国民（の一部）すべてを被保険者とし、彼らは収入などに応じて保険料を支払う。公費（税金）からの補助もある。法律に基づいて決められた条件を満たした者に、給付（医療保険では医療サービス、年金保険では老齢年金などの公的年金）が与えられる。このようにまとめると、病気や死亡など生活の様々なリスクに社会保険は対応している。しかし、社会保険は国民が遭遇するリスクのうち、基本的かつ標準的なものに対応しており、人々のあらゆる生活上のリスクに対応しているものではない。そうした社会保険が対応しない、個別の生活上のリスクに対しては民間保険が大きな役割を果たしている。このように両者はそれぞれ人々の生活上のリスクに対応しているが、役割が大きく異なる。しかし、保険と名が付くので、社会保険と民間保険は「保険の原則」に基づいて仕組みが作られていることは共通している。

保険の原則をひとことで説明すると、①大数の法則に従った給付・反対給付均等の原則、②収支均等の原則、に従うこと、となる。

まず前者については、たとえばコインを投げて表裏を出してみると、最初の何回かは表だけまたは裏だけが出続けることがある。しかし、何十回、何百回と繰り返していくうちに、表も裏も同じくらいの回数がでる。これが大数の法則である。つまり、世の中には健康な人、病気がちな人がいるように、ある人が病気や事故に遭う可能性は人によって大きく異なる。しかし、大人数で病気になる可能性を考えると、ある一定の確率に収まる。そこで、その確率に見合う形でみんながそれぞれ掛け金を払っておけば、病気になった人に必要な医療費を渡すことができる、という訳である。こうした考え方をリスク分散という。

そして、保険の掛け金はリスクが発生したとき（ここでは病気になったとき）に受け取る保険金に病気になる確率をかけて得られる値である期待値と等しくなるようにしておけばよい。これが給付・反対給付均等の原則である。

　次に後者は、保険の加入者が支払う掛け金の総額は保険から支払われる保険金の総額と一致することを意味する。そうしないと保険は赤字になるか（保険会社が破産する）、不必要にお金を貯めこむ（掛け金に見合った保険になっていないので、誰も加入しない）ことになる。

　これらが保険の基本原則と呼ばれるものであり、社会保険、民間保険ともに、保険の技術を用いていると説明されることがある。

社会保険と民間保険が違うところ

ところが現在の社会保険と民間保険を比べると多くの違うところがある。それをまとめたものが表9-1である。まず、社会保険は他の章で見たように、法律に基づいて制度が作られている。そのため、法律で対象者とされた人は全員加入し、保険料を納めなければならない。保険料は法律に基づいて、収入や資産に基づく計算、1人当たりいくらという決まった金額により決められている。対象者全員を保険に加入させるので、低所得者には保険料を軽減、または免除する仕組みがあったり、保険料の水準を抑えるため公費（税金）からの補助があったりする。その結果、給付・反対給付均等の原則は、くずれている。こうした仕組みも法律に基づく。給付内容も、法律に基づいて決められており、年金であれば高齢期の生活の一定水準を賄う形で、医療では包括的ではあるが一般的な内容の診療サービスなどが提供される。

　一方、民間保険は保険会社と保険に加入したい人との契約で成り立つものである。契約とは保険に入りたい人と保険会社の合意で結ばれるものであり、両者の関係は対等である。契約はどのような内容で結んでも良い（民法でいう契約自由の原則）。そのため、民間保険は様々な内容の保険商品を提供する。詳細は後で述べるが、社会保険が対象としない医療費、公的年金を上乗せする形のもの、火災や地震、交通事故などに必要と考える備えができる保険などがある。ただし、給付が充実すればするほど、掛け金である保険料は高くなる。そのため高い保険料が支払える人は、給付が充実した保険に加入でき、そうでない人

表 9-1 「社会保険」と「民間保険」の違い

	社会保険	民間保険
制度	法律（国民年金法など）に基づく	契約に基づく（法律で監督）
保険者	国や地方自治体などの公的組織で非営利	保険会社など営利組織が中心
被保険者	強制加入（法律で決められた対象者）	任意加入（契約をしたい＋保険料が払える人）
保険料	定額、定率	契約内容による
給付内容	決められた内容	契約により多様
給付水準	基礎的な保障で定額か定率	個人の必要と保険料負担能力に応じた内容
所得再分配機能	あり	個人の給付と負担の関係が明確
経営破たん	なし	民間企業ではありうる
事務経費などの追加負担	なし	手数料などの負担あり
経済変動への脆弱性	インフレなどにやや強い	弱い
税金などからの補助	公費からの補助、雇用主からの保険料負担あり	全額自己負担

出典：石田（2005）などをもとに筆者作成

は給付の内容は薄くなる。場合によっては保険料が払えない低所得者は民間保険には加入できない。

　保険を運営する組織も、社会保険は、国や地方自治体、法律に基づく非営利団体である。国家が存続する限りは保険の運営は可能である。一方、民間保険は、保険会社などの民間の組織が運営している。他社との競争に負けたなどの理由で会社がうまく経営できない場合は、経営破たんもありうる。そうした場合は公的な保護がある場合を除いて契約していた保険は無効となる。なお、わが国では経営破たんした民間保険の契約を保護する公的な仕組みがある（各種の条件がある）。

　以上のとおり、社会保険は法律に基づく強制加入で、保険料や給付も法律で

決められる。一方で保険料負担での低所得者への配慮があるといった面もある。つまり、社会保険は社会構成員全員での相互扶助の側面があるものの、福祉的な面もある。一方で民間保険は、保険会社と加入者の契約によるものであり、保険の契約内容が自由である代わりに、その費用は自分で負担できるものでなければならない。経営破たんもありうるので、保険会社の選択も自己責任となる。このように、社会保険と民間保険は大きく異なるものである。

社 会 保 険 と
民 間 保 険 の 関 係　社会保険と民間保険には保険の技術を使うという共通点はあるが、相違点の方が多い。両者は全く別物と言ってもいいくらいである。それでは、両者は全く関係がないものと言っていいのであろうか。実は、社会保険と民間保険の関係ははっきりした考え方が定まっていない。しかし保険論という学問分野の立場から、両者の関係、というより役割分担を示す考え方が示されている。それは「三層構造論」「三本柱論」という考え方である。その考え方の形を図9−1にまとめた。どちらの考え方も人々の生活上のリスクに対する国、企業、個人による保障の役割を取り上げている。しかし、その役割の位置づけに違いがある。

　まず三層構造論では、生活上のリスクのうち基礎的なものへの対応は国が担い、その上に企業保障と個人保障がある。つまり、医療、年金などの分野で基本的かつ全国民に共通な内容の保障は、法律に基づく公的な制度で担う。公的な制度による保障以上の保障が必要な場合は、企業や個人による保障がその役

図9−1　社会保険と民間保険の関係

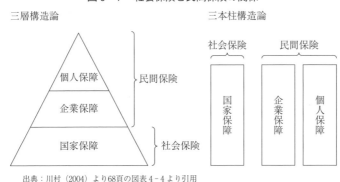

出典：川村（2004）より68頁の図表4−4より引用

割を担う。企業保障は、従業員の福利厚生、よい人材の確保などを目的に行われる。個人保障は自分が必要な備えを自己責任で行う。年金を例に挙げると、公的年金の存在を前提に、退職後の生活をより豊かにするために、企業は企業年金を準備する。掛け金は労使折半（働く人と会社が半分ずつ負担）、場合によって（労使の合意に基づくことが多い）は会社の方が多く掛け金を出すこともある。退職後にもらえる企業年金の額は掛け金とそれを運用した成果で決まる方法、あらかじめ金額をルールで決めておく方法などがある。こうした企業年金の運営は保険会社などの民間企業がその会社から委託されて行う。それとは別に個人が保険会社や銀行などが提供する年金保険を契約することもできる。その場合も公的年金の存在を前提に、高齢期になっていくら生活費を確保したいか、そのためには若いうちからいくら掛け金を払っておけばよいかなどを保険会社などと相談する。そうした相談の中で自分にあった年金保険の商品を選択する。企業保障や個人保障は、当事者の自由、選択、合意をもとに成り立っているものである。

　次に三本柱論は、国、企業、個人による保障はそれぞれ並立したものであるという考えである。つまり三者の関係が対等になるといってもよい。その場合、国家が基礎的な保障、企業や個人がその上乗せ保障、という図式が必ずしも成り立つわけではない。基礎的な保障を企業や個人が担う場合もある。たとえば、公的な医療保険に加入したくない場合は、同じような内容の民間保険への加入を義務づけ、保険会社にもそうした保険の提供を義務づける、というものである。その場合でも企業保障や個人保障の部分は民間保険が担う。

民間保険の役割

民間保険が社会保険と大きく異なる性格があり、社会保険との関係も複数の考え方がある。それでは、民間保険が実際にどのような役割を果たしているのかを、社会保険との関係で考えると、どのようにまとめることができるのであろう。

　ひとつ目には、民間保険は社会保険と代替関係にあるという考え方である。医療保険を例に挙げると、社会保険としての医療保険に加入しない人（法律で加入対象とならない、これを適用除外という）は、同じ内容（保険料、給付内容）の民間保険会社が提供する医療保険に加入するということである。こうした関係

が成立するには、医療保険の法律の中で社会保険としての医療保険に加入しない人は、同等の内容の民間保険に加入しなければならない、と決めておかなければならない。そうしないと、民間保険にも加入しない、民間保険に加入してもその保障内容が、社会保険の医療保険よりも十分でない（たとえば、通院のみで入院は保障しない）、という問題が出てくる。

　2つ目には、民間保険は社会保険を補足する関係にあるという考え方である。医療保険でいうと、社会保険の医療保険が給付の対象としない費用（例：入院費用のうち差額ベッド代など）を民間保険からの保険金で賄うという場合である。民間の介護保険でも、社会保険としての介護保険が給付と対象としない費用を賄うために様々な介護保険の商品がある。また、生命保険に介護給付がついていることもある。年金保険の場合、社会保険の年金保険が老後の基本的な生活を支えるものである。民間保険の年金保険は、老後のゆとりある生活のために、社会保険に加えて個人が加入する個人年金、企業が従業員のために提供する企業年金がある。わが国では、民間保険は社会保険を補足する性格が強い。

　このように、社会保険と民間保険の関係として、代替関係と補足関係がある。わが国では民間保険は、主として社会保険が対象としないものを対象とする補足関係にあるといえる。

　なお、自動車保険（任意加入のもの）、地震保険、最近増えつつある病気になったときの休業補償保険（生活費を給付）、海外旅行保険のように、自動車の運転、自宅の保有、個人の考えなどから来る個人のニーズに基づいて加入する保険もある。これらは民間保険会社が提供している。

3　民間保険の種類

保険事業者の分類

民間保険を提供、販売するのは誰であろうか？　誰でも好きなように保険商品を作り、販売できるのであろうか？　わが国では保険業法という法律に基づき、保険業を行いたい場合は、政府の免許（許可）が必要である。保険とは、病気やケガ、死亡、各種事故という人々の生活上のリスクから、そのダメージを最小限に食い止めるための仕

図9-2　保険業を営む者の分類

(1) 保険業法によるもの

(2) 個別の法律によるもの・その他

制度共済：JA（農業協同組合）、生活協同組合、中小企業等共済組合
　制度の根拠となる法律に基づいて運営

その他：企業や労働組合などの内部の共済、小規模な共済など
　独自ルールで運営

出典：金融庁資料、桜井（2014）をもとに作成

組みであり、大きな金額のお金も動く。そのため、人々の生活にとって不可欠な仕組みであり、保険を大切な財産として守る必要がある。そのため、保険業についてのルールが法律で決まっているのである。また、JA（農業協同組合）、生活協同組合などは、保険業法以外の法律をもとにして設立されている。彼らも保険業に類似の共済事業（会員を対象にした保険事業）を行っている。

　図9-2は保険業を行う者を分類したものである。まず保険業法に基づく保険業として、生命保険業と損害保険業がある。これらを営むには政府の免許が必要であり、生命保険業免許と損害保険業免許の2種類がある。それぞれを営む会社が生命保険会社、損害保険会社となる。前者は後で述べる第1分野と呼ばれる生命保険（人の死亡や生存に対応する保険）、後者は第2分野と呼ばれる損害保険（偶然の事故による損害に対応）を取り扱う。第3分野と呼ばれる医療保険などは両者とも取り扱うことができる。

　保険業法に基づく保険業として少額短期保険事業がある。これは、保険業のうち保険金額が少額（病気による重度障害や死亡の保険金で300万円以下など）、保険期間1年（第2分野については2年）以内の保険である。これを営む者は少額保険事業者であり、政府への登録が必要である。

　保険業法以外の法律、たとえば農業協同組合法が根拠となる保険としてJAの共済がある。その他に生活協同組合、中小企業等共済組合による共済がある。これらはJAなどの会員を対象としており、それぞれの制度の根拠となる法律に基づいて運営される。さらに、企業や労働組合がその構成員を対象に運営する共済がある。これらはその組織独自のルールで運営される。

民間保険の商品の種類　上記で述べた保険会社などが提供する保険にはどのような種類のものがあるのだろうか。すでに少し触れているが、保険業法での分類に基づいてまとめたものが表9-2である。

　まず生命保険があり、これは第1分野と呼ばれる。具体的には人の生存や死亡に対する保険であり、人が亡くなったり、ある年齢まで生存していたりする場合に保険金を支払う保険である。主な保険商品として、人が亡くなったときに保険金を支払う死亡保険がある。生命保険としてよくイメージされるのはこ

表9-2　民間保険の商品の分類

分類	補償する内容	保険金支払い	主な保険商品の種類
第1分野 (生命保険)	人の生存・死亡	定額払い	死亡保険（亡くなった場合に保険金を支払う） 生存保険（契約した期間以上に生存した場合に保険金を支払う） 養老保険（死亡保険と生存保険の混合型保険）
第2分野 (損害保険)	偶然な事故	実損払い	火災保険、地震保険（個人および企業） 自動車保険（任意加入のもの、個人および企業） 海外旅行保険 賠償責任保険（企業）、貨物保険（企業）など
第3分野	傷害・疾病など	定額および実損払い	医療保険、介護保険 傷害保険（風水害などによるケガの補償） 就業不能障害保険（病気やケガで働くことができなくなった場合に収入を補填）

出典：金融庁資料、日本損害保険協会資料などから筆者作成

れではないだろうか。反対に、契約した期間によりも長く生存した場合に保険金が支払われる生存保険もある。そして両者の要素がある養老保険がある。これらの保険の保険金は契約に基づいて決められた金額が支払われる。

次に損害保険があり、これは第2分野と呼ばれる。具体的には偶発的に起きた事故の損害への補償に対する保険である。たとえば、火災保険では住宅が火災に遭ったときに住宅の再建、家財の購入などの費用が保険金として支払われる。地震保険は火災保険とセットで契約されるものであるが、地震による住宅などへの損害を補償する保険である。自動車保険（任意加入）は、交通事故による死亡（歩行者をはねた、同乗者が亡くなったなど）、ケガ、物的な損害賠償（車をぶつけて壁を壊したなど）、自分の車両の損害などを補償するものである。保険商品によっては、自転車運転中に与えた損害（賠償）が補償される場合もある。損害保険は人の生活上の損害だけでなく、企業活動の損害からも守るものもある。たとえば、火災保険は企業の建物も対象となるし、従業員が業務中にお客にケガをさせた、自社の製品を使ったお客がケガをした場合の賠償責任保険、輸送中や保管中の貨物に損害が生じたときの保険などである。なお、損害保険からの保険金は実損払い（損害の程度に応じた保険金支払い）である。

さらに第3分野としての保険がある。これは第1分野と第2分野の中間に位置する分野といえるが、具体的には、医療費、介護費用、傷害への損害などを補償する保険である。医療保険と介護保険は社会保険（医療保険および介護保険）が給付の対象としない費用、たとえば病院の差額ベッド代などを補填する保険である。就業不能障害保険は、病気やケガで働くことができなくなった場合に足りなくなった収入を補填する保険である。傷害保険は風水害などによるケガの補償をする保険である。これらの保険では保険金は定額または実損払いである。

1990年代中頃までのわが国では、生命保険と損害保険が明確に分かれていた。しかし1990年代半ばから保険業が規制緩和され、たとえば、生命保険（損害保険）会社が子会社を設立した形での損害保険業（生命保険業）参入（1996年）、第3分野における生命保険会社と損害保険会社の子会社による参入解禁（2001年）などを挙げることができる。特に、第3分野は大きな注目を集め、医療保険、

介護保険などで多くの保険商品が開発、販売されている。

　なお民間保険のうち、自動車損害賠償保障法に基づく自賠責保険、原子力損害賠償任意保険などは、民間保険会社により運営されている。しかしこれらは国の政策的な目的で開発された保険である。

　このように、わが国の民間保険はこの3つの分野で多くの商品が提供されている。

コラム9-1　再保険会社

　人や企業にとってダメージを与える出来事への補償を行うための商品を提供するのが保険会社の仕事である。しかし、ひとたび大災害が起きて保険金の支払い請求が短期間に急激に増えると、保険会社が準備できる資金だけでは必要な保険金が支払えない可能性もある。そうした場合保険会社が経営破たんする恐れがある。こうしたことを防ぐために、保険会社は再保険料を払って再保険会社に加入する。つまり保険会社の経営安定に大きな役割を果たしているのが再保険会社である。その例として、ミュンヘン再保険、スイス・リー（スイス再保険）、ロイズなどの世界的な再保険会社がある。一方でわが国の再保険専門の会社として、トーア再保険、日本地震再保険などがある。

「民間保険」を選ぶときの留意点

　民間保険は社会保険で給付しない費用を補填、公的年金の上乗せとなる所得補償機能を果たすなど、社会保険を補完する役割を果たしている。しかし、民間の保険会社は人々のニーズに応じて多種多様な商品を提供しているため、その内容を自分が必要とする保障に見合っているかをよく検討する必要がある。また、保険料は全額自己負担であるので、保障内容が十分でも保険料が収入に見合っていないこともある。生命保険料などに対しては、所得税や住民税の税額控除を受けることができるが、家計にとって重すぎる負担にならないよう検討する必要もある。さらに、社会保険を運営する政府部門との大きな違いであるが、民間保険事業者には経営破たんリスクがある。健全な経営を行っているかなどを、公開されている経営資料などから判断することも重要である。

◎理解を深める問題
　1）社会保険と民間保険との違い、民間保険の役割をまとめてみよう。
　2）保険事業者の分類、保険商品の種類についてまとめてみよう。

◎参考文献
　川村匡由『社会福祉普遍化への視座──平和と人権を基軸にした人間科学の構築』
　　（ミネルヴァ書房、2004年）
　石田重森「私的保障を担う民間生命保険」『週刊社会保障』法研、第2346号、2005年、
　　24-25頁
　桜井健夫「保険に関する法律（2）　保険業法」『国民生活』国民生活センター、第
　　25号、2014年8月号、29-32頁

第**10**章

生活保護と社会福祉

　本章では、生活保護制度と社会福祉の諸制度について学ぶ。本書のこれまでの各章で、日常生活上の多様なリスクに対応するために用意された様々な社会保障制度について、社会保険制度を中心に学習してきたが、これらの制度をもってしても、リスクの顕在化や、それに伴って生じる生活困窮を完全に防ぐことは難しい。

　生活保護は、なんらかの要因によって生活困窮に陥ってしまった人々に対し必要な給付や支援を行い、憲法25条にいう「健康で文化的な最低限度の生活」を保障するための制度である。生活保護には、社会保障における「最後のセーフティネット」としての重要な位置づけと役割が与えられている。

　本章では、生活保護制度について理解を深めるとともに、個別の生活支援ニーズに対応するための社会福祉制度、社会手当制度についても概観しておくこととしたい。

1　生活保護とは

生活保護の役割　生活保護は、誰にでも生じうる貧困・生活困窮に対応して、必要な保護を行い、すべての国民に「健康で文化的な最低限度の生活」を人権として保障するための制度である。

　生活保護の役割は大きく分けて2つある。第1は、社会保障の体系における「最後のセーフティネット」としての役割である。本書で学ぶ他の社会保障制度だけでは、人生の各期において遭遇する可能性のある生活困窮や貧困を完全

に防ぐことは残念ながら不可能である。生活保護は、そのような際に必要とされるものである。

第2は、生活保護制度において、最低限度の生活水準を定めることによって、国民に保障されたナショナル・ミニマム（国家的最低限）を示す、という役割である。このナショナル・ミニマムを示す生活保護の基準は、ここへ来て段階的に見直されており（この点については後述する）、その点を含め、ナショナル・ミニマムや生活保護制度は、現在大きな転換期を迎えている。

このように、生活保護は、社会保障体系における（ということは社会全体における）最後のセーフティネットとして重要な役割と機能を果たし、私たち国民の生活を底支えしている。

2　生活保護の仕組み

生活保護の目的（役割）　生活保護法１条は、生活保護の目的（役割）として、「最低生活保障」と「自立助長」の２つを掲げている。

(1)　**最低生活保障**　憲法25条の保障する生存権の理念を具体化し、国民に健康で文化的な最低限度の生活を保障することが、生活保護の第一義的な目的である。そのために生活保護法は、保護の基本原理、基本原則、保護の種類・方法等について具体的に規定している。

(2)　**自立助長**　しかし、人間の尊厳（人たるに値する生活）を保つためには、最低限度の生活を保障するだけでは十分とはいえない。そこで生活保護法は、利用者の自立の助長を第２の目的として掲げている。

では、ここにいう「自立」とはどのような生活状態を指すのであろうか。従来、一般的に自立とは、保護を受けずに済むようになった状態、すなわち経済的に自立している状態を指すものと考えられてきた。しかし、生活保護受給世帯には、高齢者世帯、障害者世帯などのように、社会的にハンディを負っているものも多く、また、これらの世帯は長期にわたって保護を受け続ける傾向が強い。そのような世帯に、単に経済的な自立だけを求めることが妥当か、という問題がある。

　この意味で、生活保護法にいう自立とは、単なる経済的自立だけではなく、利用者が社会的弱者としてではなく、生活保護を含む社会保障制度等を活用しつつ、社会の中で主体的に生活していく、「社会的自立」ないし「人格的自立」の観念を含むものという理解が一般的となってきている。憲法13条に規定される「個人の尊厳、生命・自由・幸福追求権」の理念もこのことを裏打ちしている。

　生活保護には、とかくそれを受けること自体が恥、といったネガティブなイメージがいまだに根強いのも事実である。だが、上記のような自立の理念や、個人の尊厳の理念に照らせば、保護はすべての国民に認められた権利であり、利用者が権利主体として尊重されなければならないことはおのずから明らかであろう。現在の保護の現場においても、このような理念の転換と、その具体化に向けた取り組みが行われつつある。

基　本　原　理　生活保護法は、保護の土台となる基本原理として、以下の４つを定めている。

　(1)　**国家責任の原理（生活保護法１条）**　　生存権が国民に保障された基本的人権であることから、その具体化である保護の実施責任も第一義的には国家が負うことになる。そこには、貧困の発生要因が必ずしも個人ではなく、社会にあることが社会的に容認され、その結果、基本的人権として生存権が保障されるに至ったという歴史的背景がある。

　(2)　**無差別平等の原理（生活保護法２条）**　　生存権に基づく保護請求権が「すべての国民」に認められた権利である以上、国民は、法に定められた要件を満たす限り、無差別平等に保護を受けることができる。このことから、保護の対象者に年齢や性別などによる制限を設けることはできず、生活困窮に陥った要因も問われない。

　無差別平等との関係で問題となるのが、日本に在留する外国人に生活保護が適用されるか、という点である。生活保護法１条および２条が、生活保護受給権の対象者を、文言上「すべての国民」と規定しているためである。

　この点については、1954（昭和29）年の古い厚生省通知によって、永住者などの定住外国人に対して保護を「準用」するという取り扱いが行われている（保

護の内容自体は日本人と同水準。ただし、留学生や不正規滞在の外国人には保護自体が認められない）。あくまでも「準用」なので、その保護は法的な権利に基づくものではないとされており、不服申立てや訴訟の提起も認められてこなかった。これに対し、永住資格を有する外国人は日本人と同様の待遇を受ける地位が法的に認められているとする高裁判決（高訴訟・福岡高判平成22・11・15）が2010（平成22）年に出され、注目されたが、その上告審（最判平成26・7・18）は、これを否定し、二審判決を破棄している。

(3) **最低生活保障の原理（生活保護法3条）**　生活保護法3条は、最低生活について規定している。これは憲法25条の理念を改めて確認したものである。何をもって「健康で文化的な最低限度の生活」というかは難しい問題であるが、制度のうえでは、生活保護法8条に基づいて厚生労働大臣が定める保護基準などによって具体化される。

　問題は、この保護基準設定にあたり、厚生労働大臣の裁量がどの程度まで認められるのかという点であるが、この点についてはじめて争われたのが有名な「朝日訴訟」である。この訴訟では、生活扶助（後述）における入院患者日用品費（訴訟当時の1956（昭和31）年度で月額600円）が生存権の理念に照らして低額に過ぎるのではないか、という点が争われたが、最高裁（最判昭和42・5・24）は「……何が健康で文化的な最低限度の生活であるかの認定判断は、いちおう、厚生大臣の合目的的な裁量に委されており……」として、基準の設定について、厚生大臣（当時）の広範な裁量権を認めた。

(4) **保護の補足性（生活保護法4条）**　(i) 保護の補足性の意義　保護の補足性は、他の社会保障制度にはない生活保護独自の考え方であり、制度の運用上も重要な意味をもつ基本原理である。

　現代社会における私たちの日常生活は、「自己責任」が基本である。私たちは、自身の生活のために、あらゆる自助努力を尽くすことが求められる。しかし、それでもなお最低限度の生活を維持することが不可能な場合に、その不足分を補う形で生活保護が機能する。逆にいえば、個人が自身に可能な自助努力を尽くした後でなければ、保護は受けられないということである。このことを示したのが生活保護法4条の保護の補足性の原理である。

　(ii)　保護の要件としての補足性　　生活保護法４条は、まず第１項で、保護
を受けるための「要件」として、「資産、能力、その他あらゆるものの活用」
を求めている。これが上記の「自助努力」に相当する。これについて、以下も
う少し具体的に見てみよう。

　(a)　資産の活用　　まず、「資産を活用する」とは、一定額以上の現金や預
貯金、自動車、不動産、貯蓄性の高い保険など、換金可能なものの一切を処分・
換金することをいう。

　しかし、「活用」のためにすべての資産を処分して、丸裸の状態になってしまっ
たのでは、最低限度の生活すら維持できなくなってしまい、かえって制度の趣
旨を損ねることになる。そこで、保護に際しても、最低限度の生活の維持に必
要な一定の資産については保有が認められている。

　(b)　能力の活用　　この場合の能力とは労働能力（稼働能力）のことを指す。
健康で労働能力があり、なおかつ適当な働き口がある場合には保護は認められ
ない。しかし、現在のような経済状況下で、思うように就職先が見つからない
ような場合に、単に労働能力があり、それを活用していないとの理由のみで保
護を認めないとする取扱いには慎重な判断が求められる。

　この点が直接争われた事例として、林訴訟（一審：名古屋地判平成８・10・30
判時1065・34、二審：名古屋高判平成９・８・８判時1653・71）、新宿七夕訴訟（東京
地判平成23・11・10）などがある。

　(iii)　保護に「優先」する事項　　次に生活保護法４条は２項で「民法上の扶
養義務者による扶養」および「他の法律による扶助」が保護に「優先」して行
われるべき旨を定めている。「要件」とは異なり、あくまでも「優先」である
ため、保護にあたってこれらの事項が必ず実施されなければならない、という
わけではない。たとえば「扶養義務者による扶養」については、保護開始後に
扶養義務者からの仕送りなどの支援があった場合に、それが収入として認定さ
れるという程度に過ぎない。また、「他の法律による扶助」（他法・他施策）に
ついては、生活保護が社会保障体系における「最後のセーフティネット」であ
るとの位置づけから、他の社会保障制度などによる給付が受けられる場合には、
そちらの活用が優先となる（生活保護における他法優先の原則）。

| 基　本　原　則 | 基本原理とならんで、生活保護制度運用上の指針となる基本原則が4つ定められている。 |

基本原理とならんで、生活保護制度運用上の指針となる基本原則が4つ定められている。

(1) **申請保護の原則（生活保護法7条）**　生活保護法は、申請行為は国民の保護請求権の発動であるとの見地から、保護は申請があって初めて開始されるとする「申請保護の原則」を定めている。ただし、要保護者が急迫した状況にあるときは、本人の保護申請がなくとも福祉事務所の判断で必要な保護を行う「職権保護」も認められている。

(2) **基準及び程度の原則（生活保護法8条）**　保護の実施は、厚生労働大臣の定める基準により測定した要保護者の基準を基とし、そのうち、その人の金銭または物品で満たすことのできない不足分を行う程度において行われる。このように、厚生労働大臣の定める保護基準は、最低生活水準（ナショナル・ミニマム）を示すと同時に、保護の要否や支給額を決定する際の基準となるという2つの役割を有している。

(3) **必要即応の原則（生活保護法9条）**　保護は、要保護者の年齢別、性別、健康状態等その個人または世帯の実際の必要に応じて有効かつ適切に行うものとするという原則である。このように、保護を要保護者の実情に応じて行う「保護の個別性」は社会保障体系における生活保護制度の特徴を示すものといえる。

(4) **世帯単位の原則（生活保護法10条）**　保護の要否およびどの程度の保護を行うかの決定は、個人ではなく世帯を単位として行うとする原則である。

　ただし、世帯を単位として行うことが困難である場合には、個人を単位として保護の要否や程度を定める「世帯分離」の取扱いも認められている。

| 生活保護の利用 | 生活に困窮する人が生活保護を利用したいと考えた場合、福祉事務所において以下のプロセスを経るのが一 |

生活に困窮する人が生活保護を利用したいと考えた場合、福祉事務所において以下のプロセスを経るのが一般的である。

> ①受付→②相談→③申請→④調査→⑤要否判定→⑥保護開始決定→⑦保護の実施

　相談や申請は、居住地を管轄する福祉事務所で行うが（居住地保護。生活保護法19条1項1号）、ホームレスなどのように居住地がないか、明らかでない場合は、その人が現に存在する場所（現在地）を管轄する福祉事務所が保護を実施

する（現在地保護。同19条１項２号）。

　申請が受理されると、その世帯の生活状況や収入などの調査が行われ、その結果をもとに、補足性の原理に基づいて保護の要否判定が行われる。これらの決定は、原則として14日以内（特別の事情がある場合には30日以内）に行われなければならない（同24条３項）。

　保護開始決定がなされると、保護が実施される。被保護者には、その立場上、各種の権利（保護の不利益変更の禁止、公課禁止、差押禁止。同56～58条）が保障されると同時に、義務（保護受給権の譲渡禁止、生活向上の義務、届出義務、指導指示に従う義務。同59～62条）が課せられる。

保護の種類および内容　⑴　**保護の種類**　生活保護には、生活扶助・教育扶助・住宅扶助・介護扶助・医療扶助・出産扶助・生業扶助・葬祭扶助の８種類の扶助が用意されており、それぞれに基準額が設定されている（図10-1参照）。この基準額は厚生労働大臣が定めるものとされており、毎年１度原則として４月に改定が行われている。保護は、被保護世帯のニーズに応じて、これらの扶助を適宜組み合わせる形で実施されている。

　⑵　**各扶助の内容**　（ⅰ）**生活扶助**（生活保護法12条）　飲食物費、被服費、光熱費などの生活の需要を満たすもの、および転居費用や保護施設への入所の費用といった「移送」の費用に関するもので、保護の中心かつ基本となるものである。生活扶助は、基準額が年齢ごとに設定される第１類費と、世帯の人数ごとに設定される第２類費から構成されており、両者の合計額が当該世帯の生活扶助の額となる。これに、世帯の状況に応じて各種加算がなされ、臨時的な支出については一時扶助が給付される。なお、生活扶助基準には、地域における消費物価水準の差を反映させるための「級地制」が採用されている。

　現在、生活扶助基準額は、2018（平成30）年10月から３年間をかけての段階的な改定の途次にあり、生活扶助基準額の算定には、この改定を反映した計算式が用いられている。

　（ⅱ）**教育扶助**（生活保護法13条）　被保護世帯の子どもの義務教育に伴って必要な学用品や学級費、給食費や入学準備金などを給付する。義務教育期間に限定された給付であり、高校就学に必要な費用は生業扶助から給付される。

図10-1 最低生活費の体系

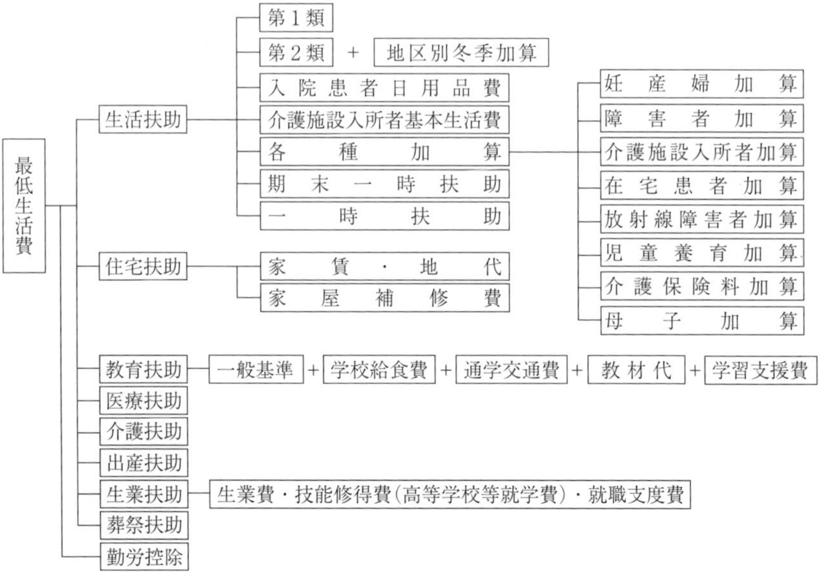

出典：『生活保護のてびき（令和2年度版）』（第一法規）43頁

(ⅲ) **住宅扶助**（生活保護法14条）　住居およびその補修その他住宅の維持に必要なものに関する給付である。賃貸住宅については、一般基準と特別基準の組み合わせにより、家賃相当額が支給される（ただし世帯の人数に応じた上限額が設定されている）。

(ⅳ) **医療扶助**（生活保護法15条）　国民健康保険と同様の医療を、被保護者の自己負担なしで保障するものである。医療扶助を利用する場合、事前に福祉事務所に医療券の発行を申請し、指定医療機関にそれを提出した上で、現物給付により医療サービスを受けることとなる（ただし、急病の場合などは、医療券発行の申請を事後的に行うことも認められている）。

(ⅴ) **介護扶助**（生活保護法15条の2）　被保護者に介護保険と同様の介護サービスを保障するための給付である。

(ⅵ) **出産扶助**（生活保護法16条）　出産に要する費用（分娩の介助、分娩前および分娩後の処置、脱脂綿、ガーゼその他の衛生材料）を支給するものである。経

済的困窮の場合における出産費用の助成については、児童福祉法上の「入院助産制度」（児童福祉法22条）が優先的に適用されるため、出産扶助の実際の適用例は少ない。

　(vii)　**生業扶助**（生活保護法17条）　　生業費（自営業の運転資金等）や、就業に必要な資格を身につけるための技能習得費、就職支度費（衣服などの購入費）などに対する給付である。高校就学の場合は、公立高校授業料相当が給付される。

　また、生業扶助ではないが、被保護世帯の子どもが大学・専門学校等に進学する場合、進学時に「進学準備給付金」（親と同居の場合10万円、ひとり暮らしの場合は30万円）を支給する制度が2018（平成30）年度より導入されている。

　(viii)　**葬祭扶助**（生活保護法18条）　　葬祭に関する費用（検案、死体の運搬、火葬、埋葬）を支給するものである。

　なお、これらの扶助を内容とする保護は、居宅で行われることを原則とする（生活保護法30条1項）。また、居宅での保護が困難なものを入所させて保護を行うための施設が5種類（救護施設、更生施設、医療保護施設、授産施設、宿所提供施設。生活保護法38条）規定され、全国各地に設置されている。

保護の実施体制およ び財 源　　(1)　**保護の実施機関**　　生活保護の実施機関とされているのは都道府県知事、市長、福祉事務所を管理する町村長とされている（生活保護法19条1項）。ただし、多くの場合保護に関する決定や実施などの事務は、これらの管理する福祉事務所長に委任されている（同19条4項）。そのため、実際の生活保護の事務は、福祉事務所が行う。福祉事務所は、都道府県および市では必置とされているが、町村については任意設置である。福祉事務所を設置していない町村の生活保護の事務は、当該町村の属する都道府県の福祉事務所が担当することとなる。

　(2)　**生活保護の財源**　　生活保護に関する費用は、すべて租税により賄われている。その費用は、市町村および都道府県が支弁する。生活保護費などのうち、国が4分の3、市町村または、都道府県が4分の1を負担する（施設整備費については国と地方自治体が2分の1ずつ負担する）。

| 生活保護における
不服申立てと訴訟 |

保護の開始、却下、変更、停止、廃止などの決定は、いずれも福祉事務所長による行政処分として行われる。保護が憲法上認められた権利であることから、これらの決定や指導に不服がある場合には、不服申立て（審査請求）や行政訴訟の方法により争うことができる。

(1) **審査請求**　被保護者は、福祉事務所の処分などに不服がある場合には、その処分を知った日の翌日から3か月以内に、都道府県知事に対して不服申し立てのひとつである審査請求を行うことができる。知事は、申立てから50日（行政不服審査会への諮問を行う場合は70日）以内にそれに対する判断＝裁決を出さなければならない。生活保護に関する処分の取消しを求める行政訴訟は、この審査請求に対する裁決を得た上でなければ提起することができない（審査請求前置主義。生活保護法69条）。

(2) **再審査請求と行政訴訟の提起**　知事の裁決に不服がある場合は、裁決を知った日の翌日から1か月以内に厚生労働大臣に対して再審査請求をするか、6か月以内に地方裁判所に対して行政訴訟を提起することになる。このいずれにするかについては、不服のある者が選択することができる。

再審査請求に対しては、厚生労働大臣は70日以内に裁決を出さなければならない。再審査請求にも不服がある場合は、裁決を知った日の翌日から起算して6か月以内に地方裁判所に行政訴訟を提起することができる。

3　生活困窮者自立支援制度

| 生活困窮者
自立支援法制定の背景 |

従来、生活保護制度は、他の社会保障制度（特に年金等の社会保険制度）による所得保障が十分に機能しない人々の「最後のセーフティネット」としてその役割を果たしてきた。その一方で、生活保護には、受給に至るまでのハードルの高さと、逆に一度受給すると保護が長期間にわたってしまうという、「入りにくく出にくい制度」としての課題が常に指摘されてきた。

生活保護受給者で最も多くの割合を占めているのは高齢者であるが、それ以

外の受給者に目を向けると、10歳代から50歳代にかけての「稼働年齢層」も少なからず含まれていることが明らかとなっている。また、保護には至っていないが、生活困窮状態にある人々（いわゆるボーダー層）も少なくない。

このような人々の生活保護からの脱却、もしくは保護に至る前の段階での自立支援策の強化を図り、生活保護と社会保険制度との間のいわゆる「第2のセーフティネット」を構築することを目的として2013（平成25）年に制定されたのが「生活困窮者自立支援法」である。

生活困窮者自立支援法に基づく事業　生活困窮者自立支援法に基づき実施される事業には、必須事業（自立支援事業、住宅確保給付金の支給）と任意事業とがある。

(1)　**自立支援事業**　福祉事務所設置自治体（もしくはその委託を受けた社会福祉協議会、社会福祉法人、NPO法人等の民間団体）を実施主体として、①就労の支援その他自立に関する問題についての相談対応、②生活困窮者の抱えている課題を評価・分析し、そのニーズを把握、③②において把握されたニーズに応じた自立支援計画の策定等を行う。

(2)　**住宅確保給付金**　離職により住宅を失った、またはそのおそれの高い生活困窮者に対し、有機で住宅確保給付金を支給するもので、従来の厚生労働省による「住宅支援給付事業」を法定化したものである。

(3)　**その他任意事業**　就労準備支援事業、就労訓練事業（いわゆる「中間的就労」）、一時生活支援事業、家計相談支援事業、学習支援事業等が設けられている。

4　社会福祉の諸制度

社会福祉制度とは　「社会福祉」という言葉は広狭様々な意味で用いられる。「福祉」は人々の「幸せ」「幸福」を意味し、広義での社会福祉とは、生活を営む人々の幸福を実現するための様々な社会的営為として捉えられる。

一方、ここでの「社会福祉制度」とは、それより少し狭く、何らかのハンディキャップ（高齢、障害、児童、ひとり親家庭等）により日常生活に不便や困難をき

たしている人々に対して、主として税財源により生活支援のための各種の給付を行う法制度として社会保障の体系に位置づけられているもの、と把握しておくこととしたい。これはさらに、金銭給付による経済的な支援を目的とする「社会手当」制度と、介護等の現物給付のサービスを提供することを目的とする、さらに狭義の「社会福祉」制度とに分けられる。

社会福祉制度の体系 　社会福祉の分野では、高齢者、障害者、児童、ひとり親家庭といった対象者や領域ごとに個別の法制度が順次整備されてきた歴史的経緯があり、その種類や範囲は極めて多岐にわたる。

表10-1は、社会福祉制度に含まれる法制度を分類したものである。高齢者

表10-1　社会福祉法制の体系

■社会福祉に共通する基本事項を定めた法律
・社会福祉法
■高齢者の福祉に関する法律
・老人福祉法　　・介護保険法　　・高齢者の居住の安定確保に関する法律
・高齢者の医療の確保に関する法律　　・高齢者虐待の防止、高齢者の養護者に対する支援等に関する法律（高齢者虐待防止法）　・高年齢者等の雇用の安定等に関する法律　　等
■児童・家庭の福祉に関する法律
・児童福祉法　　・母子及び父子並びに寡婦福祉法　・児童手当法・　児童扶養手当法
・特別児童扶養手当等の支給に関する法律　・児童虐待の防止等に関する法律（児童虐待防止法）　・子ども・子育て関連三法　・少子化社会対策基本法　　等
■障害者の福祉に関する法律
・障害者基本法　・障害者の日常生活及び社会生活を総合的に支援するための法律（障害者総合支援法）　・身体障害者福祉法　・知的障害者福祉法　・精神保健及び精神障害者福祉に関する法律（精神保健福祉法）　・発達障害者支援法　・障害者虐待の防止、障害者の養護者に対する支援等に関する法律（障害者虐待防止法）　・障害者の雇用の促進に関する法律（障害者雇用促進法）　・障害を理由とする差別の解消の推進に関する法律（障害者差別解消法）　・高齢者、障害者等の移動等の円滑化の推進に関する法律（新バリアフリー法）　　等
■低所得者、生活困難者に関する法律
・生活保護法　・生活困窮者自立支援法　・ホームレスの自立の支援等に関する特別措置法
・子どもの貧困対策の推進に関する法律　　等
■福祉専門職の資格などを定めた法律
・社会福祉士及び介護福祉士法　・精神保健福祉士法　・民生委員法　　等

出典：筆者作成

福祉分野における老人福祉法、介護保険法、障害者福祉分野における障害者総合支援法、児童分野における児童福祉法といった各領域の基幹的な法制度を中心として、それらを数多くの関連制度が補完する形で社会福祉制度の体系を構成している。

社会福祉制度の基本法
── 社 会 福 祉 法

(1)　**社会福祉法の概要**　このような社会福祉の全分野に共通する基本事項を定め、社会福祉制度の基本法としての役割を果たしているのが社会福祉法である。同法は、ほかの社会福祉各法と相まって、①社会福祉サービス利用者の権利保護、②地域福祉の推進、③社会福祉事業の公明かつ適正な実施の確保、④社会福祉を目的とする事業の健全な発達を図ることにより、社会福祉の増進に資することを目的とし、そのための基本理念についても規定している。そして、このような目的と基本理念を実現するため、①社会福祉に関する地方行政組織、②社会福祉法人、③社会福祉事業、④社会福祉サービスの適切な利用を推進するための施策、⑤地域福祉の推進（地域福祉計画、社会福祉協議会、共同募金）等についての規定を設けている。

(2)　**社会福祉法による「社会福祉事業」の分類**　社会福祉法は、福祉サービスを提供するための事業の主なものを「社会福祉事業」として位置づけ、これを「第1種社会福祉事業」と「第2種社会福祉事業」に区分している。このうち第1種社会福祉事業は、利用者の権利擁護の観点から、特に強い公的規制が必要とされる事業で、入所施設の経営事業、経済保護事業（生活困難者に対する資金貸付け）等があげられている。第1種社会福祉事業は、その事業内容の特性から、原則として国・地方公共団体・社会福祉法人しか経営することができない。これに対し、第2種社会福祉事業には、第1種のような経営主体の制限は設けられていない。

社会福祉の各領域の
法 制 ・ 施 策

ここでは、社会福祉の各領域（児童、障害者、高齢者）において設けられている法制、施策について概要を紹介する。

(1)　**児童福祉**　(ⅰ)　児童福祉の基本理念と児童福祉法　個人的成熟、社会的自立の過程にある児童は、「人として尊ばれ、社会の一員として重んぜられ、よい環境のなかで育てられなければならない」（児童憲章）。児童を養育する役

割を負っているのは、第一義的には家庭であるが、それに加えて、次代を担う児童の適切な養育や、児童の福祉を増進するための施策が社会全体においても講じられる必要がある。

また、近時の日本では、児童虐待、子どもの貧困問題などに見られるように、社会的養護を必要とする児童が増加しており、これらの課題に対応するための施策の充実も求められている。

このような児童福祉に求められる基本理念を明確化し、あわせて児童に対する様々な福祉サービスを規定しているのが児童福祉法である。同法は、1条において「全て児童は、児童の権利に関する条約の精神にのつとり、適切に養育されること、その生活を保障されること、愛され、保護されること、その心身の健やかな成長及び発達並びにその自立が図られることその他の福祉を等しく保障される権利を有する。」として児童福祉の理念を掲げ、続く2条において、児童の保護者および国・地方公共団体が児童の育成について責任を負うことを規定している。これらの基本理念は、児童福祉法においてはもちろん、他の児童福祉関連の法制度すべてに共通するものとして、常に尊重されなければならない（同法3条）。

また、1条に規定されているとおり、日本は「児童の権利条約」（児童の権利に関する条約）を批准しており、現在の児童福祉施策は、その基本理念（生命、生存及び発達に対する権利、子どもの最善の利益、子どもの意見の尊重、差別の禁止）に配慮する形で実施されている。

このような基本理念を実現し、児童の多様な課題に対応するため、児童福祉法に規定される内容も極めて多岐にわたっている。主な内容は、①児童福祉についての市町村、都道府県、児童相談所、保健所等行政機関の業務、②療育の指導、給付、③居宅生活の支援、④子育て支援事業、⑤保育所・助産施設などの児童福祉施設への入所、⑥障害児入所給付費・障害児入所医療費等の支給、⑦障害児相談支援給付費等の支給、⑧要保護児童の保護措置、⑨児童福祉に関わる事業・施設、⑩保育計画、等である。

このほか、近年増加の一途をたどる児童虐待問題に対応するため、2000年には児童虐待防止法が、また、2003年には急激に進行している少子化に対応する

ための少子化社会対策基本法、次世代育成対策推進法がそれぞれ制定された。

(ⅱ)　児童福祉の実施体制　　児童の多様な生活課題に対応するため、児童相談所、福祉事務所、保健所、児童家庭支援センター等の行政機関が連携して業務を行っている。また、保育所、幼稚園、学校なども必要に応じてこれらの機関と連携して問題に対応することとされている。

このうち児童福祉に関して中心的な役割を果たす児童相談所は、児童に関する相談、医学的・心理学的判定・指導、施設への入所措置、里親への委託、児童の一時保護などを主な業務としている。児童相談所は、各都道府県に１か所以上設置されなければならない。

障　害　者　福　祉　　(1)　**障害者福祉の基本理念と障害者の定義**　　障害者福祉の基本理念は障害者基本法１条に示されている。そこでは、障害者の自立や社会参加に加え、共生社会の実現というより大きな基本理念が掲げられていることが注目される。

その上で同法２条は、「障害者」を「身体障害、知的障害、精神障害（発達障害を含む。）その他の心身の機能の障害がある者であって、障害及び社会的障壁により継続的に日常生活又は社会生活に相当な制限を受ける状態にあるもの」と定義している。続けて、ここにいう「社会的障壁」について、「障害がある者にとって日常生活又は社会生活を営む上で障壁となるような社会における事物、制度、慣行、観念その他一切のもの」と定義し、障害におけるいわゆる「社会モデル」の考え方を明記している。その上で、障害者福祉の理念を具体化するため、「障害を理由とする差別の解消の推進に関する法律（障害者差別解消法）」、「障害者の雇用の促進等に関する法律」、「障害者虐待の防止、障害者の養護者に対する支援等に関する法律（障害者虐待防止法）」などが設けられている。

また、障害の区分に関する基本的な法制として、身体障害者福祉法、知的障害者福祉法、精神保健及び精神障害者福祉に関する法律（精神保健福祉法）がある。

(2)　**障害者総合支援法**　　(ⅰ)　**障害者総合支援法の目的および基本理念**　　障害者福祉の基本理念に基づき、具体的な障害福祉サービスを提供するための重

要な法制として「障害者の日常生活及び社会生活を総合的に支援するための法律（障害者総合支援法）」がある。同法は、障害者基本法の基本理念にのっとり、障害者福祉に関する諸法律と相まって、障害者（児）が、基本的人権を享有する個人としての尊厳にふさわしい日常生活または社会生活を営むことができるよう、必要な障害福祉サービスの給付その他の支援を行い、障害者（児）の福祉の増進を図るとともに、障害の有無にかかわらず国民が相互に人格と個性を尊重し安心して暮らすことのできる地域社会の実現に寄与することを目的としている（同法1条）。また、共生社会の実現という障害者基本法の理念を継承した基本理念も定められている（同法1条の2）。

　(ii)　障害者総合支援法の対象者　　障害者総合支援法の対象となる障害者（児）は、身体障害者福祉法4条にいう身体障害者、知的障害者福祉法にいう知的障害者で18歳以上の者、精神保健福祉法5条にいう精神障害者（発達障害者を含む）で18歳以上の者、いわゆる難病患者で18歳以上の者、児童福祉法4条2項にいう障害児である。障害者総合支援法では、これらの対象者に、障害の区分にかかわらず「共通」のサービスを提供することとしている。

　(iii)　障害者総合支援法のサービス　　障害者総合支援法における福祉サービスは、大きく「介護給付」と「訓練等給付」に分けられる。また、移動支援、相談支援等は「地位生活支援事業」として行われ、その実施は市町村および都道府県の裁量にゆだねられている（図10-2）。

　このうち、「介護給付」を利用したい場合、障害者または障害児の保護者が市町村に申請し、市町村による「認定調査」を受ける。市町村審査会における福祉サービスの必要性の検討を経て、市町村が障害支援区分（区分1〜6）の判定が行われる。判定を受けた利用者は、指定特定相談支援事業者に「サービス等利用計画案」の作成を依頼し、その計画案を市町村に提出する。市町村は、これに基づき支給決定を行い、利用者がサービス提供事業者と契約を締結した上でサービスを利用することとなる。

図10-2　障害者総合支援法の構成

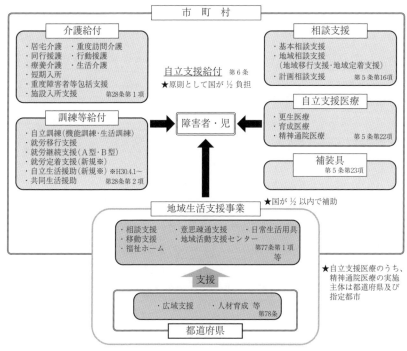

出典：厚生労働省

5　社会手当制度

社会手当制度とは　社会手当制度は、法により定められた支給要件を満たす者に対し、主として税財源により金銭給付を行う制度の総称である。給付に所得制限は伴うものの、資産調査や補足性の原理を伴わない点で公的扶助（生活保護）とは異なっている。また、受給者の拠出を前提としない点で社会保険制度とも異なる。日本の社会手当制度には、児童手当、児童扶養手当など児童に関するもののほか、障害児（者）を対象とする特別児童扶養手当等がある。

児童手当制度　児童手当は、児童のいる家庭に金銭給付を行うことで「家庭等における生活の安定」（児童手当法1条）を図る所得保障制度としての目的と、それにより「次代の社会を担う児童の健やかな成長」（同）を図る、児童福祉施策としての目的とを併せ持つ社会手当制度である。

　支給対象は0歳から中学校修了（15歳に達する日以後の最初の3月31日）までの児童で、当該児童の父母等に支給される。

　支給額は、3歳未満の児童については1人月額1万5000円、3歳以上小学校修了までの第1子、第2子については月額1万円、同じく第3子以降については1万5000円、中学生については1人月額1万円である。支給は年3回（2月、6月、10月の15日に4か月分ずつを支給）である。支給には所得制限があるが、所得制限額以上の所得のある世帯についても、1人月額5000円が特例給付として当分の間支給される（年収1200万円以上の世帯の場合、2022年10月支給分から廃止の予定）。

児童扶養手当　児童扶養手当法に基づく社会手当制度で、父または母と生計を同じくしていない児童が育成される家庭の生活の安定と自立の促進に寄与するために支給し、児童の福祉を図ることを目的としている。

　支給対象となるのは、18歳に達する日以後の最初の3月31日までの間にある者、または20歳未満で一定の障害の状態にある者である。これらの者を監護する父または母が受給者となるが、父または母がいないかまたは監護しない場合などで、その父母以外の者が養育する場合には、その者が受給者となる。

　支給額は、児童1人の場合月額4万3160円で、第2子は月額1万190円、第3子以降は1人につき月額6110円が加算されるが、支給には所得制限があり、受給者の所得が支給停止額を超えると、所得に応じて上記の額から10円刻みで支給額が減額される仕組みとなっている（金額はいずれも令和2年度）。さらに、所得が一定額を超えると支給停止となる。

その他の社会手当制度　このほか、精神または身体に障害を有する20歳未満の障害児を監護している父または母または養育者に支給

される特別児童扶養手当、20歳未満で精神または身体に重度の障害があるため、日常生活において常時介護を必要とする在宅の者に対して支給される障害児福祉手当、20歳以上であって、著しく重度の障害の状態にあるため、日常生活において常時特別の介護を必要とする者に対して支給される特別障害者手当がある。これらはいずれも「特別児童扶養手当等の支給に関する法律」に基づく制度である。

　また、国民年金に加入していなかったことにより障害基礎年金などを受給していない障害者に支給される特別障害給付金も、社会手当に含められる場合がある（同制度の詳細については第7章を参照）。

◎理解を深める問題
　1）生活保護制度の目的と基本原理について、「社会保障の体系における生活保護制度の位置づけ」を意識しながらまとめてみよう。
　2）生活保護における8種類の扶助の種類と内容についてまとめてみよう。

◎参考文献
　小山進次郎『生活保護法の解釈と運用（改訂増補）』（全国社会福祉協議会、1975年（1951年の復刻版））
　岩永理恵『生活保護は最低生活をどう構想したか——保護基準と実施要領の歴史分析』（ミネルヴァ書房、2011年）

第11章

社会保障と住宅

　社会保障制度における住宅対策の概要、今後の課題等を概観する。社会保障における住宅の位置づけと日本の特徴を考える。戦後日本の住宅政策が「住宅政策三本柱」からなっていることを把握する。公営住宅の仕組みと課題を理解する。ヨーロッパなどと比較したときの日本の住宅政策の特徴と課題を考える。

　わが国においては一般に、住宅そのものは、いわゆる社会保障の範囲には含まれていない。標準的な社会保障制度の概説書においても、住宅に関する記述は全くないか、あってもせいぜい公営住宅に触れられる程度である。その理由を解き明かすことは現時点では不可能であるし、本章の目的でもない。そうした限界は意識・認識しつつ、ひとまず以下では、社会保障の立場からあらためて住宅にかかる政策・施策について概観し、社会保障制度との接点を探ってみることとしたい。

1　社会保障と住宅の関係

1950 年 勧 告　戦後の日本における社会保障システムを形成していく上で大きな影響力を有した、1950年の社会保障制度審議会の勧告（正式名称「社会保障制度に関する勧告」。以下「1950年勧告」という）（詳細は第13章）では、「いわゆる社会保障制度とは、疾病、負傷、分娩、廃疾、死亡、老齢、失業、多子その他困窮の原因に対し、保険的方法又は直接公の負担において経済保障の途を講じ、生活困窮に陥った者に対しては、国家扶助によって最低限度の生活を保障するとともに、公衆衛生及び社会福祉の向上を図り、

もってすべての国民が文化的社会の成員たるに値する生活を営むことができるようにすることをいうのである。」と、社会保障制度の定義づけがなされている。ここでは住宅そのものへの言及はないものの、読み込み方次第では、住宅との接点を見いだすことができる。

貧困対策、公衆衛生としての住宅　すなわち、「その他困窮」に居住の貧困（典型的には家賃を滞納して借家を退去せざるを得ないような状況）が含まれる場合の「経済保障」や、すでにホームレスになってしまっている場面における「国家扶助」による「最低限度の生活の保障」に（勧告でも国家扶助における扶助の種類に住宅扶助を掲げている）、それぞれ住宅が関係してくるともいえる。

　あるいは、公衆衛生の一貫として住宅を捉えることもできよう。そもそも18世紀以降、産業革命を果たした西欧諸国における重要な社会問題は、都市に集住する肉体労働者およびその家族の衛生問題であった。不衛生な居住形態（狭く暗い、ジメジメした部屋に大家族で暮らす状況を思い描いてほしい）であるがゆえに、感染症や病気が広がっていたのである。これに対して、国家や地方政府が、スラムの改善を目的に社会介入を一定程度図り始めたことが、今日の公衆衛生の起源である（つまり当時、都市問題とは住宅問題でもあったのである）。そこでは、上下水道と住宅（および都市）の整備が主たる課題となった。

　今日の日本の一般的な都市居住においても、水道事業やゴミ収集が地方自治体の重要な任務であり続けていることを考えても、公衆衛生が（それ自体が社会保障の概念に含まれるかどうかは別としても）年金や医療といった主要な社会保障制度が機能する重要な前提をなしていることは見逃されてはならない。住宅を公衆衛生的に把握するのであれば、1950年勧告が住宅に一言していないことのみをもって、住宅と社会保障は無関係である、と言い切ることはできないのである。

1950年勧告における住宅　実際、1950年勧告は、勧告の具体論として（勧告の総論部分はよく引用されるが、社会保障論を学習する上で、総論に引き続く各説部分にもぜひ目を通してみてほしい）「第4編　社会福祉」において、「ここに、社会福祉とは、国家扶助の適用をうけている者、身体障害者、

児童、その他援護育成を要する者が、自立してその能力を発揮できるよう、必要な生活指導、更生補導、その他の援護育成を行うことをいうのである。」と定義しつつ、その「第5（住宅援護）」として、「住宅金融公庫及び庶民住宅を利用することのできないような低額所得者であって、住宅扶助をうけるに至らない者に対し、公営住宅を建設して低家賃で利用せしめることが望ましい。なお、右の公営住宅の利用については、一定の入居基準を設け、かつ、適格者の詮衡の方法については、特に考慮する必要がある。」とし、公営住宅という方法に限定してはいるものの、社会福祉の対象に住宅を含めているのである。

以上のように、1950年勧告の当時においても、最低限度の生活の保障については、国家扶助における住宅扶助、最低限度より少し上の低所得者世帯については、社会福祉の一貫としての公営住宅、という切り分けで、社会保障と住宅との関係が把握されようとしていたといえる。1950年勧告におけるこうした認識は、実際の制度にもある程度正確に投影されていった。戦後日本における住宅政策は、住宅金融公庫、日本住宅公団、そして公営住宅という、いわゆる「住宅政策三本柱」を中心に展開していくのである。

2　戦後住宅政策の展開

敗戦から
高度経済成長期まで

(1)　**戦後直後の住宅不足**　　第二次世界大戦における米軍の空襲によって日本の都市部は壊滅的な打撃を受け、瓦礫の山と化して終戦を迎えた。人々はバラックの中で戦後を迎え、日々の暮らしに追われるようになったのである。1946年に新憲法が制定され、少しずつではあるが社会が落ち着いていく中で、復興への道を歩み出すときに、住宅の整備は焦眉の課題であった（戦後直後において420万戸の住宅が不足していたといわれる）。

(2)　**住宅政策の権限問題**　　少し横道にそれると、日本の社会保障に住宅が含まれない理由として、「住宅政策にかかる権限が社会保障行政の側にないこと」がよく挙げられるが、その沿革的な理由が、この戦後復興期にある。すなわち、もともとは内務省社会局から誕生した厚生省（1938年創設）が、戦後の復興期

になって、同時に復員事業を所管していたこともあり、引揚者等を含む住宅困窮者向けに福祉住宅を提供することを企図した（いわゆる「厚生住宅法案」）。他方、内務省国土局が戦災復興院と統合されて1948年に誕生した建設省が、厚生省の動きに対抗し、自身に住宅行政を一元化すべく、公営住宅法案を国会に提出した（形式的には議員提出法案であったが）。要は、旧内務省系官庁同士の縄張り争いに住宅政策が巻き込まれたのである。結果的には、公営住宅法が国会で成立し（1951年）、それを機に厚生省から住宅行政の管轄が切り離されることとなった。住宅と社会保障が実質的には関連しながらも相互に別の道を歩み出す端緒が、戦後まもなくの時期に存在したのである。

(3)　**住宅政策三本柱**　　こうして建設省に一元化された住宅政策は、具体的には、1950年の住宅金融公庫法（昭和25年法律第156号）、1951年の公営住宅法（昭和26年法律第193号）、1955年の日本住宅公団法（昭和30年法律第153号）、いわゆる「住宅政策三本柱」を中心に展開していくこととなる。

住宅金融公庫（公庫自体は特殊法人）は、国家資金を背景とした長期低利融資（つまりは住宅ローン）により、個人の持ち家取得を促進する仕組みである。

日本住宅公団（公団も特殊法人）は、主として勤労者（サラリーマン）向けに、住宅の建設、分譲などを行う組織であり、大規模なニュータウンの開発なども手がけてきた（ただしニュータウンの事業主体としては、公団以外に、地方自治体の公社や民間企業なども存在する）。

公営住宅は、低所得者層に低廉な家賃での住宅提供を図る施策である（これについては後述）。

さらには1966年に住宅建設計画法（昭和41年法律第100号）が制定され、住宅建設五箇年計画に基づく住宅建設が本格的に始動していき、主として量（ストック）の上積みがなされていく（住宅建設五箇年計画は第1次から第8次まで策定された）。その結果、1973年には、すべての都道府県で住宅戸数が世帯数を上回るに至った。

低成長期以降　　(1)　**質の向上**　　量の確保を念頭に展開されてきたわが国の住宅政策において、質の向上はながらく課題であった（とりわけ広さについては「ウサギ小屋」などと国際的に揶揄されていた）。

1976年になってようやく、「最低居住水準」および「平均居住水準」が定められ、さらに「平均居住水準」は1986年以降、「誘導居住水準」となり、今日に至っている。

2013年時点で、最低居住水準（単身者で25㎡、2人以上の世帯で10㎡＋人数×10㎡）をクリアしている世帯が全体の9割となっているが、誘導居住水準（一般型：単身者で55㎡、2人以上の世帯で25㎡＋人数×25㎡、都市型：単身者で40㎡、2人以上の世帯で15㎡＋人数×20㎡）になると、56.5％と、過半数を少し上回る程度である。借家に限れば30.4％にとどまる（平成25年住宅・土地統計調査）。

(2) **住宅政策の変容**　　また平成に入る頃から、市場重視、ストック重視といった観点が住宅行政において唱えられ始めた。地方自治体が民間住宅を借り上げて公営住宅を整備したり、住宅性能表示制度を利用して市場機能を働かせようとしたり、といった動きがこれにあたる。

住宅政策自体も、とりわけ2000年以降、動きが激しくなってきた。日本住宅公団は早くも1981年に解散し、2004年から独立行政法人都市再生機構（UR都市機構）となっている。折からの特殊法人改革の影響もあり、住宅金融公庫は2007年に独立行政法人住宅金融支援機構となった。

法律面でも大きな変化がある。住宅建設計画法が廃止され、変わって住生活基本法（平成18年法律第61号）が誕生し（2006年）、住宅政策の役割を、住宅の建設・量の確保から、安心、安全、健康、環境、耐震、防災減災、少子化、高齢化、人口減少、といった、新たな社会的課題に即するものへとシフトチェンジさせていく。行政計画（住宅建設五箇年計画）も、住生活基本法に基づく住生活基本計画によるものとなった。

住宅政策プロパーの課題　　(1) **人口減少**　　2020年の日本の人口は、2010年と比べて約200万人減少した。死亡数が出生数を数十万人単位で上回り続ける状況（いわゆる自然減）は当分続くことが見込まれている。そこに転居等による社会増減も加わり、都道府県、市町村の人口サイズは非常にアンバランスになってきている（東京一極集中）。こうした社会の変化は住宅政策にも大きな影響を与えることは間違いない。

(2) **高齢化と住宅政策**　　その一例として、社会の変化を象徴する高齢化の影

響を受け、2000年以降、実際の住宅政策の重点が高齢者に移ってきたことが挙げられる。すなわち、いわゆる有料老人ホームを「終の住処」にしようと思うと、高額の一時金・入居費を用意しなければならない場合も少なくない。住み慣れた自宅に住み続ける場合も、介護保険による住宅改修はあるものの、支給限度額（20万円）の問題や、そもそも要介護認定を受けなければならない（介護保険について、詳細は第6章）。さらに75歳以上の後期高齢者になると、家が広すぎて暮らしに向かない、というときもある。

　こうしたニーズの存在を受け、2001年に成立した高齢者の居住の安定確保に関する法律（平成13年法律第26号）に基づき、「高齢者円滑入居賃貸住宅（高円賃）」、「高齢者専用賃貸住宅（高専賃）」、「高齢者向け優良賃貸住宅（高優賃）」といった、高齢者向け住宅といわれるカテゴリーの住宅群が整備されてきた。さらに2011年に同法が改正され、これらの住宅群は、現在は「サービス付き高齢者向け住宅（サ高住）」に一本化されている。

　サ高住は、簡単にいえば、高齢者向けにバリアフリー構造を有し、居住者への生活支援（安否確認と生活相談サービス）を提供する賃貸住宅である。サ高住に居住しながら、介護保険サービスを利用することができる。サ高住の利用者としては、介護保険でいう自立（非該当）、要支援、軽度の要介護の高齢者が主として運用の念頭に置かれている。サ高住の建設には補助金が出ることや、待機者が多い特別養護老人ホームの代替施設として、全国的に急速に整備が進んでいる（制度開始後8年程度で総戸数約26万戸）。

　高齢者の総数が今後も増えていくことは確実であることからすると、こうした傾向はやむを得ない面はある。しかし一方では、都市部にファミリー向け・子育て世帯向けの安価な住居が不足しており、郊外化や人口減少に拍車をかけている。住宅確保要配慮者に対する賃貸住宅の供給の促進に関する法律（通称：住宅セーフティネット法）（平成19年法律第112号）が2017年に改正され、新たな住宅セーフティネット制度が動き出しており、住宅確保要配慮者向け賃貸住宅の登録制度などが開始されているが、同法に基づく総登録戸数は2019年現在で約2万3000戸と、サ高住の10分の1の水準である。空き家問題とも絡んで、より多くの世帯にまで施策が及ぶよう、今後の住宅政策の重点の置き方について、

より丁寧な議論が必要である。

3　低所得者世帯に対する住宅政策——公営住宅、生活困窮者自立支援制度など

階層別秩序と「住宅双六」　（1）**階層別秩序**　上述した住宅政策三本柱を、それぞれの制度が念頭に置く所得階層で並べると、公庫（比較的高所得層）→公団（中間所得層）→公営（低所得層）となる。この階層別秩序が、日本の住宅政策の大きな特徴である。

（2）**住宅双六**　この点に関して、「住宅双六」（1973年）と言われた時代があった。これは、そうした階層秩序に従いつつ、勤労者が自らの努力で所得を上げていき、ゴールを目指す様子を的確に捉えたものであり、発表当時大きな話題になった。

　確かに、若い頃は安月給で手狭な社宅住まいでひとり暮らし、結婚して家族が増えてきたらファミリー向けの賃貸アパートを探し、分譲マンションの購入も考えながら、最後は郊外の一軒家で悠々自適、というように、住宅双六の「上がり」とサラリーマンの出世街道とは絶妙に歩調が合っている。住宅における出世は、社会保障制度の前提である生活自己責任原則にも適合的であるし、こうしたいわば素朴な経験則が、日本の住宅システムには成立してきたようにも思える。

（3）**住宅取得を推奨**　しかしこのことは一方で、住宅は自力で確保・調達するもの、逆に住宅を確保・調達できないのは本人の責任、とでもいうような風潮が社会に根付くことにもつながった。「住宅は男の甲斐性」という意識・ジェンダー観が日本社会で醸成されたのも、こうした背景があってのことである。

　このような社会の動きは住宅政策にも強く反映していった。その結果として、公庫や公団等の利用によって自力で住宅を入手できる層が住宅政策のメインターゲットになっていき、その反面、低所得者世帯に対する住宅面のセーフティネットである公営住宅には、高齢者や障害者、母子世帯などが集住するようになり、住宅政策に一種のゆがみをもたらすに至ったのである（「公営住宅の残余化」ともいわれる）。

公　営　住　宅

(1) **公営住宅とは**　　公営住宅制度は、「この法律は、国及び地方公共団体が協力して、健康で文化的な生活を営むに足りる住宅を整備し、これを住宅に困窮する低額所得者に対して低廉な家賃で賃貸し、又は転貸することにより、国民生活の安定と社会福祉の増進に寄与することを目的とする。」（公営住宅法1条）とあるように、低所得者世帯に対する廉価家賃による賃貸住宅の提供を行う仕組みのことである。公営住宅の定義は、「地方公共団体が、建設、買取り又は借上げを行い、低額所得者に賃貸し、又は転貸するための住宅及びその附帯施設で、この法律の規定による国の補助に係るものをいう。」（公営住宅法2条2号）とされ、地方公共団体が事業主体となる（公営住宅法2条16号）。公営住宅のスキームは、公営住宅を建設する地方自治体とそれに対して補助金を出す国との関係、公営住宅の事業主体である地方自治体と公営住宅に入居する者との関係、の2つからなっている。

(2) **利用資格**　　公営住宅を利用できるのは、基本的に、入居収入基準を超えないこと、および現に住宅に困窮していることが明らかな者であることである（公営住宅法23条1号、2号）。同居の親族があることもかつては要件であったが、かつての「ひとり暮らし訴訟」（当時の制度では、単身者には公営住宅の入居が認められておらず、こうした制限は違法ではないかと1976年に提訴）を機に制限が一部緩められ、高齢者や障害者については単身でも入居可能になる旨の改正がなされたほか（1980年、この改正を受けて、ひとり暮らし訴訟は取り下げられた）、2011年には同居要件そのものが削除された。

　かつて公営住宅には第1種と第2種の2種類があり、国庫からの補助率に差があるのと同時に（第1種は2分の1、第2種は3分の2）、入居収入基準にも差が設けられ、比較的上位は第1種、低位は第2種、というような棲み分けがなされていた。公営住宅制度スタート時で見ると、第1種は収入分位のカバー率が82%、第2種は48%であった（つまり、第1種でいえば全世帯のうち8割以上が第1種を利用可能であった）が、収入分位はその後徐々に下げられていき、1996年の改正で区別自体が廃止された。さらにこの改正で収入基準も一本化され（収入分位25%（本来階層））、同時に裁量階層（収入分位40%）の仕組みが導入された。

　また高度成長期以降になると、公営住宅利用者における収入超過問題が政策

課題と目されるようになり、1959年には収入超過者（3年以上入居し、入居収入基準を超える収入のある者）に対する明渡し努力義務の創設などが行われている（その後、高額所得者（5年以上入居し、最近2年間継続して一定の基準を超える収入のある者）に対する明渡し請求制度や割増家賃徴収制度（その後の近傍同種家賃徴収制度）などが定められている）。現在では、地方分権の流れも受け、整備主体の地方自治体の自主性を強化する方向で制度が改正され、また、東日本大震災の復興との関連で、被災者に臨時で公営住宅を供給する措置がとられるなどしている。

(3) **供給量の不足**　　公営住宅の課題のひとつは、その供給量にある。公営住宅の総数は、2008年調査では約209万戸あったが、2013年調査では196万戸に減少し、200万戸の大台を割った。既存ストックの活用、住宅セーフティネット法を背景とする低所得者向け賃貸住宅の多様化など、公営住宅をめぐる状況に変化はあるが、絶対的な供給量不足（全戸数の5％程度）により、公営住宅の応募倍率は高止まりしている（2014年時点で、全国で5.8倍、東京都では22.8倍）。

　新たな建設が進まなければ、既存入居者が何らかの形で退去しない限り、新規入居枠は増えない以上、収入と比較して高額な家賃で困っている世帯にとって実効的な施策となりがたい。それでは収入超過者や高額所得者に対する明渡し請求の強化や、近傍同種家賃徴収の徹底を図ればそれでよいかというと、転居できない理由はそれぞれに複雑であり、実際に家賃を支払い続けている以上、強制力をもって退去させることは人権の観点からも適切でない。地方自治体が低所得者の住宅問題に真剣に対応するような仕掛け、仕組みが必要であろう。

生活困窮者自立支援制度　　(1)　**生活困窮者自立支援制度の概要**　　生活困窮者自立支援法（平成25年法律第105号）が2015年度から施行されている。同法は、自立相談支援事業、住居確保給付金の支給、就労準備支援事業、家計相談支援事業、一時生活支援事業、子どもの学習・学習支援事業が、生活困窮者に対する事業として設けられている。これらの事業のうち、自立相談支援事業の実施と住居確保給付金の支給が、福祉事務所設置自治体の必須事業として位置づけられている（その他は任意事業）。また、生活困窮者自立支援法は、生活困窮者を「就労の状況、心身の状況、地域社会との関係性その他の

事情により、現に経済的に困窮し、最低限度の生活を維持することができなくなるおそれのある者」（生活困窮者自立支援法3条1項）と定義していることとの関係で、生活保護における要保護者よりひとつ上の層がそこに該当することになる（実際に最低生活が維持できない者が生活保護、維持できないおそれがある者が生活困窮者自立支援制度、となる。生活保護について、詳細は第10章）。

(2) **住居確保給付金**　必須事業である住居確保給付金は、「生活困窮者のうち離職又はこれに準ずるものとして厚生労働省令で定める事由により経済的に困窮し、居住する住宅の所有権若しくは使用及び収益を目的とする権利を失い、又は現に賃借して居住する住宅の家賃を支払うことが困難となったものであって、就職を容易にするため住居を確保する必要があると認められるものに対し支給する給付金」（生活困窮者自立支援法3条3項）と位置づけられている。

住居確保給付金は、かつての住宅手当緊急特別措置事業（2009年10月〜2012年度）および住宅支援給付事業（2013年度〜2014年度）を、生活困窮者自立支援法で法制化したものである。

給付金の実際の支給対象者は、65歳未満の者であって、離職後2年を経過していないものとされる。支給要件を簡単にいうと、収入が生活保護における生活扶助基準額と住宅扶助基準額を合算した額以下であること、資産が100万円以下であること、ハローワークで就職活動を熱心にしていること、である。支給額は、実際の家賃の額とされるが、生活保護における住宅扶助の特別基準の金額が上限となる（東京23区であれば、単身世帯で5万3700円、複数世帯で6万9800円）。給付金の支給期間は原則として3か月間（就職の促進に必要であると認められるときは、3月ごと、最長9か月まで延長可能）であり、恒久的な給付ではない。なお、2020年以降のコロナ禍をうけ、利用要件の緩和が進められている（年齢要件の撤廃、求職活動を不要とすることなど）。

今 後 の 課 題　(1) **住宅政策の対象**　日本の住宅政策の特徴が所得階層別になっていることは上述のとおりであるが、三本柱はいずれも住宅という「モノ」の建設や量の確保に向けられていることを見逃してはならない。対して日本では、「ヒト」への支援（社会保障給付）は必ずしも十分ではなかった。ヨーロッパの議論では、前者のような政策を「対物支

援」、後者の仕組みを「対人支援」と位置づけると同時に、とりわけ公営住宅のような政策は、（日本でも一部はそうなっているように）貧困者を特定の地域に集住させる仕組みであると批判的に捉え、それに対して、個々の人や世帯に家賃補助を支給し、住みたいところに住めるようにすべきである、という方向性が示され、実際に多くの国で住宅手当（家賃補助）が制度化されている。対して日本では、公的な住宅手当は一般的な国の制度としてはいまだ実現しておらず、実際に借家の家賃に充てられる公的な社会保障給付としては、生活保護の住宅扶助が唯一の例となっている。

(2) **住宅と生活保護**　では、その数少ない社会保障給付である生活保護の住宅扶助は十全に機能しているのだろうか。住宅に最も困窮している最たる例は、ホームレスであろう。しかし日本ではかねて、ホームレスからの生活保護申請は、住所がない、住民票がない、などと窓口で難癖をつけられるなど、行政運用上非常に困難であった。また、ホームレスでない、持ち家や借家のある人においても、たとえばローン付き住宅の場合は申請が却下されたり、高額家賃であることを指摘され、安い住居に転居しなければ申請を受け付けられなかったり、あるいは住宅扶助の基準が実際の家賃より低いときは生活扶助などに家賃が食い込んで生活が圧迫されたり、というように、住宅がネックになって生活保護をうまく利用・活用できないケースが少なくなかった。もちろん、各地でホームレス支援の運動が積み重ねられ、また制度上は、「ホームレスの自立の支援等に関する特別措置法」（平成14年法律第105号）を中心に実態把握や支援措置が実施されたことにより、目視調査で確認されるホームレス状態の人の数は、2003年には最多で2万5000人を超えたのが、2020年には4000人を切るところまでは来ている。この中には、生活保護につながって住む家を確保できるようになってホームレス状態から脱した人ももちろん多くいる。一方で、知人の家を転々としたり、24時間施設であてどなく時間を潰したり、ネットカフェで何年も寝泊まりしたりする人も増えてきている。このようなホームレスの「見えない」化現象にも注意する必要がある。

いずれにしても、確かに住居確保給付金のような制度が少しずつではあるが芽生え始めてはいる。しかし給付期間や給付ボリュームが貧弱に設定されてい

る点は、大きな課題である。他方、ヨーロッパでも、住宅手当が支給される一方で、住宅建設が滞っており、都市部を中心に住宅不足と家賃高騰が大きな問題としてクローズアップされつつある。対物支援と対人支援をどのように上手に組み合わせていくべきか、そして日本で何が足りて何が足りないのか、社会保障と住宅との関係を真剣に考えるときに来ている。

コラム11-1　住宅手当について

　もしサラリーマンの家庭で育った学生であれば、是非、お父さんやお母さんに、会社の給料の仕組みがどうなっているかを尋ねてみてほしい（給与明細を見せて、というと嫌がられるかもしれないが）。そして、日本の企業の一般的な給与体系として、いわゆる「本給（基本給）」以外に、各種の「手当」がそこに含まれていることを認識してほしい。日本では、家賃の一部や家族を養う際の費用について、企業が賃金にプラスして手当を支給しているのである。ヨーロッパでは基本的にはこうした施策は国家が社会保障として行っている（フランスの家族手当、ドイツの住宅手当など）。本文では、日本では住宅手当が発達してこなかった、と説明したが、他方で、他の国に見られない形で企業による福利厚生（さらにその一部としての住宅手当や扶養手当）が発展してきた。しかし、企業による住宅手当は、法律で定められた使用者の義務ではない。実際、中小企業では制度が存在しないところや、大企業でも福利厚生そのものを廃止するところも出てきている。就職活動をするときには応募先企業の労働条件をしっかり確認してほしいが、さらに翻って社会保障について考えるときに、国家、企業、個人の責任配分や役割分担について、住宅手当をきっかけに議論を深めてほしい。

◎理解を深める問題

　　住宅政策は社会保障に含まれるだろうか。

　　公営住宅を増設するか、低所得者世帯に住宅手当を支給して自分で借家を探してもらうか、どちらが公平だろうか。

　　生活保護の住宅扶助を単独で利用できるだろうか。

◎参考文献

　　野口定久・外山義・武川正吾編『居住福祉学』（有斐閣、2011年）

第**12**章

社会保障と人口問題

　社会保障は人々の生活を支える一方で、人々がその仕組みを支えるものでもある。そのため、少子・高齢化などの人口の変化が起きると、社会保障制度で支える側と支えられる側の変化が起きる。そのため、社会保障制度もその変化に合わせた再構築が必要になる。この章では、現在わが国が直面している人口問題と社会保障への影響を取り上げる。これにより、人口問題が社会保障と密接な関係をもつことを理解することを目指す。

1　わが国が現在直面している「人口問題」

「人口減少社会」への突入

　わが国の人口は第二次世界大戦直後を除いて、明治時代初期から一貫して増加してきた。総務省統計局の資料によると、明治時代初期の1872年の人口は約3481万人であったが、明治時代が終わる1912年には約5058万人に達した。その後人口が7000万人に達したのは1936年、1億人に達したのは1967年であった。その後も人口は増加し続け、1984年には1億2000万人に達し、現在まで、この水準を超える形で人口は推移してきた。この間に高齢化、少子化、人口の東京一極集中などの人口の変化は生じたが、近年まで人口が増加するということには変化がなかった。

　ところが、2005年と2009年に人口増加がマイナスを記録し、2011年からは毎年人口が減少するようになった。2018年の人口は約1億2644万人であり、人口がピークであった2008年の約1億2808万人から約164万人減少している。この人口減少傾向は将来にわたって続く見通しであり、国立社会保障・人口問題研

究所『日本の将来推計人口（平成29年推計）』によると、わが国の人口は2025年には約1億2533万人になる見通しであるが、人口が1億2000万人、1億1000万人を下回るのはそれぞれ2029年、2042年と見通されている。また1億人を下回るのは2053年であり、2065年の人口は約8808万人にまで減少する見通しである。このときの人口は1954年のわが国の総人口に近い水準である。

　つまり、わが国ではこれまで当たり前と考えられてきた人口が増加する社会はすでに終わりを告げており、これまで経験してこなかった長期的に人口が減少する社会に突入したところである。

| 今後も進む高齢化 |
わが国の人口は最近までは増加傾向にあったが、その構成、専門用語でいうと「人口構造」は大きな変化が続いてきた。具体的には人口の高齢化と少子化である。図12-1はその動きを主な年についてまとめたものである。以下では細かい数値も加えながら解説を行う。

　人口の高齢化とは、高齢者の人口が増加したり、人口に占める高齢者の割合が増加したりすることである。高齢者は何歳からなのか、という問いかけにはいろいろな答え方がある（60歳以上、65歳以上、75歳以上、年齢には関係ない、など）。しかしここでは65歳以上の者を高齢者として考えてみよう。人口に占める高齢者の割合は「高齢化率」と呼ばれる。これが7％に達した社会を高齢化社会といい、その2倍の14％に達した社会を高齢社会という。特に前者は1956年に刊行された国連の報告書に由来があり、当時の人口統計で高齢化率が最も高い国は7％程度であり、しかも当時先進国と考えられていた西欧諸国が該当していた。そのため、この国々と同じくらいの高齢化率に達した場合にaging societyと呼び、これが日本語の高齢化社会となった。高齢社会も、もともとは英語のaged societyである。Aging societyの基準を満たす国や地域が増えたので、高齢化率7％の2倍の14％を基準とした概念である。そして高齢化社会から高齢社会（高齢化率が7％から14％に）になるまでにかかる年数を倍加年数という。

　ところが、その高齢社会の基準も大きく上回る高齢化率となる国や地域が現れている。そのため、高齢化がもっと深化した社会という意味で超高齢（化）社会という言葉が広がりつつある。わが国の政府の統計での基準はないものの、

高齢化率で20％、21％を基準にして議論する人が多い。

　わが国は長年にわたる人口高齢化の歴史がある。高齢化率は1950年代、60年代は5〜6％程度の水準であった。これが高齢化社会の基準である7％に達したのは1970年であった。その後も高齢化率は上昇を続け、1994年には高齢化率が14％に達した高齢社会となった。倍加年数は24年となる、この年数は欧米諸国より短い（例：フランスが115年、スウェーデンが85年、ドイツ40年など）。つまりわが国の高齢化は、1970年代以降は急速に進んできた。高齢化の進展はこれにとどまらず、高齢化率の上昇は続いてきた。2000年代に入ると、人口の多い世代が高齢期を迎えるようになり、特に第二次世界大戦直後に生まれた「第1次ベビーブーム世代」（1947〜49年生まれの世代）が高齢期を迎えたこともあり、高齢者の人口そのものが多くなるとともに、高齢化率も大きく上昇した。具体的には、高齢化率は2005年に20％を超え、2018年には28.1％に達している。

　わが国の高齢化は今後もさらに進み、高齢化率は2040年で35.3％、2065年で38.4％になる見通しである。ただし、高齢者の人口の増加は2040年頃までであ

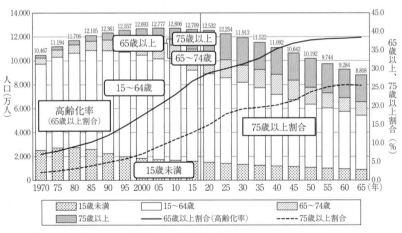

図12-1　わが国の人口の動き（1970〜2065年）

注：棒グラフ上の数値は総人口（2015年までは年齢不詳を含む）
出典：2015年までは総務省統計局「国勢調査」、2020年以降は国立社会保障・人口問題研究所「日本の将来推計人口（平成29年推計）

り、その後は高齢者の数は減少する。しかし、総人口の減少の方が大きいので、高齢化率の大幅な上昇は続く見通しである。すでに述べた人口減少社会と合わせると、これからのわが国は人口減少・超高齢社会をセットで迎えることになる。

少子化と人口減少　少子化は、「出生率が長い間低い水準で推移すること」を指す。人口学の立場から厳密にいうと、出生の指標である、合計特殊出生率（15〜49歳までの各年齢の女性の出生率の合計、TFRともいう）が人口置換水準（世代を超えて人口規模を維持するのに必要な出生率。わが国の場合はTFRが2.1程度）を長年下回る状態にあることを指す。

　表12-1はわが国の出生数や死亡数などの人口動態と呼ばれる人口の変化についてまとめたものである。わが国のTFRは第二次世界大戦後と1970年代初めの第2次ベビーブーム（1971〜74年）の時期には高く、出生数も多かった。また1950年代後半から60年代のようにTFRが2.1付近で安定した時期もあった。しかし1970年代前半以降のTFRは低下傾向にある。特に1989年のTFRが1966年（その年の干支「ひのえうま」に基づく迷信を背景にTFRが1.58と前後の年より際だって低かった年）を下回る1.57となり、「1.57ショック」と呼ばれた。1990年代初頭になると、出生数そして子どもの数が減る少子化が大きな問題として認識さ

表12-1　主な人口動態の動き

	平均寿命（年）		主な人口動態（万人）			合計特殊出生率
	男	女	出生数	死亡数	人口の自然増加	
1947年	50.06	53.96	267.9	113.8	154.1	4.54
1960年	65.32	70.19	160.6	70.7	89.9	2.00
1970年	69.31	74.66	193.4	71.3	122.1	2.13
1980年	73.35	78.76	157.7	72.3	85.4	1.75
1990年	75.92	81.90	122.2	82.0	40.1	1.54
2000年	77.72	84.60	119.1	96.2	22.9	1.36
2010年	79.55	86.30	107.1	119.7	− 12.6	1.39
2018年	81.25	87.32	91.8	136.2	− 44.4	1.42

注：人口の自然増加は（出生数−死亡数）で求められる。
出典：厚生労働省「完全生命表」、「簡易生命表」、「人口動態統計」から筆者作成

れ始めた。TFRは2005年の1.26まで低下したが、近年では若干改善し、2018年には1.42である。出生数で見ると2016年以降は100万人を下回り、2018年にはおよそ92万人の水準である。その結果、15歳未満の子どもの数、割合ともに低下傾向にある。15歳未満の者の人口に占める割合で見ると、1970年は24.0％であったものが、1990年には18.2％、2015年には12.6％にまで低下している。その後もこの低下傾向は続き、2040年には10.8％、2065年には10.2％にまで低下する見通しである。

　表12-1にもあるように、出生数が減る一方で、高齢になって亡くなる人が増えているため死亡数が増えている。出生数と死亡数の差を自然増加といい、これが正の値を取れば人口が増え、負の値であれば人口が減る方向に寄与する。わが国の自然増加数は長年正の値を取っていたが、現在は負の値を取り、2018年で約44万人死亡数が出生数よりも多く、この人数を埋め合わせる移民がいない限り人口が減っていくことになる。人口40万人とは、県庁所在地、新幹線が停まる大きな都市、東京や大阪などの大都市の郊外の都市の規模である。毎年大きな都市ひとつ分の人口が減っているのがわが国の現実である。

　つまり、わが国の人口問題には少子化も加わり、人口減少と少子高齢化に直面している。

「世帯構造」の変化

人口減少、高齢化や少子化といった人口の変化は、人々の生活の単位である「世帯」にも変化をもたらす。世帯とは何か？であるが、政府が作成する統計での定義をもとにひとことでいうと、「ひとり暮らしか、2人以上で住居と生計をともにする者の集まり」である。つまり、親子や夫婦で生活する家族と似たような意味である。さらに、ひとり暮らしの人、ルームシェアで暮らしている友人同士、会社や学校の寮や老人ホームなどの福祉施設で生活している人々も含まれる考え方である。世帯の分類としてまず、学校の寮、病院、老人ホームなどの福祉施設、刑務所などの矯正施設、自衛隊の隊舎などは「施設等世帯」と呼ばれる。施設等世帯以外の世帯は「一般世帯」と呼ばれ、ひとり暮らし（会社の寮に住んでいる単身者を含む）や家族で生活している人が住んでいる場所としてとらえられる。わが国の世帯はほとんどが一般世帯で占められ、世帯のことを議論するときは一般世帯のことを

取り上げる。

　それでは、わが国の世帯の変化として何があるのだろうか。ここでは表12-2を用いながらこの点についてまとめてみる。

　まず日本の一般世帯の数（以下、世帯数とする）は、1975年の約3360万世帯から増加をし続け、1995年には約4390万世帯、2015年には約5333世帯に達している。すでに述べたように、人口は2011年から減少し始めているが世帯数は増加している。その後も人口減少社会に入る一方で、世帯数の増加はしばらく続き、2025年には約5412万世帯まで増加する。しかし、世帯数も最終的には減少することになり、2040年には約5076万世帯に減少する見通しである。

　人口が減っているのに世帯数が増えているのはなぜ？という疑問を抱く人もいるであろう。世帯はひとり暮らしまたは2人以上で生活している人の単位である。世の中の人が全員ひとり暮らしであれば、人口の動きと世帯数の動きは一致する。しかし、わが国の世帯にはひとり暮らしの人だけでなく、4人家族で生活、10人以上の大家族で生活している世帯もある。こうした世帯の人数、家族構成の変化も起きている。具体的には、1世帯当たりの人数（平均世帯人員）の減少、ひとり暮らし、夫婦のみの世帯の増加などである。両者は小規模な世帯を増やす方向に作用する。そのため、大きな世帯が多い状態から小さな世帯が増加する変化が続くことでも、世帯数は増加する。よって人口減少社会の中でも世帯数はしばらく増加し続けるのである。

　表12-2から平均世帯人員の変化を見ると、1975年には3.28人であったが、1995年には2.82人と3人を下回っており、2005年には2.55人、2015年には2.33人へと低下している。将来もその傾向は続き、2025年には2.19人、2040年には2.08人にまで低下する見通しである。平均世帯人員の減少は、ひとり暮らしや夫婦だけの世帯の増加、夫婦と子どもで構成される世帯（世帯員数が少なくとも3人）や三世代同居などの大家族の世帯の減少の両方を意味する。

　こうした世帯の家族構成の変化を同じ表で見てみよう。1975年時点で最も多い（割合が高い）家族構成は、夫婦と子どもの世帯であった。その割合は42.5％を占めていた。しかしこの割合は少しずつ低下し、1995年には34.2％となり、2005年には29.8％と30％を下回り、2015年には26.9％にまで低下した。その後

表12-2　わが国の一般世帯の家族構成の変化

（単位：万世帯、%、人）

年　　次		一般世帯数（万世帯）	構成比（%）						平均世帯人員（人）
			単独世帯	核家族世帯				その他	
				総　数	夫婦のみ	夫婦と子	ひとり親と子		
実績値	1975年	3,360	19.5	59.5	11.6	42.5	5.4	21.0	3.28
	1985年	3,798	20.8	60.0	13.7	40.0	6.3	19.2	3.14
	1995年	4,390	25.6	58.7	17.4	34.2	7.1	15.7	2.82
	2005年	4,906	29.5	57.7	19.6	29.8	8.3	12.8	2.55
	2015年	5,333	34.6	55.9	20.1	26.9	8.9	9.4	2.33
将来推計値	2025年	5,412	36.9	55.5	20.7	25.3	9.5	7.6	2.19
	2040年	5,076	39.3	54.1	21.1	23.3	9.7	6.6	2.08

出典：総務省統計局『国勢調査』、国立社会保障・人口問題研究所『人口統計資料集』『日本の世帯数の将来推計（全国推計）』（2018（平成30）年推計）より作成

もこの割合は少しずつ低下し、2025年には25.3%、2040年には23.3%になる見通しである。

　夫婦と子どもの世帯が少なくなる一方で増加していくのは、ひとり暮らし（単独世帯）や夫婦のみの世帯である。単独世帯の前者の割合は1975年には19.5%であったが、1995年には25.6%となり、2015年には34.6%にまで上昇している。この時点でこの表の分類の中では最も割合が高い世帯となっている。また、2025年、2040年もそれぞれ36.9%、39.3%を占める見通しであり、ひとり暮らしが最も多い世帯のタイプという社会が進展する見通しである。夫婦のみの世帯の割合も1975年の11.6%から、1995年の17.4%を経て、2015年には20.1%へと上昇している。その後もこの割合は少しずつ上昇し、2025年には20.7%、2040年には21.1%になる見通しである。これらのタイプの世帯の増加は、世帯の小規模化に大きく寄与しており、世帯数のしばらくの間の増加、平均世帯人員の減少につながっている。

　三世代同居などの規模の大きな世帯は「その他」に含まれる。この割合を見ると、1975年には21.0%を占めていたが、その後は一貫して低下し、1995年に

は15.7％、2015年には9.4％にまで低下している。その後も2025年の7.6％、2040年の6.6％への低下が見通されている。つまり三世代同居や大家族が減っていることを示している。

　ひとり親と子の世帯は割合の水準自体は低いが、割合は上昇傾向にある。1975年で5.4％であったが、1995年には7.1％、2015年には8.9％を占めるようになっている。また、2025年には9.5％、2040年には9.7％を占める見通しである。このタイプの世帯として、ひとりで（未成年の）子どもを育てている世帯をイメージする人も多いであろう。この表の出典元の統計では親子の年齢に特に制限は設けていない。そのため、親が高齢で未婚の成人した子どもと暮らしている世帯も含まれる。つまり割合は低いものの多様な家族構成が増えているということができる。

　これに加えて、人口の少子・高齢化を反映した世帯構造の高齢化、子どものいる世帯の減少が見られる。図12-2は厚生労働省「国民生活基礎調査」から高齢者（65歳以上）のいる世帯の動きをまとめたものである。それによると、高齢者のいる世帯の割合は、1980年の24.0％から2000年の34.4を経て、2018年には48.9％にまで上昇している。ほぼ2世帯に1世帯で高齢者が暮らしていることになる。その家族形態として、1980年や1990年には三世代同居が最も多かったが、2000年、2010年、2018年は夫婦のみの世帯が多くなり、ひとり暮らしの世帯も2000年以降増加している。夫婦やひとり

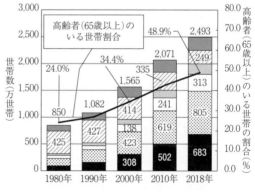

図12-2　高齢者（65歳以上）のいる世帯の動き（1980〜2018年）

出典：厚生労働省「国民生活基礎調査」より筆者作成

親と未婚の子の世帯も増えている。

　また、同じ調査から18歳未満の児童のいる世帯の動きを見ると、1980年には約1763万世帯と世帯の49.9％を占め、2世帯に1世帯が子ども（児童）が住んでいる世帯であった。子どもの数の減少とともに、世帯数、割合は低下し2000年には約1306万世帯で、世帯に占める割合も28.7％となった。2018年には約1127万世帯で、世帯に占める割合も22.1％となり、5世帯に1世帯にしか子どもが住んでいない状況にある。ただし、子ども（児童）のいる世帯の中で母親が就業している世帯の割合は、1990年の49.0％から2018年の70.7％にまで上昇している。

人口問題の地域差

わが国は東西、南北に細長い長い国土をもち、それぞれの地域が地形、気候、文化、歴史などで様々な姿をもつ。そのため、上記の人口に関する変化にも地域差がある。

　まずわが国の人口はすでに減少局面に入っているが、人口減少も地域差を持って進むことが見通されている。表12-3は、国立社会保障・人口問題研究所「日本の地域別将来推計人口（平成30（2018）年推計）」の2015年の都道府県の人口をそれぞれ100としたときの2030年、2045年の水準をまとめたものである。これよると、2015年から2030年にかけて47の都道府県のうち、東京都と沖縄県を除く45の道府県で人口が減る。2015年から2045年にかけては、東京都を除く46の道府県で人口が減る。人口減少の程度を各都道府県の2015年の人口を100とした指数で見ると、2030年では愛知県、神奈川県、埼玉県では指数が97.4〜98.3の水準となってい

表12-3　2015年の総人口を100としたときの指数で見た総人口

順位	2030年		2045年	
	全国	93.7	全国	83.7
1	東京都	102.7	東京都	100.7
2	沖縄県	102.5	沖縄県	99.6
3	愛知県	98.3	愛知県	92.2
4	神奈川県	97.9	神奈川県	91.1
5	埼玉県	97.4	埼玉県	89.8
⋮	⋮		⋮	
43	福島県	85.4	福島県	68.7
44	山形県	85.2	高知県	68.4
45	高知県	84.4	山形県	68.4
46	青森県	82.3	青森県	63.0
47	秋田県	79.6	秋田県	58.8

出典：国立社会保障・人口問題研究所『日本の地域別将来推計人口』（平成30（2018）年推計）より引用。ただし年次のみ西暦表示に改変

る一方、秋田県、青森県、高知県では指数が79.6〜84.4の水準となっている。つまり、人口の減り方が数％にとどまる道府県がある一方で、15％を超える道府県がある。2045年になると、沖縄県、愛知県、神奈川県では指数が91.1〜99.6であり、2015年の90％程度の人口は維持される見通しである。しかし、秋田県、青森県の指数はそれぞれ58.8、63.0であり、2015年の60％程度の人口になると見通されている。なお、東京都はこの指数の上では人口が維持されているように見える。しかし、2015年、2030年、2045年の人口はそれぞれ約1352万人、約1388万人、約1361万人で推移する見通しであり、この数値で見る限りは2030年から2045年にかけては東京都でも若干人口が減る見通しである。このように、人口減少の程度には都道府県レベルでの大きな地域差が見られる。

　この推計では市区町村別の将来推計人口の数値も得られる。その結果の中から人口規模別の市区町村の2015年から2045年にかけての構成の変化をまとめた図12-3を見てみよう。人口規模別の市区町村数は、人口5万人以上の市区町村は2015年の535から2045年の421に減少する。一方で人口5万人未満の市区町村は1147から1261に増加する見通しである。特に人口5000人未満の市区町村は249から444へと約1.8倍になる見通しである。つまり、市区町村レベルで見ると、人口が少ない市区町村が増えていく見通しとなっている。特に高齢化率が高く、人口減少が大きな市区町村やその中の地域は、「限界自治体」「限界集落」など

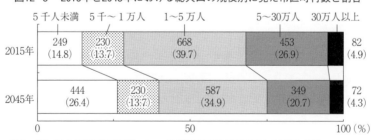

図12-3　2015年と2045年における総人口の規模別に見た市区町村数と割合

注1：グラフ中の数字は市区町村数、カッコ内の数字は1,682市区町村に占める割合（％）。
注2：割合については四捨五入して表記したため合計が100にならないことがある。
出典：国立社会保障・人口問題研究所『日本の地域別将来推計人口』（平成30（2018）年推計）より引用。
　　　ただし年次のみ西暦表示に改変

と呼ばれることが多くなっている。

　こうした人口減少の程度の地域差、依然として続く大都市への移動は東京都を中心とした首都圏（千葉県、埼玉県、東京都、神奈川県）への人口集中（人口の「東京一極集中」）をより加速させる。首都圏の人口が全国の人口に占める割合を見ると、1950年には15.5％であったが、1975年には24.2％に上昇し、2015年には28.4％にまで達している。上記の推計結果によると、2045年にはこの割合は31.9％に達する見通しである。

　また少子・高齢化も地域差を伴って現れている。たとえば高齢化は様々な形で地域差が現れる。都道府県別の高齢化率を見ると、2015年で最も高い秋田県で33.8％であり、高知県の32.9％、島根県の32.5％などが続く。これらは大都市圏から離れた地域である。高齢化率が最も低い沖縄県は19.7％であるが、次いで東京都の22.7％、愛知県の23.8％、神奈川県の23.9％などとなっている。こちらは沖縄県を除くと大都市圏の地域である。現在でも高齢化率の都道府県レベルでの地域差が大きく、大都市圏と非大都市圏の高齢化率の水準の差が明確に現れる。これが2045年になると、高齢化率が最も高いのは秋田県の50.1％であり、青森県の46.8％、福島県の44.2％などが続く。一方高齢化率が最も低いのは東京都の30.7％であり、沖縄県の31.4％、愛知県の33.1％、滋賀県の34.3％などが続く。2045年でも高齢化率の地域差は大きく、大都市圏と非大都市圏の地域差が明確に現れている。

　高齢化の地域差の別の姿を、高齢者人口の変化から見ることができる。国立社会保障・人口問題研究所「日本の地域別将来推計人口（平成30（2018）年推計）」より図12-4として挙げた、2015年から2045年にかけての都道府県別の高齢者人口の変化（2015年を100とした指数）を見ると、東京都や神奈川県では130を超える指数となっており、千葉県、埼玉県、愛知県、滋賀県、福岡県などでも120以上130未満の指数となっている。これらのほとんどは大都市圏に属する地域である。ところが、高齢化率が高い、青森県、秋田県、高知県などでは100を下回る指数となっている。つまり、将来的には、高齢化率が低い大都市圏で高齢者の人口は大きく増え、高齢化率が高い非大都市圏では高齢者はむしろ減っていく見通しである。

図12- 4　2015年の高齢者(65歳以上)人口を100 としたときの2045年の高齢者人口の指数

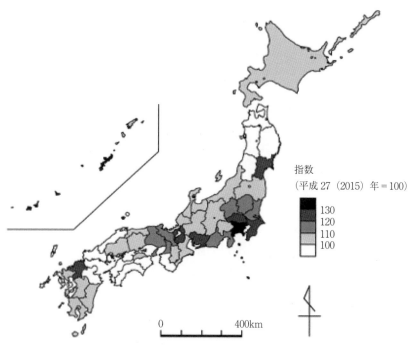

指数
(平成 27 (2015) 年 = 100)

130
120
110
100

0　　　　400km

出典：国立社会保障·人口問題研究所『日本の地域別将来推計人口』(平成30 (2018) 年推計) より引用

　このように、人口の変化には地域差があることがわかる。

外国人人口の増加　社会のグローバル化などを背景に、わが国では外国人人口が増加している。総務省統計局「国勢調査」からまとめた図12- 5 によると、外国人人口は1950年には約52.8万人であり、人口に占める割合も0.6％であった。1985年までは外国人人口、人口に占める割合の増加は緩やかであり、1985年でもそれぞれ約72.0万人、0.6％であった。その後、外国人人口、人口に占める割合ともに増加し、1995年には外国人人口は約114.0万人となり、2000年には約131.1万人となり、人口に占める割合も1.0％に達した。2015年になると外国人人口は約175.2万人となり、人口の1.4％を占めるようになっている。国籍別の構成を見ると、長い間にわたって韓国・朝鮮が

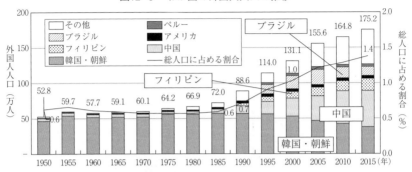

図12-5　わが国の外国人人口の推移

注：グラフの上の数値は、外国人の数（万人）
出典：総務省統計局『国勢調査』

最も多かった。しかし1990年以降は中国、ブラジル、フィリピンなどの国籍の者も増えていった。その結果2015年の外国人人口の国籍別構成を見ると、中国が最も多く（51.1万人）、韓国・朝鮮（37.7万人）、フィリピン（17.2万人）、ブラジル（12.6万人）などとなっている。

　外国人人口の数や人口に占める割合にも地域差がある。外国人人口が０の地域もわずかであるが存在する一方で、外国人住民の多い地域もある。たとえば、群馬県大泉町では外国人人口が人口の14.6％を占め、住民の７人に１人が外国人である。

　このように、わが国は外国人人口が多くなりつつあり、国籍も多様である。つまり、エスニックな多様性もわが国では大きくなりつつある。

コラム12-1　外国人受け入れの法制度の変化

　人口減少社会に入ったわが国では、外国人を本格的に受け入れるべきか否か、受け入れる場合の私たちの社会が対応しなければならない課題などについて多くの議論がある。外国人がわが国に居住する場合は、出入国管理及び難民認定法（入管法）という法律に基づいて、その目的に応じた在留資格を得る必要がある。在留資格は2019年11月現在で29種類あり、大きく分けると、外交、経営・管理、教育などの活動目的に基づく在留資格、日本人の配偶者などの立場に基づく在留資格がある。こ

うした在留資格は就労ができるか否か、何年わが国に居住できるかなどが細かく決まっている。こうした外国人の在留資格を大きく変える入管法の改正が何度か行われており、その後の外国人人口に影響を与えてきた。たとえば、バブル経済の人手不足の中、1990年の改正では在留資格に「定住者」が設けられ、最長5年までの居住や就労が可能であり、日系ブラジル人などが増える契機となった。現在の「技能実習」の在留資格は2007年の改正で創設された（外国人研修生受け入れの制度は1980年代から実施）。その後は「高度専門職」（2014年改正）、「介護」（2016年改正）の創設などが実施された。2018年の改正では「特定技能1号」「特定技能2号」の在留資格が設けられ、人手不足が深刻な産業で相当な知識や技能をもつ外国人の受け入れができるようになっている。受け入れには様々な条件があるが、これが外国人人口の動きにどのような影響があるかは今後の推移を見守る必要がある。

2　人口問題に対応する社会保障の課題

支える者と支えられる者の関係の変化　他の章で述べたようにわが国の社会保障制度は、年金、医療、介護などで高齢者の生活を支える形になっている。このことは高齢者が少なく、若い人口が多い、そして経済が大きく成長している社会であれば、何の問題もない。ところが、高齢化が進むということは、年金、医療、介護に必要な費用が増えてくることを意味する。一方で、社会保障制度を社会保険料や税金を負担する形で支える現役世代の数が減ってくる。しかも少子化により、将来新たに現役世代として社会に参加する人口も減ってくる。その結果多くなった高齢者の社会保障の費用を、少なくなった現役世代でどのように賄うのか、という問題に直面する。一人ひとりの所得が大きく増える高度経済成長が永遠に続けば問題はないが、わが国は長い間経済成長率が低く、一人ひとりの所得が増えない社会を経験してきた。そのような中で現役世代一人ひとりの負担を大きくすることは現実的ではない。

　また、少子化が進んでいるからといって、子どもやその親、若年層を社会保障制度の中で支援する必要がなくなっているわけではない。子どもが健康で健全に育ち、将来の社会を支えるようになるには、保育所、育児休業、働き方の

改革といった支援がむしろ重要になっている。そして、低所得の若者などの自立した生活が難しい人々に対しては、彼らの能力を伸ばすような支援策も重要である。

さらに、高齢者の側に目を向けると、健康で経済力のある人、社会活動に意欲のある人も多い。彼らに就労や様々な活動の機会を開き、実際に何らかの形で社会を支える側に回るようにする支援も重要である。

外国人の増加は、今後減少する労働力人口を補うことを意味する。労働力人口といっても日本人と同じように、医師、弁護士、経営者といった職業の人がいる一方で、工場や福祉の現場などで働く職業の人もいる。現在、特定技能1号と呼ばれる在留資格ができ、後者の人々をより受け入れる方向に進んでいくであろう。その場合、労働者としての権利が守られること、医療、年金などの社会保険が日本人と同様に適用されることなどが重要になってくる。また、彼らの労働力という側面だけでなく、生活者としての側面にも着目する必要がある。彼らも日本人と同じ地域内で生活するということは、地域住民のエスニックの多様性をもたらすことを意味する。文化的な背景が異なる住民の増加は、ゴミ出しの仕方の理解、言葉の壁がない形での教育や医療サービスの利用など、日本人と同等の生活するために必要な支援ニーズがあることを意味する。

このように、社会保障制度は現役世代が高齢者を一方的に支えるだけでなく、高齢者が支え手に回る、現役世代が支えられる側として年齢、国籍など関係がない場合もある。そうした全世代型の社会保障の構築が求められている。

世帯の変化への対応　世帯の変化は、家族の形が多様化することを意味する。たとえば、高齢者のひとり暮らしの増加は、誰も話し相手がいない、元気ではあるがどこに出かけてよいかわからないという高齢者を生み出し、それが孤立や孤独死の問題につながる。またひとり親世帯の増加は、ひとりで子どもを育てる家族については、仕事と家庭の両立、子どもの教育などの課題が、夫婦で子どもを育てている場合よりも切実になる。さらに、成人した未婚の子どもと高齢の父親または母親という家族の場合、子どもの側が経済的に自立していたとしても、親の介護が必要な場合には、仕事と介護の両立支援がより重要になる。一方で、子どもの側が無職や引きこもりといった

問題を抱えていると、高齢の親がひとりで子ども支える、そしてやがて支える
ことが困難になるという問題が出ている。こうした問題は「8050問題」と呼ば
れるようになっている。老親が介護を必要になった場合、子どもが介護できな
い、その結果虐待に走る、地域から孤立してしまう、という問題につながる。
また、老親が亡くなると、自立した生活の経験がない中高年の成人子が残され、
生活が成り立たなくなる。こういった問題に、老親、子ども双方に支援する形
での対応が重要になる。つまり、上記で述べた現役世代も支えられる側に回る
場合もあるということは、世帯の多様化も背景にあり、そのニーズが具体的に
なっているのである。

コラム12-2　8050問題

　高齢者の家族形態の変化の中で、8050問題が近年深刻な社会問題となっている。
この8050問題をひとことでいうと、「80歳代の親と50歳代の子どもの組み合わせに
よる生活問題」となる。親は80歳代になり、同居している子どもが50歳代であるが、
（病気や失業、就職活動のつまずきなどで）就業していない（した経験がない）、過
去のいじめやパワハラなどで長期の引きこもり状態にある。さらに、子どもも配偶
者がいないため、頼ることのできる家族が高齢の親しかいない（特に収入源として
の親の年金）状態にあることが多いとされている。こうした状態にある子どもを長
年にわたり親がお世話してきたが、親の側で介護が必要、病気になった場合に、子
どもが介護や看護ができない、金銭管理や行政への手続きなどができないという問
題がでてくる。また、周囲の人に相談する手段をもたないために、親子で問題を抱
えたまま孤立する、その結果、孤独死や孤立死、虐待などの深刻な事態に発展する
恐れもある。こうした親子への支援を行政や地域社会がどのようにして行うかが大
きな課題となっている。

　本文でも書いたが、近年の高齢者の家族形態の中で配偶者がいない子どもと同居
している人が増えている。その中にはこの8050問題にあてはまる人がいるものと考
えられる。その一方で、高齢の親、同居の子どもともに健康で経済的に自立した生
活ができる、高齢の親は介護が必要だが、子どもが仕事をもちながら、介護サービ
スを活用して、自立した生活を送っている人も多くいるであろう。つまり、8050問
題は、高齢者の生活実態が多様化している中で現れているひとつの問題である。

社会保障分野で働く 人　材　確　保	高齢化、子育て、自立支援等様々な社会保障に関する 支援ニーズの増大は、社会保障の費用の増加をもたら

すとともに、そこで働く人材へのニーズも増大させる。社会保障は対人サービ
スが基本であり、専門性をもった人材を十分に確保しないと、いくら予算があっ
ても必要な支援が届かないからである。社会保障分野で働く人材には、医師、
看護師、介護士、保育士など多様な人材が必要である。しかも高度な専門知識、
技能を必要とするため、養成には時間と費用がかかる。人材育成はもちろんで
あるが、現在社会保障分野で働いている人々の賃金などの処遇は他の産業と比
べて決して良いわけではない。そのため、労働条件上の理由からの離職も多い。
そのため、賃金やキャリアアップの体制などの労働条件の改善も重要である。

　とはいっても、わが国が人口減少社会にあるという事実にも対応する必要が
ある。外国人の受け入れも重要ではあるが、わが国には高度なテクノロジーが
ある。現在、介護ロボットに代表されるICT器機の開発や普及が進められつつ
ある。こうしたICT機器の開発や普及が成功すると、わが国が世界に対して高
齢化への対応の具体的な解決策を示すことも期待できる。

◎理解を深める問題
　　1）わが国を取り巻く「人口問題」についてまとめてみよう。
　　2）「人口問題」から生じる「社会保障の課題」は何かまとめてみよう。

◎参考文献
　国立社会保障・人口問題研究所『人口統計資料集』（各年版）
　日本人口学会編『人口学事典』（丸善出版、2018年）

第**13**章

日本と世界の社会保障の歴史

1　日本の社会保障の歴史

古代の社会保障　日本における社会福祉の始まりは、伝承として、飛鳥時代に、聖徳太子が、四天王寺に悲田院や施薬院等の四院を建てて、貧困者や病人の収容や施薬を始めたという。歴史上の確かな記録としては、奈良時代の730（天平2）年に、光明皇后の発願によって、悲田院（身寄りのない貧しい病人や孤児を収容した施設）や、施薬院（薬草を栽培して、貧しい病人に薬を与え、治療した施設）が創設された。

　こうした慈善救済的な施策はあったものの、基本的には、生活貧困者に対する家族・親族による私的扶養や、地域共同体による救済が一般的であった。江戸時代では、飢饉等の災害に対する幕府の対応や、藩による独自の貧困対策などが行われていたが、現代のように全国民を対象とする制度は確立していなかった。

　日本が、近代国家の道を歩み始めた明治時代になって、現在の社会保障制度の萌芽とでも呼ぶべき制度が創設され始めた。

明治から戦前まで　(1)　**恤救規則と救護法**　1874（明治7）年に制定された恤救規則は、貧困者に対する日本で最初の公的な救済制度であった。これは、身寄りがなく、高齢、幼少、疾病、傷病等により労働に従事できない極貧の人々に一定量の米に相当する金銭を給付するというものであった。しかし、貧困者の救済は国の義務ではなく、家族や隣人等のお互いの助け合い（隣保相扶）を基本原則としており、対象者や救済内容は、は

なはだしく不十分であった。

　その後、1929（昭和4）年に、今日の生活保護法の前身ともいうべき救護法が制定された（施行は、1932（昭和7）年1月1日）。救護法は、貧困者の救済を国の義務とする等、恤救規則より進歩したものであったが、被保護者に欠格条項が設けられて限定されているほか、給付内容・水準、対象者の権利等、まだ不十分な内容であった。

　(2)　**戦前の社会保険**　　社会保険制度については、1927（昭和2）年の健康保険法により、初めて労働者を対象とした公的な医療保険制度の整備が行われた。1938（昭和13）年には、自営業者、農業従事者を対象に（旧）国民健康保険法が制定された。この（旧）国民健康保険は、健兵健民（健康な兵士や健康な国民の確保）政策としての性格を有していたが、西欧諸国の被用者保険とは異なり、日本独自の市町村を保険者とする地域保険であり、その意義は大きかった。

　1941（昭和16）年には、労働者を対象とした年金保険制度（厚生年金保険の前身）が創設された。また、1938（昭和13）年には、保健衛生や社会事業、労働関係の行政を行う新しい行政機関として、政府に厚生省が創設され、社会保険業務を行う官庁として保険院が、厚生省の外局として設けられた。

　このように、戦前には、明治以降の資本主義の発展に伴い経済規模が拡大する一方で、経済恐慌による失業問題や生活困窮者の増大、拡大する労働問題等を背景として、特に20世紀に入ってから、社会保険制度を中心に社会保障制度の整備が進められた。しかし、これらの制度は、現在の制度と比べれば、その内容、対象者数、事業規模等、様々な点で不十分なものであった。

戦後の緊急援護と基盤整備（1945年〜55年頃）　　(1)　**GHQの指導と日本国憲法**　　第二次世界大戦の敗戦は、わが国にとって約310万の人命の喪失をはじめ、領土の縮小、国富や国民所得の大幅な減少と、国民生活に多大な影響を及ぼしたばかりでなく、明治以来の日本の政治、経済、社会の体制を否定し、これらを一変させる改革をもたらした。

　第二次世界大戦直後からサンフランシスコ講和会議で結ばれた平和条約が発効する1952（昭和27）年までは、GHQ（連合国軍最高司令官総司令部）が日本を占領支配した。GHQの強力な指導により、民主国家の建設を目指しての様々な

取り組みが進められた。日本国憲法の制定、農地改革、教育改革、財閥解体、女性の参政権を認めた上での総選挙の実施等、短期間に日本の社会を一変させる数々の改革が実施された。

　1946（昭和21）年11月3日公布、翌1947（昭和22）年5月3日から施行された日本国憲法では、第25条に、生存権の保障と社会福祉・社会保障・公衆衛生の向上・増進に努めるべき国の責務について規定された。この憲法25条に基づき、社会保障制度の整備・充実が進められることとなった。

　(2)　**社会保障制度の基盤整備**　　社会保障制度の歴史の面では、第二次世界大戦後から1955（昭和30）年頃までは、終戦後の混乱した社会における数多くの生活困窮者や戦災孤児・浮浪児、あるいは戦争による傷痍者に対する緊急援護が行われた。あわせて社会保障制度の基盤整備が進められた。

　戦後の激しいインフレーションと失業による生活困窮者を救済するために、1946（昭和21）年に（旧）生活保護法が制定され、国家責任の原則、無差別平等の原則、最低生活保障の原則という三原則に基づく公的扶助制度が創設された。その後、1947（昭和22）年には児童福祉法、1949（昭和24）年には身体障害者福祉法が制定され、1950（昭和25）年には（旧）生活保護法が憲法25条の生存権保障の観点から改正された。さらに、1951（昭和26）年には、戦後のわが国の社会福祉事業の発展の基盤となった社会福祉事業法（現・社会福祉法）が制定された。また、1950年には、社会保障制度審議会の勧告（1950年勧告）が行われ、戦後の日本の社会保障制度構築に向けての具体的な指針となった。

　基盤整備の面では、公衆衛生行政や社会福祉行政を担う行政機関である保健所や福祉事務所に関する制度が整備されたほか、医師、看護師等の各種資格法が整備された。

国民皆保険・皆年金と社会保障制度の発展（1955年頃〜75年頃まで）

　(1)　**福祉国家の建設**　　1955（昭和30）年に始まった大型景気により、わが国は本格的な経済成長過程に入り、以後、石油危機（オイルショック）に見舞われた1973（昭和48）年まで、長期間にわたって高度経済成長を続けた。この間、1964（昭和39）年には東京オリンピックの開催、1970（昭和45）年には大阪で万国博覧会の開催と、世界的イベントが実施された。経済成長と歩調をあわせ、欧米先進

国と同様に、国民の福祉増進の確保を重要な目的とする福祉国家の建設を目標に掲げて、各種の法制度の整備が図られていった。

　高度経済成長による国民の生活水準の向上に伴い、生活困窮者や援護が必要な人々に対して、貧困から救済する施策（救貧施策）に加え、貧困状態になることをあらかじめ防いでおく施策（防貧施策）の重要性が増していった。救貧施策の代表的なものが生活保護制度であり、防貧施策の代表的なものが社会保険制度である。

　(2)　**国民皆保険・皆年金**　　昭和30年代には、国民健康保険法の改正や国民年金法の制定が行われ、この2つの法律の全面施行により、1961（昭和36）年に「国民皆保険・皆年金」の体制が確立した。これは、わが国の社会保障制度の歴史の中で特筆すべき事項であり、これによりすべての国民が必ず何らかの医療保険制度および年金保険制度に加入することとなり、病気にかかった場合の医療費保障や、老後の所得保障が確保されることとなった。国民皆保険・皆年金体制は、現在に至るまで、わが国の社会保障制度の基本となっている。

　(3)　**福祉六法と福祉元年**　　さらに、この時期は、社会保障制度の拡充や給付改善が活発に行われた時期である。社会福祉分野では、老人福祉法の制定をはじめ、福祉関係の主要な法制度が整備され、「福祉六法」体制（福祉六法とは、生活保護法、児童福祉法、身体障害者福祉法、知的障害者福祉法、老人福祉法、母子及び父子並びに寡婦福祉法をいう）が確立した。

　給付改善の代表例としては、生活保護制度の生活扶助基準の引上げや、年金制度における年金給付水準の引上げ等のほか、1973（昭和48）年1月の老人医療費支給制度の実施により、70歳以上の高齢者の医療費の自己負担の無料化がある。1973（昭和48）年は、老人医療費無料化のほかに、年金制度では給付水準の大幅引上げが、医療保険制度では保険給付率の改善等が行われたことから「福祉元年」とも呼ばれた。

制度の見直し期
（1970年代後半〜80年代）　(1)　**行財政改革の実施**　　1970年代に二度発生した石油危機による原油価格高騰と経済不況により、高度経済成長は終焉を迎え、安定成長時代に入った。経済不況や低成長による税収の落ち込み等から国の財政赤字が増大したことなどから、1980年代は、国の行財政

表13-1　わが国の社会保障制度の変遷（1945年以降）

時代区分	社会保障制度の主な変遷
○戦後の緊急援護と基盤整備 （1945～54年頃）	1946　(旧) 生活保護法制定、日本国憲法公布 47　保健所法制定、児童福祉法制定 48　医療法、医師法、保健婦助産婦看護婦法制定 49　身体障害者福祉法制定 50　(新) 生活保護法制定（福祉3法体制）、精神衛生法制定、社会保障制度審議会勧告 51　社会福祉事業法制定 52　戦傷病者遺族等援護法制定
○国民皆保険・皆年金と社会保障制度の発展 （1955年頃～オイルショックまで）	1957　国民皆保険計画 58　国民健康保険法改正（国民皆保険） 59　国民年金法制定（国民皆年金） 60　精神薄弱者福祉法制定 61　国民皆保険・皆年金の実施、児童扶養手当法制定 62　社会保障制度審議会勧告 63　老人福祉法制定 64　母子福祉法制定（福祉6法体制） 70　心身障害者対策基本法制定、社会福祉施設緊急整備5か年計画 71　児童手当法制定 73　老人福祉法改正（老人医療費無料化）、健康保険法改正（家族7割給付等）、年金制度改正（給付水準の引上げ、物価スライドの導入等）（「福祉元年」）
○社会保障制度の見直し期 （70年代後半～80年代）	1981　母子及び寡婦福祉法（母子福祉法改正） 82　老人保健法制定（一部負担の導入、老人保健拠出金制度等） 84　健康保険法等改正（被保険者本人9割給付、退職者医療制度等） 85　年金制度改正（基礎年金導入等）、医療法改正（地域医療計画の導入等） 86　国の補助金等の臨時特例等に関する法律制定（国と地方の負担割合の見直し） 87　社会福祉士及び介護福祉士法制定（精神衛生法改正）、老人保健法改正（老人保健施設等） 89　高齢者保健福祉推進十か年戦略（ゴールドプラン）策定
○少子高齢社会に対応した制度構築期 （90年代～2000年）	1990　老人福祉法福祉8法の改正（市町村中心の福祉サービス等） 91　老人保健法改正（老人訪問看護制度等） 93　障害者基本法制定（心身障害者対策基本法改正） 94　エンゼルプラン策定、新ゴールドプラン策定、年金制度改正（厚生年金定額部分の支給開始年齢の引上げ等） 95　社会保障制度審議会勧告、障害者プラン策定、高齢社会対策基本法制定、精神保健福祉法制定（精神保健法改正） 97　児童福祉法改正（保育所入所制度の改正等）、健康保険法等改正（本人8割給付）、介護保険法制定、特定非営利活動促進法制定、精神保健福祉士法制定 99　知的障害者福祉法制定（精神薄弱者福祉法改正）、ゴールドプラン21策定、新エンゼルプラン策定 2000　介護保険制度施行、年金制度改正（給付と負担の見直し等）、社会福祉法制定（社会福祉事業法改正）、児童虐待防止法制定
○構造改革と社会保障改革 （2001年～現在）	2001　確定拠出年金法制定。中央省庁再編（厚生労働省） 02　健康保険法等改正（本人7割給付、老人保健制度の改正等） 04　年金制度改正（給付と負担の見直し等） 05　介護保険法改正、障害者自立支援法制定 06　医療制度改革、児童手当法改正（小学校6年生まで支給） 08　後期高齢者医療制度施行 10　子ども手当の実施 12　社会保障と税の一体改革、障害者総合支援法、年金制度改正（被用者年金制度の一元化）、子ども・子育て支援三法 13　社会保障改革プログラム法、生活困窮者自立支援法 15　国保改革（国保の都道府県単位化等） 19　幼児教育・保育の無償化

出典：筆者作成

改革が大きな課題となった時期であった。臨時行政調査会の答申等を踏まえて、様々な改革が行われた。1987年、国鉄が分割・民営化されJR6社が誕生したことが、当時の代表的な改革であった。

(2) **社会保障制度の見直し**　　社会保障制度についても、医療費の急増をもたらした老人医療費支給制度や年金制度、医療保険制度の見直しが課題となった。まず、老人医療費の自己負担無料化を見直して患者の一部負担を導入するとともに、老人医療費を各医療保険者間で公平に負担することを目的として老人保健制度が創設された（1982年）。健康保険法の一部改正により、被保険者本人に定率1割負担が導入された（1989年）。年金制度では、全国民共通の基礎年金制度が創設された（1985年）。

少子高齢社会に
対応した制度構築
（1990年代～2000年）

(1) **高齢化と少子化の進行**　　1990年代には、平均寿命の伸長や出生率の低下等から、人口の高齢化の急速な進行が顕著となってきた。1994年には、高齢化率が14％を超え、高齢社会を迎えた。人口の高齢化の進展は、社会保障制度においては、老人医療費の負担や年金制度の設計、高齢者介護のあり方等に問題を投げかけることとなった。

高齢者介護問題に対しては、1990（平成2）年から高齢者保健福祉推進十か年戦略（ゴールドプラン）（1989年12月策定）および1995年から新ゴールドプランによって高齢者保健福祉サービスの基盤整備が進められた。さらに、1997（平成9）年の介護保険法の制定、2000（平成12）年4月から介護保険制度の実施と続いた。

一方で、少子化傾向が続いたことから少子化対策も注目を集めるようになった。1990年代では、エンゼルプランや新エンゼルプランによって、保育所の入所定員増や低年齢児保育の充実等が図られた。

(2) **社会福祉基礎構造改革**　　社会福祉分野においては、1990（平成2）年の老人福祉法等八法の改正により、市町村を中心とした福祉行政の展開や、地方行政における計画的な老人保健福祉の基盤整備の推進が図られていくこととなった。2000（平成12）年には、社会福祉事業法の改正（改正により社会福祉法と改称）を中心とする社会福祉基礎構造改革が行われた。この改革の一環とし

て、障害者福祉分野においても、介護保険制度が創設された老人福祉分野と同様に、措置制度を見直して利用者本位の利用契約方式に変更された。

　措置制度とは、福祉サービスの提供にあたって、市町村等の行政機関がサービス実施の要否、提供主体等を決定して、行政処分として利用者にサービスを提供する仕組みのことをいう。わが国では、社会福祉各法に基づくサービスの提供は、長い間措置制度が基本となってきたが、介護保険制度の導入や社会福祉基礎構造改革によって、利用契約方式へと変化した。

新たな社会保障改革（2001年〜現在）

(1)　**構造改革**　わが国は、1990年代半ばから「失われた20年」と呼ばれたような経済不況さらにはデフレ経済が続くこととなった。このため、わが国の財政は、税収が落ち込む一方で、景気対策のための公共事業等の実施、社会保障費の増大による歳出拡大等のために、大量の国債発行に依存するようになった。

　2001（平成13）年に誕生した小泉内閣では、「構造改革なくして成長なし」をスローガンに、経済構造改革や行政改革、社会保障改革、規制改革、郵政改革等、多くの制度改正が進められた。

(2)　**社会保障制度の改正**　社会保障分野においては、将来にわたって持続可能な社会保障制度とするために、年金制度の改正（2004年）、介護保険制度の改正（2005年）、医療制度の改正（2006年）が行われた。さらに、障害者福祉分野では、身体障害者、知的障害者、精神障害者別に提供されていた福祉サービスを一元化し、障害者の自立を推進する障害者自立支援法が成立した（2005年。後に、障害者総合支援法に改正）。他方、年金記録の管理が適正に行われなかった「年金記録問題」が、政治の大きな争点となり、社会保障制度に対する国民の信頼感を低下させる一因となった。また、非正規労働者の増大や所得格差の拡大などを背景に、社会保障の機能強化の必要性が指摘されるようになった。

(3)　**社会保障と税の一体改革**　2009（平成21）年の総選挙の結果、従来の自民党中心の政権から民主党中心の政権へと、政権交代がなされた。民主党政権では、少子高齢化の進行や雇用情勢の変化等に対応した社会保障改革と、安定財源の確保と財政健全化を図る税制改革を同時に行う「社会保障と税の一体改革」が大きな政治課題となった。具体的には、消費税を5％から10％に引上げ、増

税分を「年金・医療・介護・少子化」の4分野に充当することにより、社会保障制度の財源確保や機能強化を図ろうとするものであった。2012（平成24）年8月、消費税引上げ法案や子供・子育て関連法案、年金制度改正関連法案等の社会保障・税一体改革関連法案が成立した。

　2012（平成24）年の総選挙により、再び政権交代があり、自民党・公明党の連立政権が復活した。2013（平成25）年8月の社会保障制度改革国民会議の報告書を踏まえ、同年12月、「持続可能な社会保障制度の確立を図るための改革の推進に関する法律」（社会保障改革プログラム法）が制定された。これにより、社会保障改革の当面の方向と内容が示された。消費税の引上げによる社会保障制度の機能強化とともに、社会保障費用の増大抑制のための制度改正等が講じられている。

コラム13-1　日本の国民皆保険・皆年金の特徴

　日本の社会保障制度の中核をなしている国民皆保険・皆年金であるが、日本は世界で4番目に皆保険を、12番目に皆年金を達成したとされる。国民皆保険・皆年金の実現が、1961年というのも早い時期で、ヨーロッパでも1960年までに人口の9割以上を対象とする医療保障を達成していたのは4か国、国民皆年金を実現した国は11か国であった。21世紀の現代においても、国民皆保険・皆年金の国は、世界中で多くはない。

　「平成23年版厚生労働白書」では、高度経済成長が始まったばかりという、まだ国が貧しい段階で全国民に等しく社会保険制度を適用し、不安のない社会をつくるべく国民皆保険・皆年金を実現したことは、当時の為政者の英断といえる、と記述している。

2　西欧の社会保障の歴史

　救貧法の時代　(1)　**救貧法**　イギリスでは、エリザベス1世女王の時代（1558〜1603年在位）、1601年に救貧法（Poor Law）が制定された。これが、世界の社会保障の歴史の中で、公的扶助制度の起源と

いわれている。

　救貧法は、当時犯罪者予備軍とみなされていた、放浪して物乞いをする者や都市の浮浪者をなくすことを目的としたものであった。その内容は、教区ごとに治安判事が貧民監督官を任命し、貧困者を保護・観察・指導を行う義務を課す一方で、その財源として資産に対して地方税（救貧税）を課すことができる権限を与えた。労働能力のない貧民を救済するとともに、労働能力のある貧民に対しては強制労働を課した。

　貧困者を収容し、強制労働を課す施設として、ワークハウス（労役場）が各地に設立された。ただし、この施設の処遇が劣悪なものであったことから「恐怖の家」と呼ばれた。

　(2)　**院外救済**　　ワークハウスという救貧施設での強制労働ではなく、自宅での救済や金銭給付を行う院外救済も行われた。1782年のギルバート法は、貧困者を自宅で就労させるものであり、1795年のスピーナムランド制度は、救貧税を財源に貧困者に手当を支給することにより救済するものであった。ただし、こうした院外救済に対しては、怠惰な人を養成してしまうという懸念や、労働者を低賃金で搾取することを容認してしまうといった批判があった。

　(3)　**救貧法の改正**　　救貧法は、1834年に大改正された。その内容は、①教区の裁量を狭め、国による中央集権的で全国統一の制度としたこと、②救貧法によって救済される者の生活水準が、就労している最下層の労働者の生活レベルよりも低くなる「劣等処遇の原則」を徹底したこと、③労働能力がある貧困者に対する院外救済を禁止し、ワークハウスに収容して強制労働を課したこと、というものであった。

　このように、救貧法の時代は、貧困問題を、怠惰な人間による個人的な問題として捉え、社会の安定や安全の視点から、抑圧的かつ限定的な救済を行うという方法がとられた。

　貧困の社会問題化　　(1)　**貧困調査**　　18世紀後半にイギリスで起こった産業革命は、19世紀半ばにはヨーロッパ大陸諸国やアメリカへ波及して、各国の社会経済に急激な変化をもたらした。経済成長の一方で人々の貧富の差が拡大し、周期的に発生する経済恐慌が、大量の失業者を生

み出すこととなった。職を求めて都市部で生活する浮浪者が増大するとともに、慈善運動や労働組合運動が活発化していった。

　イギリスにおける社会調査の創始者であるブース（1829～1912年）は、ロンドン市内の貧困調査を行い、労働者の約3割は貧困生活を行っており、その原因は、不規則労働、低賃金、疾病、多子にあることを明らかにした（『ロンドン市民における民衆の生活と労働』1903年）。

　また、ラウントリー（1871～1954年）は、ヨーク市で住民調査を行い、約3割の住民が貧困状態にあることを確認した（『貧困——都市生活の研究』1901年）。

　こうしたブースやラウントリーの社会調査により、貧困の実態が明確になるとともに、貧困は、個人的な失敗や責任に帰すべきものではなく、経済的・社会的な要因によって引き起こされるものであること、貧困問題は国家の施策として対応すべきものであることが明らかにされた。

　(2)　**ナショナル・ミニマム論**　　19世紀後半のイギリスでは、急進的な労働運動などとは一線を画し、漸進的な社会変革を進めようとするフェビアン協会が設立された（1884年）。ウェッブ夫妻は、フェビアン協会に加入し、後に協会の指導者として活躍した。ウェッブ夫妻は、国家は国民の最低限の生活（ナショナル・ミニマム）を保障しなければならない、とするナショナル・ミニマム論を提唱し、20世紀の福祉国家の建設にあたって大きな理論的影響を与えた。

　　社会保険の創設　　(1)　**ドイツ帝国とビスマルク**　　世界で初めて社会保険制度が作られたのは、19世紀後半のドイツであった。

　神聖ローマ帝国の終焉以降、ドイツは多数の領邦国家に分裂していたが、19世紀半ばからプロイセン王国を中心に統合が進み、1871年、ドイツ帝国が誕生した。プロイセン王国の首相であり、ドイツ帝国の初代首相となったのが、「鉄血宰相」と呼ばれたビスマルク（1815～1898年）であった。ビスマルク首相は、社会主義鎮圧法（1878年）によって労働組合の解散等、社会主義運動を弾圧する一方で、国内の政治的安定と労働者保護を目的として、1880年代に世界で初めての社会保険制度を創設した。これが「アメとムチの政策」と呼ばれたものであった。

　(2)　**社会保険各法**　　ビスマルク首相のドイツにおいて、1883年に世界で最

初の社会保険立法である疾病保険法が制定された。翌1884年には労災保険法が、1889年には、年金保険としての老齢・障害保険法が制定された。

　ドイツで社会保険が成立した背景としては、中世からヨーロッパ各地で行われていたギルド（同業組合）の相互扶助共済組織が存在していたからであった。これを国の管理・運営とし、保険技術を応用することによって、労働者向けの社会保険に作り上げた。

　ドイツにおける社会保険の取り組みが、他のヨーロッパ諸国や日本においても、社会保険制度が整備されていく契機となった。

アメリカの社会保障法　　(1)　**社会保障という言葉**　　20世紀の社会保障は、16世紀以来のイギリスにおける救貧法に基づく公的扶助制度と、19世紀末のドイツのビスマルク首相の主導により成立した社会保険制度という２つの制度体系を基本に発展した。

　これら２つの各種制度を総称して「社会保障」（Social Security）と呼ぶようになったのは、アメリカで成立した社会保障法（Social Security Act of 1935）が、法律上の用語として「社会保障」という言葉を使用したことにあった。

　(2)　**ニューディール政策と社会保障**　　当時のアメリカは、1929年に起きた世界恐慌後の対策として、ルーズベルト大統領のもとでニューディール政策と呼ばれる経済政策が実施された。これは、経済学者ケインズの理論に立って、政府が公共投資等により需要を喚起し、雇用を創出しようとするものであった。あわせて、失業者等に対する経済保障制度の創設が急務の課題となっていた。

　1935年、アメリカで社会保障法が制定され、連邦政府による社会保障制度が創設された。その内容は、老齢年金保険と失業保険という２種類の社会保険、高齢者、障害者、要扶養児童への公的扶助、母子保健サービスや児童福祉サービス等の社会福祉事業という３部門からなっていた。イギリスでは、1934年に、保険料納付の有無を問わずに失業給付を行う失業法が制定された。

　なお、実質的に社会保障の用語が一般化したのは、イギリス、アメリカ両国によって1941年に宣言された大西洋憲章であった。大西洋憲章では、第二次世界大戦後の政策の８つの原則の中に「社会保障の確保」がうたわれた。

(1)　**チャーチル内閣とベヴァリッジ報告**　　第二次世界大戦中、イギリスではチャーチル内閣に、社会保険の総合調整に関する委員会が設置された。この委員会は、1942年に「社会保険及び関連サービス」と題する報告書を取りまとめた。この報告書は、委員長のベヴァリッジ（1879～1963年）の名前をとって「ベヴァリッジ報告」と呼ばれた。

(2)　**5つの巨人**　　ベヴァリッジ報告は、窮乏の解消を目的として、第二次世界大戦後のイギリスの社会保障計画を提示したものであった。同報告では、貧困、疾病、無知、不潔、怠惰を、社会の進歩を阻む「5つの巨人」と呼んだ。貧困には所得保障、疾病には医療保障、無知には教育政策、不潔には住宅政策、怠惰には完全雇用で対応しなければならないとした。

　具体的な社会保障制度としては、国民全員をカバーする社会保険（国民保険）と、公費負担による医療サービスの創設、両者を補完する公的扶助が必要であるとした。

(3)　**社会保険の原則**　　国民保険の原則としては、①均一給付・均一拠出（誰でも均一の保険料で、均一の給付を受けること）を適用する均一主義の原則、②給付は最低生活を保障するナショナル・ミニマムの原則（それ以上を望む場合は民間保険その他の自助努力で）、③労働者だけではなく、自営業者、無業者を含む全国民を対象とする一般性の原則などを掲げた。

　ベヴァリッジ報告は、第二次世界大戦後のイギリスの社会保障制度の整備の指針になったばかりでなく、他のヨーロッパ諸国や日本にも影響を与えることとなった。

第二次世界大戦後の
福祉国家の建設　　第二次世界大戦後のイギリスでは、ベヴァリッジ報告を踏まえ、アトリー労働党政権の下で、1946年に国民保険法、国民保健サービス法、1948年には国民扶助法が成立した。イギリスは、「ゆりかごから墓場まで（From the Cradle to the Grave）」といわれるような福祉国家への道を歩んでいった。

　イギリスによって進められた社会保障制度を基礎とした国家体制、すなわち「福祉国家」の建設（「福祉国家」（welfare state）とは、広辞苑によると、「完全雇用政策と社会保障政策とによって全国民に最低生活の保障と物的福祉の増大とを図ること

を目的とした国家体制」と説明される）は、フランスなど他のヨーロッパ諸国にも大きな影響を与えた。1952年には、ILO（国際労働機関）において「社会保障の最低基準に関する条約」が採択され、加盟国がこれに批准する形で、全世界に社会保障制度が普及していくこととなった。

福祉国家の黄金時代と見直し

(1)　**福祉国家の黄金時代**　　福祉国家の建設により年金、医療、社会福祉等の社会保障制度を充実させる政策は、国民の要望にも合致したことから、西欧諸国のみならず日本でも進められていった（日本については、第1節参照）。西欧諸国に比べると社会保障制度の整備が進まなかったアメリカでも、福祉国家化は進み、1965年には高齢者・障害者向けの公的医療保険制度であるメディケア（Medicare）と、低所得者向けの公的医療扶助制度であるメディケイド（Medicaid）が創設された。こうして1970年代初頭までの時期は、「福祉国家の黄金時代」とも呼ばれた。

(2)　**福祉国家の見直し**　　しかし、1973年と1979年の二度の石油危機などを契機に先進国は経済不況となり、税収の落込み等による財政悪化の中で、費用がかかる社会保障制度の持続可能性について問題視されるようになった。経済協力機構（OECD）は、1981年に「福祉国家の危機」と題する報告書を公開し、警鐘を鳴らした。

1979年、イギリスでは保守党のサッチャー首相が誕生し、市場原理や民営化の導入等によって、NHS（国民保健サービス）改革など、従来の社会保障制度の見直しに着手した。また、アメリカでは、1980年、共和党のレーガンが大統領に就任し、規制緩和や市場活用、予算縮減等の「小さな政府」を標榜する政策を展開した。日本では、中曽根内閣の下で、行財政改革の一環として、老人医療費無料化の見直し、健康保険の被保険者本人の自己負担の導入等の社会保障制度見直し策が展開された。

社会保障をめぐる様々な状況

(1)　**人口高齢化の進行**　　その後の欧米諸国の社会保障制度の状況を見ると、その国の財政状況や政治体制、人口や産業構造の変化、社会保障の歴史的変遷、個別の社会保障制度の課題などから、様々な展開を見せている。

人口高齢化の進行は、先進国共通の課題である。高齢者人口の増大の影響を

受ける年金制度については、先進国で共通の対策として見られるのは、制度の
持続可能性の確保の観点から、年金支給額の抑制、保険料納付期間の延長、年
金支給開始年齢の引上げ等である。一方、高齢者介護問題については、北欧や
イギリスなどのように税財源を基に介護保障の仕組みを構築する国と、ドイツ
や日本のように介護保険制度による介護保障の仕組みを構築する国とに2分さ
れる。

(2) **イギリスやアメリカの動向**　　政治との関係でいえば、イギリスでは、サッ
チャー政権後の労働党のブレア政権（1997～2007年）では、旧来の労働党でも

表13-2　世界の社会保障の歴史

時代	社会保障に関する主な出来事		社会状況	
17世紀	1601	イギリスで救貧法を制定		
18世紀	1782	（イギリス）ギルバート法	1776	アメリカ合衆国独立
	1795	（イギリス）スピーナムランド制度	1789	フランス革命
				（18世紀後半）
				イギリスで産業革命が起こる
19世紀	1834	（イギリス）救貧法を大改正		
	1883	ドイツで世界最初の社会保険立法である	1868	明治維新
		疾病保険法の制定	1871	ドイツ帝国成立
	1884	（ドイツ）労災保険法		
	1889	（ドイツ）老齢・障害保険法		
20世紀	1935	アメリカで社会保障法の制定	1929	世界大恐慌
	1942	（イギリス）ベヴァリッジ報告	1939	第二次世界大戦勃発
	1946	（イギリス）国民保険法、国民保健サービ	1945	第二次世界大戦終結
		ス法	1949	中華人民共和国成立
	1952	ILOで「社会保障の最低基準に関する条約」		
		を採択		
	1979	（イギリス）サッチャー政権誕生	1973	第一次石油危機
	1980	（アメリカ）レーガン政権誕生		
	1981	OECD「福祉国家の危機」		
	1997	（イギリス）ブレア政権	1991	ソ連崩壊
21世紀	2014	（アメリカ）医療保険改革（オバマケア）	2020	新型コロナウィルス問題
		施行		

出典：筆者作成

保守党の路線でもない「第3の道」として、税負担の軽減を図る一方で「福祉から雇用へ」という就労支援や民間活力の活用等に力が注がれた。また、アメリカでは、民主党のオバマ政権（2009〜2017年）の下で、国民の約15％が医療保険の無保険者という状況を改善するために、民間医療保険への加入を義務づける「オバマケア」と呼ばれる政策が実施された。

　さらに、1990年代から急速な経済発展を続けている中国では、人口約13億人という巨大国家において、年金、医療、社会福祉等の社会保障制度の整備に取り組んでおり、その動向が注目されている。

◎理解を深める問題

　　イギリス、フランス、ドイツ、スウェーデン、アメリカの5か国のうちひとつの国を選んで、その国の第二次世界大戦後から現代に至るまでの間の社会保障の歴史をまとめてみよう。

◎参考文献

　　「海外情勢報告」（厚生労働省編）：厚生労働省のホームページの「白書」編の中に掲載されている。アメリカ・ヨーロッパの先進国およびアジアの国々の社会保障の現状を解説。毎年改訂され、新しい情報が掲載される。

第14章

各国の社会保障の概要

　この章では、欧米と東アジア主要国の年金、医療、介護などの社会保障制度を紹介する。ヨーロッパでは、世界に先駆けて福祉国家を建設し、自由主義的色彩の強いイギリス、社会保険中心の保守主義的福祉国家であるドイツとフランス、高福祉高負担の社会民主主義的福祉国家の代表であるスウェーデンを取り上げる。次いで、自由主義的福祉国家の代表としてアメリカの制度を紹介する。東アジアでは、わが国などの制度を参考にする一方で、独自の制度構築を進めている。こうした東アジアの社会保障制度への理解を目指す。

　読者に気づいてほしいことは、日本の制度のあり方は必ずしも世界の常識ではないということである。世界中に医療保険や介護保険があるわけではない。日本の医療は社会保険によって提供されているが、税方式で提供している国もある。介護保険をもつ国は、日本、ドイツ、韓国など少数派である。社会保障制度は政治的な性格が強く、グローバル化が進行しても、経済制度と異なり、各国の制度を統一することは難しい。

　だからこそ、各国の社会保障制度を学び、国際比較することに意味がある。各国は独自の理念や背景を踏まえ、様々な制度を採用してきた。その経験は貴重である。国際比較を通じて日本の制度を相対化した上、各国の現状や課題を学ぶことは、今後の制度のあり方を考える上で意義があると考えられる。

1　ヨーロッパ諸国の社会保障

| イ ギ リ ス | イギリスでは、第二次世界大戦後、世界に先駆けて福祉国家の建設が進んだが、その後、保守党と労働党の |

二大政党の下で社会保障制度の見直しが繰り返し行われ、現在では、自由主義的な特徴が強く見られる体制となっている（コラム14-1参照）。社会保障制度は、①国民保険、②国民保健サービス、③自治体による福祉サービスなどからなる。国民保険は、老齢年金、障害年金、失業保険、労災保険等の機能をもつ全住民を対象とした総合的な社会保険である。国民保健サービス（National Health Service, NHS）は、税財源による医療サービス提供の仕組みであり、国が中心になって運営している。介護を含む福祉サービスも税財源で提供され、自治体がサービスを確保する責任を負う。年金、医療、福祉などの分野でそれぞれ簡素化された単一の制度により、全国民を対象に包括的に給付を行おうとする点は、イギリスの特徴といえる。

(1)　**年　金**　イギリスの公的年金制度は、現在、国家年金のみからなる１階建ての構造である（図14-1）。ベヴァリッジ報告では、均一拠出・均一給付の簡素な基礎的所得保障制度を設けることが提案されていたが、その後、所得比例型年金が導入されるなど、次第に複雑化していった。このため、2014年、制度の簡素化を目的として、国家第二年金（所得比例年金）を廃止するなどの改革が行われた。

国家年金は、基礎年金としての役割を果たしており、16歳以上のすべての就業者（被用者、自営業者）に保険料納付が義務づけられる。ただし、国民皆年金ではなく、無業者や一定水準以下の所得しかない者（学生、主婦等）には適用されず、任意加入である。

年金額は、所得比例でなく、定額であるが、満額を受給するためには35年間の保険料納付が必要である。35年未満であれば、それに応じ

図14-1　イギリスの年金制度

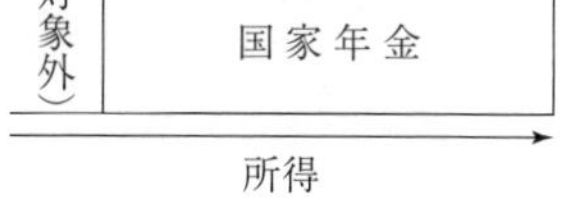

出典：筆者作成

て受給額が減額される。また、年金を受給するためには、10年間保険料を納める必要がある。年金支給開始年齢は、現在、男女とも65歳であるが、2046年までに68歳にまで引き上げられる予定である。無年金者や年金額が低い者に対しては、税を財源とする年金クレジットという制度があり、資力調査（ミーンズテスト）を経て、国が定める最低保証額との差額が支給される。

国家年金の財政運営は、賦課方式で行われている。財源は保険料のみであり、国庫負担はない。保険料は、年金制度もその一部である国民保険の保険料によって賄われる。保険料は所得に比例して決まるが、給付は定額であり、国民保険の枠内で所得再分配が行われている。

なお、国家年金だけでは老後生活に十分な年金額が確保されないため、その上乗せとして私的年金制度が整備されている。使用者が提供する企業年金等の職域年金、個人年金、ステークホルダー年金（国の基準に従う個人年金の一種）がある。多くが確定拠出型であり、掛金やその運用実績により給付額が決まる。掛金の拠出には、税制上の優遇措置がある。国が承認した職域年金では、賃金水準が一定以上の被用者は脱退を表明しない限り自動的に加入する仕組みが設けられており、私的年金への加入が奨励されている。

(2) **医 療**　医療サービスについては、ベヴァリッジ報告に基づき創設されたNHSが提供している。その理念は、支払能力（収入や資産）でなく、医療上の必要性に応じ、全国民に平等に、無料で、包括的なサービスを保障するというものである（図14-2）。

NHSの財源は、国民保険の保険料の一部がNHSに繰り入れられているものの、約8割は国庫負担（税財源）で賄われている。社会保険方式と異なり、国民は保険料を納付する必要はなく、保険料納付の有無によって受診が制限されることもない。また、医療機関の窓口では、薬剤費、歯科など一部を除き、患者は原則として自己負担を払う必要はない。そのような意味で、支払能力にかかわらず、医療を受ける機会の平等が確保される。NHSが提供するサービスは、疾病の予防

図14-2　イギリスの医療制度

出典：筆者作成

から、治療、リハビリ、要介護者に対する看護サービスまでの包括的なものである。

国民は自ら選んだ一般医（GP）に登録し、病気になれば、まず、GPに受診する。GPが必要と判断すれば、病院で検査や手術が行われる。病院の選択は可能であるものの、GPの紹介なしに病院に行くことはできず、GPはNHSにおける「ゲートキーパー」の役割を果たしている。

GPは、診療所を経営する民間の医師であるが、NHSの病院は、地域ごとに設立された多数の公的な法人によって経営されている。以前、NHSの管理部門や病院は、中央集権的な国営の組織であった。しかし、サッチャー政権以降の度重なる改革により、現在では、民間の経営手法を活かしつつ、地域の実情に応じた効率的な経営を行うことができるよう、分権化された組織となっている。

なお、病気等で働けない者の所得を保証する傷病手当金等の現金給付は、NHSではなく、国民保険から支給される。

(3) **高齢者介護**　　イギリスでは、医療サービスについてはNHSが提供するが、福祉サービスの場合、自治体が確保する責任を負う。自治体は、税財源や国の交付金を原資として高齢者、障害者、児童等の福祉サービスを提供する。どのようなサービスをどの程度提供するかは、自治体の判断である。介護サービスは、福祉系サービスと医療系サービス（看護等）に分けられるが、後者については、NHSがそのサービスの一環として財源を負担し、無料で提供する。

介護サービスのうち、在宅サービスには、ホームヘルプサービス、デイサービス、ショートステイ、配食サービスなどがあり、施設サービスには、ケアホームがある。ケアホームは、レジデンシャルホームとナーシングホームに分かれる。両者とも要介護高齢者のための施設であり、前者では身体介護のみが提供され、後者では、これに加え、看護サービスが提供される。

看護以外の介護サービスについては、以前は、自治体が直接提供していたが、1990年の「コミュニティケア改革」により、民間事業者の参入が促進され、今では、大半が民間企業や個人によって提供されるようになった。また、この改革により、ケアマネジメントが導入され、自治体のソーシャルワーカーが要介

護者のニーズの評価を行うことになった。

　要介護者がサービスを利用する場合、まず、自治体に申請する。自治体は、ニーズ評価や資力調査を行った上、NHSとも協力しながらケアプランを作成する。そして、自治体は、利用者が選択したサービス事業者と契約を結び、そのサービス提供の費用を支払う。他方、自治体は、利用者から収入や資産に応じて費用を徴収する。この費用は、所有する資産が底をつくまで徴収されることから、高齢者がケアホーム入所費用を捻出するために自宅を売却せざるを得なくなることが社会問題となっていた。このため、2014年、一生涯に介護のために負担する費用について上限を設定するという制度改正が行われた。

ドイツ

ドイツは、保守主義的福祉国家の代表例である。社会保障制度は、ビスマルク以来の伝統である社会保険を中心に整備されている。医療保険、労災保険、年金保険、失業保険にとどまらず、介護分野でも保険制度が導入された。社会保険は、当事者自治の原則に従って、政府から独立した運営主体が職域に応じて分立しており、原則として労使折半の保険料で運営されている。

　⑴　年　金　　老後の生活は、公的年金である老齢年金、企業年金や個人年金によって支えられる。公的年金制度は、1889年にビスマルクによって創設された障害・老齢保険が始まりであり、一般年金保険のほか、鉱山労働者や自営業者のための制度など職域ごとに分立する１階建ての制度である（図14-3）。税を財源とする公務員退職者の恩給制度を除けば、社会保険として運営されている。現役時代の所得、したがって納めた保険料額に応じた年金額が支給される所得比例年金であり、基礎年金はない。

　民間の被用者と一部の自営業者（芸術家、ジャーナリスト、医師、弁護士等）については、いずれかの制度に加入する義務がある。無業者（学生、主婦等）やその他の自

図14-3　ドイツの年金制度

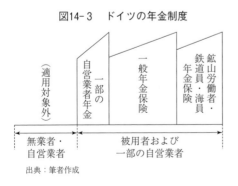

（適用対象外）

一部の自営業者年金

一般年金保険

鉱山労働者・鉄道員・海員年金保険

無業者・
自営業者

被用者および
一部の自営業者

出典：筆者作成

営業者には加入義務はないが、任意で一般年金保険に加入することができる。

　被用者の多くが加入する一般年金保険を見ると、賦課方式で運営されており、財源の大半は保険料であるが、国庫負担も一部投入されている。被用者は保険料を労使折半で負担し、自営業者は全額を自ら拠出する。受給資格を得るための最低加入期間は５年である。現在、支給開始年齢は65歳であるが、2029年までに67歳に引き上げられる予定である。

　給付水準については、高齢化が進む中で、制度の持続可能性を確保するため、2004年、人口や経済の動向を踏まえ、年金額を自動的に抑制するための仕組みが導入された。具体的には、保険料率の上限と年金額の所得代替率（年金額の労働者の平均賃金に対する比率）の下限を前提としつつ、毎年度の年金額のスライド率は、現役労働者の保険料負担や年金受給者数と現役労働者数の比率を反映して設定される。日本のマクロ経済スライドと同様の仕組みである。

　他方、給付の抑制が進む公的年金を補完するため、積立方式の企業年金や個人年金の保険料に対し税制上の優遇や国庫補助を行う仕組み（リースター年金）が導入されるなど、私的年金への加入が奨励されている。また、年金額が低い者に対しては、税財源による基礎保障の制度が設けられている。

　(2)　**医　療**　　公的医療保険の保険者は、地区、企業等を単位とする、国・自治体から独立した公法人（地域疾病金庫、企業疾病金庫、同業組合疾病金庫、農業疾病金庫等）である（図14-4）。国民の約９割が強制適用されているが、所得が一定水準を超える者、自営業者、公務員には適用がなく、公的または民間医療保険への加入が義務づけられている。

　給付には、医療給付、予防給付、リハビリテーション給付などがあり、現物給付で行われる。また、現金給付としては、傷病手当金等がある。医療機関での窓口負担は、外来にはない。入院の場合、１日につき10ユーロ（年間28日分が限度）の負担があり、薬剤費では製品価格の10％が課される。家庭

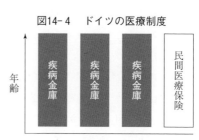

図14-4　ドイツの医療制度

出典：筆者作成

医の紹介なしに病院に受診すると、一定の自己負担が求められる。

　疾病金庫には自主自立が求められ、財源は、原則として保険料のみである。保険料は、全国一律の保険料率により労使折半で拠出される。徴収された保険料は、まず全国的な機関である健康基金に集められ、各疾病金庫に交付される。交付金は、加入者の年齢・性別、慢性疾患の罹患状況、所得等を考慮して算定されるが、この仕組みを「リスク構造調整」という。交付金によって支出を賄えない疾病金庫は、追加保険料を徴収しなければならない。なお、保険給付になじまない出産手当金等に対しては、国庫負担がなされている。

　ドイツの制度の特徴のひとつは、保険者間での競争である。従来、加入する疾病金庫は、居住地や勤務事業所によって決まっていたが、疾病金庫間での保険料格差が拡大し、加入者間の負担の公平が確保できなくなった。このため、1993年、制度改革が行われ、国民は疾病金庫を自由に選択できるようになった。疾病金庫には、希望者を受け入れる義務がある一方、加入者を獲得するため、保険料引下げやサービス向上に努力することが期待された。しかし、疾病金庫間には、加入者の年齢構成、所得水準の格差等が存在し、経営努力の有無にかかわらず、この違いが保険料率を通じて競争に影響を及ぼすおそれがある。このため、疾病金庫間の公平な競争条件を確保する観点から整備されたのが「リスク構造調整」の仕組みというわけである。

　(3)　**高齢者介護**　　ドイツでは、1995年、介護保険制度が導入された。保険者は介護金庫であるが、医療保険の保険者である疾病金庫が運営している。公的医療保険の被保険者は自動的に公的介護保険の被保険者になるが、民間医療保険の加入者も民間介護保険に加入する義務がある。被用者の保険料は労使折半で負担され、自営業者の場合、全額を負担する。財源は保険料のみであり、国庫負担はない。

　給付の対象者は、すべての年齢の要介護者である。若年者が加齢ではなく、障害等によって要介護状態になっても、給付を受けることができる。要介護度は、介護に要する時間等に応じて5段階に区分されている。要介護認定は、疾病金庫が共同で設置し、医師、看護師等が判定員として所属する医療保険メディカルサービスの審査を経て、介護金庫が行う。

　給付の内容は、居宅介護サービス（現物給付）、介護手当（現金給付）、代替介護（介護者が病気等の場合に介護者を雇うための費用を給付）、部分施設介護（デイケア・ナイトケア）、ショートステイ、介護補助具の支給・貸与、住宅改造補助、完全施設介護等がある。給付にあたっては、在宅が優先され、在宅介護や部分施設介護で対応できない者に対してのみ、完全施設介護が給付される。医療系のサービスは含まれない。介護施設には、老人居住ホーム（独立した住居で自立した生活を送る）、老人ホーム（独立した住居で身体介護や家事援助を受ける）、介護ホーム（個室等で身体介護や家事援助を受ける）等がある。このような介護サービスの提供は、介護金庫等と契約した公営、非営利、営利の様々な事業者によって行われる。

　ドイツの介護保険には、日本のような定率負担はないが、これは、介護保険が介護に必要な費用全体をカバーしているわけではなく（部分保険）、給付の上限を超える部分は自己負担となるためである。そのような自己負担が困難な者に対しては、税財源による介護扶助が給付される。施設介護における食費・居住費も、自己負担である。また、居宅サービスは、現物給付と現金給付の選択制になっており、現金給付を利用する者も相当数存在する。ただし、現金給付の水準は、現物給付に比べると、半分程度である。

　2008年に行われた制度改正では、ケースマネジメントが導入され、また、介護支援拠点が設置された。介護支援拠点には、介護相談を行う専門家として介護相談員が配置され、給付の手続き、施設・事業者の紹介・手配、ケアプランの作成などを行っている。

フランス　フランスも、ドイツと同じく、保守主義的福祉国家と分類される。社会保障制度の基本は、1945年に公表された社会保障計画（ラロック・プラン）に基づき整備された。年金・医療では、職域に応じて分立した社会保険制度が存在し、高齢者介護は、自治体が税を財源として運営している。年金・医療とも、1階部分を基礎として、2階部分がそれを補足する仕組みである。財源のうち保険料は使用者の負担割合が大きく、また、社会保険ではあるものの、税財源が大胆に投入されている。特に、1991年、所得に賦課される一般社会拠出金（CSG）が社会保障目的税として創設さ

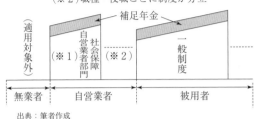

図14-5　フランスの年金制度

（※1）一般制度へ移行中
（※2）職種・役職ごとに制度が分立

出典：筆者作成

れて以降、社会保障に対する国庫負担が増加してきている。

（1）**年金**　フランスの年金制度は、法定基礎制度が1階部分、補足年金制度が2階部分、上乗せ退職年金が3階部分と位置づけられる。1階部分の法定基礎制度は、職域ごとに分立した賦課方式の所得比例年金である（図14-5）。民間被用者は一般制度、公務員は特別制度、自営業者は職域ごとの自治制度に加入するが、無業者は適用対象外である。2階部分の補足年金制度は、法定基礎制度の給付水準を補うためのものであり、その内容は職域ごとの労働協約によって異なるが、賦課方式で運営され、すべての労働者に適用される。3階部分の上乗せ退職年金は、企業年金や個人年金などの私的年金である。また、無年金者や低年金者に対しては、最低所得保証として税財源による高齢者連帯手当が支給される。

　法定基礎制度のうち、最も加入者が多い一般制度を見ると、財源の内訳は保険料が約6割、国庫負担が約4割である。保険料は労使が拠出するが、労使折半ではなく、使用者の負担割合が大きい。最低加入期間は3か月である。支給開始年齢は62歳であるが、満額を受け取ることができる年齢は、現在の65歳から2022年までに67歳に引き上げられる予定である。満額年金を受給するためには43年間保険料を納めねばならず、年金額は最も賃金が高かった過去25年間の平均賃金の50％とされている。

　（2）**医療**　フランスの医療保障は、社会保険の仕組みで行われている。1階部分として強制加入の医療保険である法定基礎制度があり、2階部分としてその上乗せ給付を行う補足医療保険制度が存在する。1階部分の保険者は疾病金庫であり、民間の被用者等が加入する一般制度のほか、公務員、船員、自営業者、農業経営者など職域によって分立しているが、無業者も一般制度に加

入できるなど、すべての国民がいずれかの保険制度に加入している（図14-6）。なお、被用者は、退職後も現役時の保険制度に加入し続ける仕組みである。

図14-6　フランスの医療制度

出典：筆者作成

　医療保険の財源は、保険料と公費（税）である。公費は、一般社会拠出金、タバコ税、アルコール税等を財源としており、収入の半分以上を占める。一般社会拠出金の多くは医療保険に充当されており、1990年代後半、被用者の保険料を引き下げる代わりに、一般社会拠出金の税率が引き上げられてきた（租税代替化）。2018年には被用者の保険料負担が廃止され、使用者負担のみとなった。

　給付は、償還払い方式が基本とされてきたが、現在では現物給付化が進められている。自己負担割合は、給付内容に応じて細かく設定されている。入院の場合、自己負担割合は20％である。外来では、かかりつけ医に受診すると、30％であるが、かかりつけ医を通さず専門医等に受診すると、70％となる。薬剤の自己負担割合は、投与の必要性や価格により5段階に分かれており、非代替的かつ高価な薬剤は無料であるが、抗生物質など著しい効果の認められる薬剤は35％、一般的な疾病に対する薬剤は70％、効果が低いとされる薬剤は85％などとなっている。その他、外来では、診察を受ける都度、1ユーロを負担する。

　他国と比べると、自己負担割合は大きいが、2階部分の補足医療保険制度は、このような基礎制度の自己負担部分をカバーするとともに、コンタクトレンズなど医療保険の対象でないものを給付する。3つの組織（共済組合、保険会社、労使共済制度）によって運営される私的保険であり、加入率は9割を超える。

　なお、傷病手当金などの現金給付は、現物給付と同様、疾病金庫から支給される。

　(3)　**高齢者介護**　フランスの高齢者介護は、税を財源とする社会扶助の仕組みで行われており、県が実施主体である。

　給付内容は、居宅サービスでは、ホームヘルプサービス、在宅看護、在宅入

院（居宅で入院時と同様の医療・看護を受ける代替入院）など、介護施設としては、高齢者用共同住宅（自立した高齢者を対象）、老人ホーム（自立度が低い高齢者を対象）、要介護高齢者医療付き宿泊施設（要介護高齢者を対象）、長期療養施設（常時医療を必要とする重度要介護者を対象）がある。

介護サービスの提供は、個別化自律手当（APA）の給付という形で行われる。対象者は「自律の喪失」により日常生活に支障が生じている60歳以上の者である。要介護度は6段階に区分されているが、1段階（最重度の要介護者）から4段階（軽度の要介護者）と判定された者が給付対象となる。居宅サービスの場合、要介護者が県に申請を行うと、医師、ソーシャルワーカー等からなる医療福祉チームが来訪し、要介護度を判断する。それを専門医を含む県の委員会が審査し、決定する。医療福祉チームはケアプランを作成するが、在宅APAの給付額は、要介護度別の支給限度額の範囲内でケアプランに応じて設定された額から所得に応じた利用者負担を控除した額となる。施設入所の場合、医療費は医療保険財源から交付され、入所滞在費は自己負担となる。なお、受給者の約6割が在宅、残りが施設で暮らしている。

スウェーデン

スウェーデンは、社会民主主義的福祉国家の代表例である。社会保障制度は、広範囲にわたり、国民全体に対して普遍的に高水準の給付を行っているが、その分負担も大きい高福祉高負担の国である。社会保障制度の枠組みについては、年金は社会保険方式、医療や介護は税方式である。年金などの現金給付は国の事業として実施され、医療サービスはランスティング（日本の県に相当）等の広域自治体、介護などの福祉サービスは基礎的自治体であるコミューン（日本の市町村に相当）によって提供される。

(1) **年 金**　スウェーデンの年金制度は、以前は、定額年金である基礎年金と所得比例年金の2階建ての体系であった。しかし、高齢化に対応し、制度の持続可能性を確保するため、1980年代半ばから検討が開始され、90年代末、国会での超党派による合意により抜本改革が行われた。

現在、老齢年金制度は、社会保険である所得に基づく年金と税財源による保証年金から構成される（図14-7）。所得に基づく年金は保険料だけで運営されており、国庫負担はない。

　所得に基づく年金には、所得比例年金とプレミアム年金がある。両者合わせた保険料率は17.21％に固定されており、その1割強がプレミアム年金に拠出される。所得比例年金は賦課方式で運営され、その年金額は、受給者が納付してきた

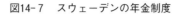

図14-7　スウェーデンの年金制度

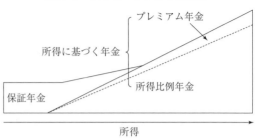

出典：筆者作成

保険料総額や名目平均所得上昇率等で算出されるが、退職時の平均余命等の変動に応じて支給額を自動的に調整する自動財政均衡メカニズムが導入されている。他方、プレミアム年金は積立方式であり、支給額は納付保険料総額とその運用益によって決定される。所得に基づく年金には、最低加入期間は設定されておらず、支給開始年齢は61歳以降で受給者が自ら選択することができる。

　他方、所得が低かった者、保険料拠出期間が短かった者などは、納付保険料総額が少ないため、所得に基づく年金額は低くなる。このため、これらの者を対象として国庫負担による保証年金が支給される。支給開始年齢は65歳である。受給資格を得るためには3年以上EU諸国等に居住していたこと等が要件とされ、40年間居住していた場合には満額となる。

　なお、65歳以上の年金受給者に対しては、年金受給者住宅手当等が支給されるほか、国内居住期間が短いなどの理由で保証年金が低額となる者には、高齢者生計補助が支給されている。

　⑵　**医　療**　医療サービスは、税財源により、全住民を対象に、ランスティング等の広域自治体によって提供される（図14-8）。ランスティングが医療施設の多くを整備・運営しており、その医療スタッフは公務員である。

　患者の自己負担額は、全国的な上限

図14-8　スウェーデンの医療制度

出典：筆者作成

額の範囲内で、ランスティングが独自に設定する。入院・外来とも定額負担であり、患者の年齢、所得、入院日数等に応じて設定される。多くの場合、児童は無料である。

　住民は、地域の医師を選び、かかりつけ医として登録する。必要に応じ専門医や病院の紹介を受けるが、それらの選択も可能である。一般に、税方式の医療制度では、予算不足により受診や治療まで患者が長期の待機を強いられることがあるが、ランスティングは一定期間内での診療・治療を保証しなければならないこととされている。

　なお、傷病手当等の現金給付については、医療サービスとは別に、疾病保険として制度化されている。障害年金も、以前は年金制度の一部であったが、現在ではこの制度に移行している。

　(3)　**高齢者介護**　　高齢者介護サービスは、税財源により、コミューンによって提供される。在宅サービスには、ホームヘルプサービス、訪問看護、デイサービス、デイケア、ショートステイ、緊急アラーム、移送サービス等がある。介護施設は、高齢者が入所する施設ではなく、介護の付いた「特別住居」と位置づけられている。以前は、サービスハウス（高齢者の集合住宅）、ナーシングホーム（要介護高齢者のための施設）などの区分があったが、次に述べるエーデル改革により一体的に扱われるようになった。介護サービスの提供は、コミューン自ら行うのが一般的であるが、利用者の選択を拡大するため、近年、民間委託が増加しつつある。

　1992年、社会的入院を減らし、高齢者の生活の質の向上を図る観点から、エーデル改革が行われた。従来、ランスティングとコミューンの役割は医療と介護に峻別されていたが、コミューンにナーシングホームや看護サービスを移管するとともに、コミューンに対して地域における退院患者の受け皿を用意する義務を課した。

　サービスの利用手続きについては、在宅サービスの場合、コミューンに利用を申請すると、コミューンの援助判定員が自宅を訪問、ニーズを評価し、要介護度やサービスの量・内容を決定する。特別住居に入居する場合も、援助判定員がその必要性などを確認する。判定基準はコミューンによって異なり、統一

的な要介護度の区分はない。

　サービス利用時の自己負担は、所得やサービスの頻度に応じて決まる。その水準はコミューンによって異なるが、自己負担の上限とその支払い後に利用者の手元に残すことが許される所得額（食費、被服費、新聞代等）の下限について全国基準が設定されている。

　なお、スウェーデンには、介護者への現金給付制度がある。家族や友人が16歳以上の重病人を自宅で看護・介護する場合、家族介護手当が支給される。また、親族ヘルパー制度と呼ばれるものがあり、実施状況はコミューンによって異なるが、家族・親族、友人等が就労せず、介護を行う場合、コミューンの認定を受ければ、ホームヘルパーと同一基準で給与が支払われる仕組みである。

コラム14-1　エスピアン・アンデルセンによる福祉国家レジーム

　1990年、デンマークの社会学者であるエスピン・アンデルセンは、その著書である「福祉資本主義の三つの世界」の中で、各国の福祉の提供体制を①自由主義的福祉国家レジーム、②保守主義的福祉国家レジーム、③社会民主主義的福祉国家レジームの3つに分類した。

　自由主義的福祉国家レジームの例は、アメリカ、カナダ、オーストラリアなどであり、最低限の社会保険が整備され、困窮した者に対象を絞った資力調査付きの給付が多く見られる。保守主義的福祉国家レジームの例は、ドイツ、フランス、イタリアなどである。伝統的な家族と性別の役割を温存する傾向が見られ、職域における連帯を重視した社会保険が社会保障の中心になる。社会民主主義的福祉国家レジームの例は、スウェーデン、デンマークなどの北欧諸国である。全住民を対象に普遍主義的で、かつ、高水準の平等を保障する社会保障制度が構築されており、子どもや高齢者のケアを社会化し、女性の地位が確立している。

　アンデルセンは、戦後、大きく変化してきたイギリスの福祉国家レジームは「行き詰まった社会民主主義」の例であり自由主義的要素が強くなっていると指摘し、日本は自由主義と保守主義の要素を併せ持った国と説明している。福祉国家レジームの類型は必ずしも固定的なものではない。日本でも、少子高齢化や財政制約に対応するための制度改革が続けられており、国民としては、今後どのような福祉国家レジームを目指そうとするのかよく考える必要がある。

2　アメリカの社会保障

　アメリカは、自由主義的福祉国家の代表例である。自由と自己責任の精神に基づき、まず自助努力が求められ、貧困に陥ったときに初めて政府が対応する。国民に負担を求める社会保障制度の拡充には、国民の抵抗が大きい。また、連邦制であるため、州の権限が強い。年金分野では、国民一般を対象とする社会保障年金が存在するが、医療分野では、メディケアとメディケイドを除き、国民一般をカバーする制度はない。世界恐慌後の1935年、民主党のルーズベルト大統領が社会保障法を制定し、年金をはじめとする社会保障制度を整備したが、医療保険制度は設けられなかった。介護サービスについても、公的な給付には制約が多く、自助努力に任される部分が大きい。このような状況と裏腹の関係であるが、事業主による福利厚生や民間サービスの果たす役割が大きいこともアメリカの特徴である。

年　金　年金制度としては、社会保障年金と呼ばれる老齢・遺族・障害年金（OASDI）がある。連邦政府が運営する社会保険であり、被用者と一定以上の所得のある自営業者が被保険者となる。無業者は、適用対象外である（図14-9）。

　年金支給開始年齢は、2018年現在で66歳であるが、65歳から引き上げられている途上にあり、2027年には67歳となる予定である。また、受給資格を得るための最低加入期間は、10年とされている。

　基本年金月額は、受給者の平均報酬月額に支給率を乗じて算定される。支給率は、平均報酬月額の水準に応じて3段階（図のA、B、C）

図14-9　アメリカの年金制度

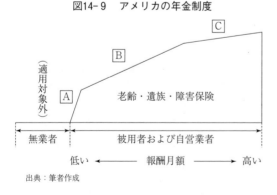

出典：筆者作成

に分かれ、平均報酬月額が増加しても、支給率が下がるため、年金額は平均報酬月額に比例して増加するわけではなく、増加額は逓減する。なお、被扶養配偶者に対しては、被保険者本人の基本年金月額の50％の額が支給される。

　財源は、保険料、積立金の運用収入等である。国庫負担はない。保険料は、社会保障税として労使折半で徴収されるが、自営業者はその全額を負担する必要がある。

　アメリカでは、社会保障年金の上乗せとして企業年金が発達している。企業年金には、確定給付型年金（DBプラン）と確定拠出型年金（DCプラン）がある。確定給付型年金は、加入者に対し一定の算定式による給付額を事前に約束しておくものである。確定拠出型年金は、掛金の市場での運用実績によって事後的に年金額が決まる仕組みであり、企業は市況が悪化しても、確定給付型のように穴が開いた分を補填するといったリスクを負うことはない。確定拠出型年金は、1980年代以降、401kプランの登場により急速に普及した。

医　療　アメリカには、全国民をカバーする公的な医療制度はない。民主党のオバマ大統領が行った制度改革も民間医療保険への加入を義務づけるにとどまり、公的医療保険制度を整備したわけではない。高齢者と低所得者だけが公的医療保障制度の対象であり、その他については民間保険が活用されている（図14-10）。

　公的医療保障制度として存在しているのが、1965年、民主党のジョンソン大統領が創設したメディケアとメディケイドである。メディケアは、連邦政府が運営する65歳以上の高齢者と65歳未満の障害者や終末期の患者を対象とする社会保険であり、そのプログラムは４つに分かれる。パートAは入院関連の保険であり、病院への入院、専門的看護を行う施設での療養、退院後の在宅ケア、ホスピス等に適用される。社会保障税およびメディケア税を最低10年間納め、OASDIの受給資格を得た65

図14-10　アメリカの医療制度

出典：筆者作成

歳以上の者は自動的に加入する。保険料を払う必要はない。また、OASDIの受給資格がなくとも、保険料を支払えば、加入することができる。しかし、パートAだけでは十分でないため、追加保険料を払ってパートB〜Dに加入することができる。パートBは外来を対象とし、医師による診療、検査、医療品などの費用をカバーする。パートCでは、民間医療保険への加入を選択することができ、歯科などメディケアの対象外のサービスも受けられる。パートDは、外来での処方薬の費用をカバーする。財源については、保険料に加え、パートB〜Dの収支差を国が負担しているが、いずれのプログラムでも、自己負担として一定額までの免責制度や定率負担などが設けられている。

メディケイドは、各州が運営する低所得者を対象とした医療扶助制度である。最低限のルールは連邦規則で定められているものの、加入資格、給付水準・内容は州によって異なる。医療サービスをカバーするほか、メディケアが対象としていない介護サービスもカバーする。財源は税であり、州が負担した費用の一部を国が負担する。患者の自己負担はない。

メディケアとメディケイドの対象でない者（全国民の6割程度）は、民間医療保険に加入するか無保険の状態にある。個人で保険会社と契約する者もいるが、多くは企業が福利厚生として提供する医療保険に加入する。この場合、雇用主は保険料の全部または一部を負担するが、アメリカの医療費水準は先進国の中でも突出して高い。医療費が高騰する中で、近年、雇用労働者を減らしたり、医療保険の提供を止めたりする企業も出てきた。中小企業従業員、非正規労働者、自営業者などメディケイドの対象とならず、また、民間保険も購入できない無保険者は5000万人弱で推移する一方、メディケアやメディケイドは財政的に持続困難と指摘されていた。

このような中、2014年、オバマ大統領は、共和党の反対を押し切って、オバマケアと呼ばれる医療制度改革を実施した。個人に対する民間医療保険加入の義務づけと加入しない場合の罰金の賦課、保険料に対する補助、中小企業による医療保険提供の義務づけ、保険会社による既往症のある者等に対する加入拒否の禁止、医療保険取引市場の創設、メディケイドの対象拡大などがその内容である。アメリカは、国民皆保険に向け、公的医療保険制度の整備ではなく、

民間医療保険への加入を義務づける道を選んだ。オバマケアを実施した結果、無保険者は3000万人程度まで減少した（2015年）。共和党は、国民に保険加入を強制するのは、建国の理念である自由の精神に反するとして強く反発し、トランプ大統領もオバマケアを廃止しようとしたが、無保険者が再び増加することを懸念する議会で合意が得られず、実現しなかった。

高　齢　者　介　護　　アメリカでは、19世紀まで、州政府や教会が運営する救貧施設が貧しい高齢者を保護していたが、社会保障法により年金制度が整備され、高齢者向け施設が増加するようになった。1965年にはメディケアやメディケイドが創設され、介護も給付の一部として提供されるようになり、企業が経営するナーシングホームが増加した。しかし、現状では、介護サービスを普遍的・包括的に提供する公的介護制度は存在しない。高齢者には自助努力が求められ、多くは家族や友人のケアに依存している。

　メディケアは、医療の範疇に入る介護サービスのみ、退院後の一定期間に限って提供する。たとえば、医療介護施設であるナーシングホームに入所する場合、100日間までが給付対象であり、自己負担は徐々に増加するが、それを超えると、全額自己負担になる。在宅の場合、医師の指示に基づき退院患者に看護やリハビリサービスが提供されるが、家事援助などは対象外である。他方、メディケイドは、低所得者に施設ケアと在宅ケア（訪問介護、家事援助等）を提供するが、資力調査がある。このため、ナーシングホームに入所する場合、まず、入所費用を捻出するため、自らの資産を取り崩す。そして、低所得になったら、メディケイドの受給資格を得て公的支援を受けることになる。現在、ナーシングホームの費用の多くは、メディケイドが負担している。

　メディケアやメディケイドの給付を受けていない55〜60歳以上の者については、1965年に制定されたアメリカ高齢者法の枠組みの下、規模は小さいものの、配食サービス、家事援助、デイサービス、送迎サービス、家族介護者支援、権利擁護などのサービスが提供されている。これらのサービスは、主として州政府などから委託を受けた非営利法人が提供する。公的補助により、無料・低額とされている場合が多い。

3 東アジアの社会保障

東アジアの社会保障の特徴　東アジアの社会保障の特徴を欧米諸国と比較すると、「儒教の考えに基づく」「家族主義」などが指摘されることがある。エスピン＝アンデルセンの3つの福祉国家レジーム（自由主義的福祉国家レジーム、社会民主主義的福祉国家レジーム、保守主義的福祉国家レジーム）には当てはまりにくいとされてきた（3つの福祉国家レジームについてはコラム14-1参照）。実際に、社会保障を含めた東アジアの社会政策では、「家族の力」を強調する側面がある。たとえば、中国には「老人権益保障法」と呼ばれる法律がある。この法律は高齢者福祉に関する基本原則をまとめる一方で、国や企業などの役割の他、家族による扶養を強調する内容も含まれている。

　ところが、少子高齢化はわが国だけでなく東アジアでも進んでいる。65歳以上の人口で見た高齢化率は、わが国が経験した以上の速度で今後上昇することが、国連などの将来人口推計で見通されている（例：韓国、中国）。少子化もわが国より進んでおり、合計特殊出生率がわが国よりも低い国や地域が見られる（例：韓国、台湾）。したがって、東アジアが「子どもを含む若い世代が多く、高齢者が少ない社会」でなくなることは確実であり、家族の役割に大きく依存した社会の仕組みを大きく変える必要がある。高齢期に入ったときの暮らしを支える仕組み（年金制度）、病気や介護が必要になったときの仕組み（医療、介護制度）、こうした仕組みを社会の構成員みんなで支える形で整える必要が大きくなりつつある。これは社会保障制度の構築として、大事な課題となっている。

　現在整備されている、東アジアの社会保障制度の特徴を見ると、①社会保険方式による制度が多い、②わが国や欧米諸国などの参考にしたモデルが多い、という特徴がある。たとえば①の例として医療制度を見ると、わが国をはじめ、中国、韓国、台湾では、医療保険制度をすべての国民や住民を対象にしたり、その達成を目指したりしている。②の例として介護制度について見ると、わが国はドイツなどを参考に介護保険制度を作ったが、韓国はわが国や欧米諸国を参考にし、中国や台湾は、欧米諸国に加えてわが国や韓国を参考にしている。

これに各国・地域それぞれの実情（人口、経済、政治の仕組み、これまで実施してきた社会保障制度など）が加わることで、各国や地域独特の介護制度となっている。以下では中国、韓国、台湾の社会保障制度について簡単に見てみよう。

東アジアの社会保障制度　東アジアの社会保障制度の概要は図14-11にまとめたとおりである。各国・地域別にその内容を見てみよう。

図14-11　東アジアの社会保障制度

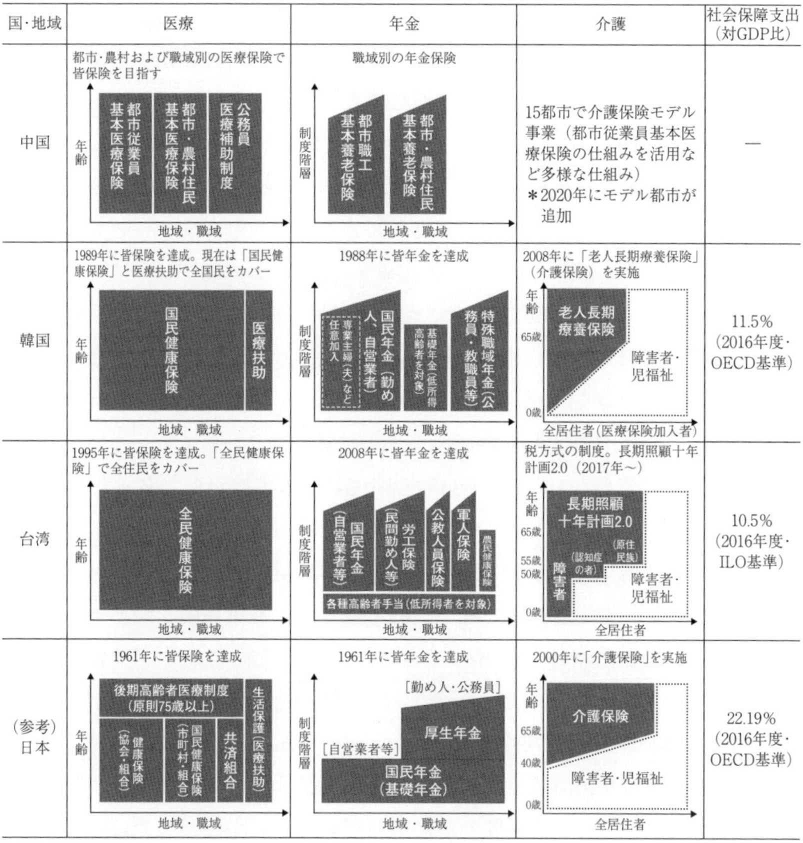
国・地域
医療
年金
介護
社会保障支出（対GDP比）
中国
都市・農村および職域別の医療保険で皆保険を目指す
都市従業員基本医療保険
都市・農村住民基本医療保険
公務員医療補助制度
年齢
地域・職域
職域別の年金保険
都市職工基本養老保険
都市・農村住民基本養老保険
制度階層
15都市で介護保険モデル事業（都市従業員基本医療保険の仕組みを活用など多様な仕組み）
＊2020年にモデル都市が追加
—
韓国
1989年に皆保険を達成。現在は「国民健康保険」と医療扶助で全国民をカバー
国民健康保険
医療扶助
1988年に皆年金を達成
任意加入 専業主婦（夫）など
国民年金（勤め人、自営業者）
基礎年金（低所得高齢者を対象）
特殊職域年金（公務員・教職員等）
2008年に「老人長期療養保険」（介護保険）を実施
老人長期療養保険
障害者・児福祉
65歳
0歳
全居住者（医療保険加入者）
11.5%（2016年度・OECD基準）
台湾
1995年に皆保険を達成。「全民健康保険」で全住民をカバー
全民健康保険
2008年に皆年金を達成
国民年金（自営業者等）
労工保険（民間勤め人等）
公教人員保険
軍人保険
農民健康保険
各種高齢者手当（低所得者を対象）
税方式の制度。長期照顧十年計画2.0（2017年～）
長期照顧十年計画2.0
（原住民族）
（認知症の者）
障害者
障害者・児福祉
65歳
55歳
50歳
0歳
全居住者
10.5%（2016年度・ILO基準）
（参考）日本
1961年に皆保険を達成
後期高齢者医療制度（原則75歳以上）
健康保険（協会・組合）
国民健康保険（市町村・組合）
共済組合
生活保護（医療扶助）
1961年に皆年金を達成
［勤め人・公務員］
厚生年金
［自営業者等］
国民年金（基礎年金）
2000年に「介護保険」を実施
介護保険
障害者・児福祉
65歳
40歳
0歳
全居住者
22.19%（2016年度・OECD基準）

出典：制度は増田・金（2014）、沈・澤田（2016）、厚生労働省『2018年　海外情勢報告』などをもとに筆者作成。社会保障支出の対GDP比は国立社会保障・人口問題研究所『社会保障費用統計』、OECD "Social Expenditure"、（台湾）行政院主計総処『社会保障支出統計』、『国民所得統計常用資料』による。

(1) **中　国**　　中国は1949年に建国した社会主義国家である。1980年代の改革開放以降、市場経済の仕組みを取り入れ、近年では大きな経済成長を遂げている。中国の社会保障制度は、改革開放以前は都市部では国営・公営企業が年金や医療給付などを行い、農村部では人民公社などの集団内での相互扶助の形で社会保障が提供されてきた。政府や自治体というよりは、企業や農村の組織が社会保障を提供する役割を担っていた。ところが改革開放後は、企業が社会保障を給付する役割を担うのではなく、医療、年金、介護などで公的な社会保障制度の構築が進みつつある。医療では、都市・農村および職域別の医療保険があり、皆保険を目指している。年金でも職域別の年金制度がある。また、高齢化を背景に介護制度の構築が大きな政策課題となっている。現在は上海などの15都市で「介護保険モデル事業」を実施している（2020年にモデル都市が追加）。その内容は都市により様々である。特に介護制度について、わが国の経験に大きな関心を寄せているほか、市場メカニズムを重視した介護サービス提供体制の構築を目指している。

(2) **韓　国**　　韓国はアジアの中でも経済が最も発展した国のひとつであり、経済協力開発機構（OECD）加盟国でもある。社会保障制度の構築はわが国よりも遅く、社会保険制度の導入は1960年代から始まった。医療保険の実施は1976年であり、対象者は大企業従業員などに限られ、「皆保険」の達成は1989年であった。「皆年金」の達成も1988年の国民年金の実施からであった。さらに、介護保険の実施もわが国より8年後の2008年であった。

　しかし現在の韓国では、医療、年金、介護で国民（外国人を含む）をすべてカバーする制度が構築されている。医療では「国民健康保険」があり、韓国国民健康保険公団を保険者（社会保険を運営する組織）として、すべての国民をひとつの制度でカバーしている。年金では「国民年金」と「特殊職域年金」（公務員などが対象）で対象者をすべてカバーしている。介護保険として「老人長期療養保険」があり、同じく韓国国民健康保険公団が保険者となり、国民健康保険の加入者すべてをこの制度の対象としている。しかし、実際にこの介護保険から介護サービスを提供しているのは高齢者が中心であり、要介護高齢者などに対して在宅や施設での介護サービスを提供している。このように、韓国の

社会保障制度は、わが国と同じように社会保険制度が多いが、わが国と異なり、医療保険や介護保険はひとつの制度で対象となる国民をカバーしている。なお、韓国の社会保障支出の対GDP比はOECDの統計によると、2016年度で11.5％とわが国の半分程度である。

　⑶　**台　湾**　台湾は、わが国の与那国島の西に位置し、アジアの中で経済が最も発展した地域のひとつである。しかし、台湾当局の統計によると、わが国以上の少子化が進み、今後の急速な高齢化も見通されている。こうした少子高齢化への対応が重要な政策課題となっている。台湾の社会保障制度は，1950年代から職業別の総合保険（年金、医療保険をひとつの社会保険で給付する仕組み）として整備されはじめた。ただし、対象者が公務員（公務人員保険）、軍人（軍人保険）、大企業などの特定の企業従業員（労工保険）などに限られていた。1970年代から1980年代にかけて労工保険が適用される企業規模の引き下げや業種の拡大、これらの社会保険が適用されない者を対象とした医療保険の創設、児童福祉、老人福祉などの社会福祉の法律も整備された。しかし、多くの社会保険制度が乱立した結果、給付の格差、制度のはざまで無保険になる者の問題があった。1990年代に医療保険制度が整理され、1995年から「全民健康保険」実施され、ひとつの医療保険で「皆保険」が達成された。年金は既存の社会保険制度の対象ではなかった自営業者などを対象に「国民年金」が2008年に実施されたことで、「皆年金」が達成された。介護制度は税方式の制度が運営されており、「長期照顧十年計画2.0」という政策プランの下で、介護サービス提供が行われている。なお、台湾でもわが国の介護制度や介護サービスへの関心が高い一方で、「外籍看護工」と呼ばれる外国人介護労働者が多い。

　このように台湾も医療や年金では社会保険制度が整備されているが、介護制度は税方式であるなど、中国や韓国と異なる制度になっている。なお、台湾の社会保障支出の対GDP比を台湾当局の統計で見ると、2016年度で10.5％である。これはわが国の半分程度の水準、韓国とほぼ同じ水準となっている。

◎理解を深める問題
　1）各国・地域の年金・医療・介護制度の違いを整理し、その違いを生じさせてい

る要因や背景を考えてみよう。
2）日本としては、各国の社会保障制度からどのようなことを学べるか考えてみよう。
3）東アジアの社会保障制度の特徴、主な制度をまとめてみよう。

◎**参考文献**

厚生労働省『海外情勢報告』各年版

厚生労働統計協会『保険と年金の動向』各年版

G.エスピン-アンデルセン『ポスト工業経済の社会的基礎——市場・福祉国家・家族の政治経済学』渡辺雅男・渡辺景子訳（桜井書店、2000年）

G.エスピン-アンデルセン『福祉資本主義の三つの世界——比較福祉国家の理論と動向』岡沢憲芙・宮本太郎監訳（ミネルヴァ書房、2001年）

増田雅暢・金貞任編著『アジアの社会保障』（法律文化社、2014年）

増田雅暢編著『世界の介護保障』（法律文化社、2008年）

沈潔・澤田ゆかり編著『ポスト改革期の中国社会保障はどうなるのか——選別主義から普遍主義への転換の中で』（ミネルヴァ書房、2016年）

上村泰裕編著『新　世界の社会福祉　第7巻　東アジア』（旬報社、2020年）

執筆者紹介
（執筆順、＊は編者）

＊増田　雅暢（ますだ まさのぶ）　東京通信大学人間福祉学部教授　　第1章・第2章・第3章・第6章・第13章

＊小島　克久（こじま かつひさ）　国立社会保障・人口問題研究所部長　第4章・第9章・第12章・第14章第3節

＊李　忻（り しん）　日本福祉大学福祉経営学部教授　　第5章・第7章

伊藤　善典（いとう よしのり）　埼玉県立大学保健医療福祉学部教授　第8章・第14章第1節〜第2節

脇野幸太郎（わきの こうたろう）　長崎国際大学人間社会学部教授　　第10章

嶋田　佳広（しまだ よしひろ）　龍谷大学法学部教授　　第11章

Horitsu Bunka Sha

よくわかる社会保障論

2021年6月15日　初版第1刷発行

編著者	増田雅暢・小島克久
	李　忻
発行者	畑　光
発行所	株式会社 法律文化社

〒603-8053
京都市北区上賀茂岩ヶ垣内町71
電話 075(791)7131　FAX 075(721)8400
https://www.hou-bun.com/

印刷：西濃印刷㈱／製本：㈱藤沢製本
装幀：白沢　正

ISBN978-4-589-04154-8

©2021　M. Masuda, K. Kojima, X. Li　Printed in Japan

乱丁など不良本がありましたら、ご連絡下さい。送料小社負担にて
お取り替えいたします。
本書についてのご意見・ご感想は、小社ウェブサイト、トップページの
「読者カード」にてお聞かせ下さい。

増田雅暢・脇野幸太郎編

よくわかる公的扶助論
―低所得者に対する支援と生活保護制度―

A5判・196頁・2640円

社会福祉士養成の指定科目「低所得者に対する支援と生活保護制度」の内容を網羅した「公的扶助論」について、その中心となる生活保護制度の概要や歴史について要点をわかりやすくコンパクトにまとめたテキスト。近年の政策動向や基本判例を踏まえた構成をとることで理解を深める工夫をしている。

増田雅暢著

介護保険の検証
―軌跡の考察と今後の課題―

A5判・208頁・2750円

制度実施から15年が経過した介護保険について、これまで4回の制度改正の経緯・概要および課題を包括的に分析、考察する。制度を巡る社会状況が大きく変化するなか、制度のあり方につき諸論点を整理し、今後の課題を提起する。

増田雅暢編著

世界の介護保障〔第2版〕

A5判・232頁・2860円

世界10カ国の介護保障システムについて高齢化や家族形態、さらには社会保障制度の発展などをふまえ比較的視点から解説。旧版刊行（2008年）以降、改変が続く制度の概要を詳解し、今後の課題と方向性を探る。

河野正輝著

障害法の基礎理論
―新たな法理念への転換と構想―

A5判・274頁・5940円

社会福祉法から障害法への生成過程にある現在、法が対応すべき基本問題を解明するために、障害法の構成する範囲・部門・法原理など基礎理論を考察する。そのうえで現行の障害者総合支援法および障害年金法制の課題も検討する。

横藤田 誠著

精神障害と人権
―社会のレジリエンスが試される―

A5判・194頁・2970円

精神障害者がおかれている現況を人権の観点から考察し、その争点となる法的、社会的対応およびその意義と限界を考察する。精神障害者が、他者と共生できる社会像を模索していく過程では、常に社会の「レジリエンス」が試されることも明示する。

ウィリアム・ベヴァリッジ著／一圓光彌監訳
全国社会保険労務士会連合会企画

ベヴァリッジ報告
―社会保険および関連サービス―

A5判・310頁・4620円

日本の制度構築に大きな影響を与え、社会保険の役割と制度体系を初めて明らかにした「古典」の新訳。原書刊行後70年が経過し旧訳を手にすることができないなか、監訳者による詳細な解題を付し、歴史的・現代的な意義を再考する。

―法律文化社―